项目资助

本书系国家社科基金一般项目"城乡社区信任与融合研究"(编号：14BSH054）的最终成果

多维视角下的城乡社区融合

邱国良 / 著

中国社会科学出版社

图书在版编目（CIP）数据

多维视角下的城乡社区融合／邱国良著．—北京：中国社会科学出版社，2018.12（2019.11 重印）

ISBN 978-7-5203-3094-7

Ⅰ.①多… Ⅱ.①邱… Ⅲ.①城乡建设—研究—中国 Ⅳ.①F299.21

中国版本图书馆 CIP 数据核字（2018）第 200797 号

出 版 人	赵剑英
责任编辑	赵　丽
责任校对	李　莉
责任印制	王　超

出　　版	中国社会科学出版社
社　　址	北京鼓楼西大街甲 158 号
邮　　编	100720
网　　址	http://www.csspw.cn
发 行 部	010-84083685
门 市 部	010-84029450
经　　销	新华书店及其他书店
印　　刷	北京明恒达印务有限公司
装　　订	廊坊市广阳区广增装订厂
版　　次	2018 年 12 月第 1 版
印　　次	2019 年 11 月第 2 次印刷
开　　本	710×1000　1/16
印　　张	16
字　　数	254 千字
定　　价	79.00 元

凡购买中国社会科学出版社图书，如有质量问题请与本社营销中心联系调换
电话：010-84083683
版权所有　侵权必究

序　言

　　现代性社会，就其本质而言，乃是高度流动性社会。显然，高度流动不居的社会如何实现良性的成员融合，进而达至较为和谐的社会秩序，却是对人类智慧的极大挑战。这也正是当代高速转型中国社会的重大而紧迫课题。邱国良教授以"城乡社区信任与融合问题"为中心，展开这一领域的研究，成功入选国家社会科学基金项目并顺利结项，实在是值得欣喜的事。

　　自20世纪90年代末国良就读硕士学位算起，我们相识已达20来个年头了。这些年，我们以乡村选举与治理为重点，在江西40个村开展固定样本的跟踪调查和研究。国良是这一项目的核心成员，一直耕耘在田野第一线，投入甚勤。以此研究为基础，他被国内著名的"三农研究"专家、政治学者项继权教授相中，招入门下，2011年顺利取得博士学位毕业，完成以"农民政治信任"为主题的学位论文并出版（《信任的网络与逻辑：转型时期中国农民的政治信任》，中国社会科学出版社2013年）。2012年初，应国家民政部的邀请和委托，本人主持"探索流动人口在居住地参加社区居民委员会选举的方式方法"、"构建包括流动人口在内的社区居民综合服务管理平台的政策措施"2个政策项目的研究工作，邀请国良等朋友一起参与调查和研究。在完成预定任务的过程中，按国良的说法，"社区融合问题"作为一个新的问题进入了他的兴奋点，引发他强烈的探求兴趣。现在，作为他对此新领域数年研究的阶段性成果，本著得以面世，可喜可贺！

　　作为本著的第一读者，本人先后阅读了其初稿和修订稿阶段。如众周知，对于社会融合问题，学界已有多种研究路径。国良以村社为单位，应是甚佳的视角选择。村社作为社会的基础细胞，是城乡居民生活的基本单位，也是社会成员共融相处的基本平台。社会融合的成功与否，最终均会反映在社区居民的融合度上。显然，社区和社会的融合并不只是社区或社会本身的问题，正如国良所见，根本上还是国家和社会的关系问题。以此立论为基础，他融宏观、中观和微观层面的分析于一体，对主题进行了较为系统的讨论。首先，结合丰富的文献史料，他分析了建国后宏观政策的变迁，如工业化政策、国企改革政策、农民工市民化政策及就地城镇化政策等重大政策对社区发展和融合产生的重要影响。再以此为背景，分别从族群意识与阶层分化的维度讨论其对社区融合的结构性障碍，从社区体制与社区权威的角度讨论社区融合的主导力量，从空间和网络的角度分析影响社区融合的公共场域，又从信任和组织的角度分析影响社区融合的心理基础。如此布局，逻辑链条清晰而合理，对于社区融合问题的探讨系统而全面。

值得称道的还有，国良秉承了多年的学术训练惯习，对主题的讨论坚持以第一手的田野资料及其分析为本。这几年，他的足迹散布于江西、浙江、广东、重庆和江苏等省，本著的基础资料即来自其中的4个地区。对这些资料，他将个案研究、比较研究与量化统计相结合，做了有一定说服力的论证。

社区和社会融合是一个世界性难题，并不只为中国所独有。对此难题的探讨，学界远未止步。比如，如何结合国际学界的研究成果与中国实践，建构"社区和社会融合"的测量量表和指标体系；如何从社会、社区和个体等多个层级，收集兼具信度与效度的数据资料，交叉分析、相互验证；如何找准影响社区、社会融合的关键变量进行科学解释，创建具创新意义的理论成果等等，均是需要学界同仁共同努力的方向。高兴的是，国良修缮本书稿时正在美国大学从事访问研究，这让他在收集、累积大量学术文献的同时，又对美利坚社会、社区融合的实态有了切身的体察。这应当能成为他继续深入开展本领域研究的新的坚实起点。我很期待这一天。

是为序。

肖唐镖
（南京大学　公共事务与地方治理研究中心　政府管理学院）

目 录

导 论 …………………………………………………………… (1)

第一章 国家政策变迁与社区发展 ……………………………… (25)
 第一节 工业化时期的社区发展 ……………………………… (25)
 第二节 国企改革与社区发展 ………………………………… (34)
 第三节 农民工市民化与社区发展 …………………………… (38)
 第四节 就地城镇化与社区发展 ……………………………… (48)

第二章 族群与阶层：社区融合的结构性障碍 ………………… (55)
 第一节 族群差异：空间分布与情感隔阂 …………………… (55)
 第二节 社区分层：职业分化和意识冲突 …………………… (73)

第三章 体制与权威：社区融合的主导力量 …………………… (90)
 第一节 社区治理体制与实践 ………………………………… (90)
 第二节 社区权威与多元秩序的建构 ………………………… (103)
 第三节 包容性治理：社区融合的向度与路径 ……………… (119)

第四章 空间与网络：社区融合的公共场域 …………………… (132)
 第一节 公共空间与关系网络概述 …………………………… (132)
 第二节 社区公共空间变迁与人际网络 ……………………… (142)
 第三节 空间再造的原则、路径与挑战 ……………………… (157)

第五章 信任与组织：社区融合的居民纽带 …………………… （171）
 第一节 信任：社区融合的心理基础 ………………………… （171）
 第二节 社区信任的分化、根源及影响 ……………………… （185）
 第三节 多元共治：社区信任与融合的路径 ………………… （202）

结论与展望 ………………………………………………………… （214）

参考文献 …………………………………………………………… （227）

附录 调查问卷 …………………………………………………… （236）

后 记 ……………………………………………………………… （247）

导　　论

　　自清末以降，中国在迈向现代化的道路上蹒跚而行。先是洋务运动的富国强兵，后是民国时期的黄金十年，但终归是无功而返。新中国成立后，中国再次开启了现代化进程。在传统向现代社会转型的关键时期，传统观念遭遇强烈冲击、社会结构发生深刻变动、经济利益分歧日益凸显、社会阶层更加趋于多元。尤其是城镇化的快速推进促使城乡社会结构持续发生变化，城乡之间的界限不再泾渭分明。与此同时，传统家族结构和观念遭遇巨大冲击，熟人社会逐步瓦解，并开始向陌生人社会转变。值此背景下，城乡社会结构呈现"多梯度差异化"特征，社会文化类型复杂多样。① 为适应城乡社会结构的变化，以家族或单位为基本单元的治理模式亟待向以社区为基本单元的治理模式转型。上述变化和趋势既反映了当下中国社会的基本特征，也是现代社会治理的迫切要求。

　　随着中国城镇化的快速推进，城乡社区类型也变得复杂多样。有研究者指出，在城市有传统老居民社区、单位型社区、村居混杂社区、新型住宅小区之分，在农村又表现出"一村一社区""一村多社区"等不同形态。此外，还有介于城市和传统农村之间的城中村社区、城乡接合部社区等。② 显然，多元化的社区形态，表明了当前社区治理的复杂性，也对社区治理提出了更高要求。在一些新型社区，由于其传统社会网络逐步瓦解，新的社区网络亟待重建。然而，由于社区利益主体多元化及观

---

　　① 张鸿雁：《论当代中国城乡多梯度社会文化类型与社会结构变迁——依据"社会事实"对"二元结构"的重新认知》，《南京社会科学》2007 年第 11 期。

　　② 郑杭生：《中国社会管理和社区治理的新特点新趋势》，《广州公共管理评论》，中国知网（http：//www.cnki.net/kcms/detail/CN.20131108.1441.013.html）。

念上的相互冲突，构建新的社区网络变得甚为艰难，导致社区凝聚力持续弱化、社区内外矛盾丛生，居民信任严重缺失。这充分表明，当前我国城乡社区治理正面临复杂而严峻的形势。

一 选题缘起与研究价值

笔者与社区融合问题结缘，既有一定的偶然性，也是笔者多年来一直关注中国城乡社会问题的必然结果。2008年秋，正值笔者为博士学位论文选题多番斟酌之时，仲村"5·31事件"及羊村"8·19事件"两起典型事件引起了笔者的强烈关注。① 随着对上述事件深入调研，笔者的心境和感受也在持续变化：从起初的震惊、后来的痛心，再是对两起事件的深刻反思和警醒。虽然在撰写博士学位论文时，笔者关注的焦点是农民政治信任问题，但上述事件却也激发了笔者对村庄边界及相关问题的持续思考。

在人民公社体制下，农村社会形成了"三级所有，队为基础"的社会结构，旨在将农民"组织起来"。在传统熟人社会，人们以血缘、亲缘关系为纽带而聚居在一起，形成一个个的自然村落。在不同的村落之间，有着一道天然的界限，将不同村落区隔开来，这就是所谓的村落（社区）边界。而在人民公社及其后的若干时期内，这种自然形成的边界不断变化着，并持续影响村落及居民之间的网络关系。在"8·19事件"中，杨家村和黄村在人民公社时期同属羊村大队，两村村民共同劳动、不分彼此，关系非常融洽、相互联姻。于是，原本属于"异我"的对方逐渐被纳入了"同我"范畴，社区边界也在悄然发生变化。在这一政治主导的背景下，以血缘或亲缘关系为纽带的族群边界开始淡化，而人为形成的行政边界逐渐获得村民认同。即便如此，这一时期的族群边界始终不会消失，及至人民公社解体之后，自然形成的族群边界再次凸显。这表明，新中国成立初期的政治动员并未从根本上削弱族群因素的影响，后者在重塑农村居民关系网络中依然发挥重要作用。

20世纪90年代前后，由于城乡及区域之间的人口流动趋于频繁，传

---

① 有关羊村"8·19"事件的详细过程，参见邱国良《信任的网络与逻辑——转型时期中国农民的政治信任》，中国社会科学出版社2013年版，第2—3页。

统关系网络在一定程度上受到影响。然而，许多研究也表明，在流动人口交往对象的选择及借贷关系等问题上，族群及其衍生因素仍旧具有较强的影响力。2012年年初，笔者与南京大学肖唐镖教授等人合作进行民政部委托项目"探索流动人口在居住地参加社区居民委员会选举的方式方法"及"构建包括流动人口在内的社区居民综合服务管理平台的政策措施"的研究工作。为了完成上述项目的研究任务，课题组先后深入广东、上海、福建、重庆、江西等地社区展开多种形式的调研工作。在广州增城某社区，课题组组织了一次小型座谈会，座谈对象以流动人口为主。在座谈会上，一位来自钦州市的梁姓男子告诉笔者，他来广东打工已有多年，感觉与在老家没什么两样，这可能是因为自己说的"白话"与广东话也差不多，所以与本地人交流没多大语言障碍。而来自其他省份的流动人口则普遍有种漂泊异乡的感觉。一位来自河南省驻马店市的黄姓男子向笔者"诉苦"："我来广东已十多年了，在社区辖区内开了一家杂货店，收入也还可以，在当地也买了房。即便这样，还是觉得本地人对我们这些外地人异眼相看，政策上也不能做到一视同仁，不知道以后还能不能在这里长期待下去。"当然，在课题组调研的其他一些社区却表现出另外的情形，本地人和流动人口除了观念或生活方式存在一定差异外，两者相处较为融洽。那么，在不同地区或不同类型的社区，其原住居民对流动人口的包容性及流动人口的社区认同感为何有着明显差异？哪些因素在促进或阻碍社区居民之间信任和融合，是社会网络、价值观念抑或是其他因素？这些阻碍社区融合的因素能否从根本上得以消除？上述问题对笔者的困扰，并未因该民政部项目结束而得到解决。随着调研的深入，有关"社区融合"主题引起了笔者更加浓厚的研究兴趣。

在急剧变革的时代，传统社会结构逐步瓦解，但社区范围内利益主体多元化及价值观的冲突，却在一定程度上影响和阻碍了社区的有机整合。研究和探讨城乡社区融合问题，不论是对社区自身发展或是对整个现代化路径的探索，其意义均尤为重大。

第一，通过研究和发现影响社区融合的深层因素，有利于促进社区更加和谐。在传统社会，人们一般以血缘或地缘关系为纽带结成相应的社会网络，并通过自身所拥有的社会网络及衍生的信任因素等社会资本，促进社区融合与和谐。伴随城乡社区的变迁及人口频繁流动，社区居民原本所拥有的社会网络逐渐遭到削弱直至瓦解，社区异质性明显增强，居民之间的信任关系变得更为脆弱。显然，上述社区变化趋势并不符合社区的应有之义，因为就其本质而言，社区所蕴含的核心元素应是"共性"。正如迪南·滕尼斯（Ferdinand Tonnies）指出，社区（共同体）是由具有共同价值观念的同质人口组成的关系密切、守望互助、富于人情味的社会团体。① 诚然，在传统农村社区，并不缺乏"共性"因素，但对于一些新型社区而言，这种所谓的"共性"因素却因主体的多元性而遭到弱化，进而阻碍了社区的有机整合。那么，如何对业已分化的社区空间和人际网络予以弥合，并最终形成那种守望互助、富有人情味的人际关系呢？为了回应上述问题，笔者拟着重从两个维度考察影响社区融合的深层因素：一是从历史维度考察国家政策与社区发展的互动关系，尤其关注国家政策的重大变化对社区发展产生怎样的影响，旨在揭示国家政策与社区人口及空间结构之间的逻辑联系。二是从空间维度对不同区域及类型社区进行比较分析，从中揭示出社区发展的内在规律性。

第二，通过研究和发现各类型社区的共性特征和个性差异，有利于促进社区分类治理。长期以来，城乡二元结构一直是中国社会结构的基本特征，城乡之间的界限泾渭分明。这种界限，不仅体现在城乡甚为悬殊的经济发展水平上，也表现为人们思想观念和生活方式的显著差异。在城镇化进程中，城乡二元结构特征有所改变，尤其是在城市化程度较高的经济发达地区，城乡之间的界限更是模糊。相反，城乡社区开始呈现"梯状"结构，社区类型变得复杂多样。除了传统的农村社区、单位社区外，还有各类新型社区，其中包括新型住宅小区社区、城乡接合部社区以及城中村社区等。在上述新型社区，居民的流动趋于频繁，缺乏传统社区所拥有的稳定的社会网络。因此，社区居民成分更为多元化和异质性，居民的信任感和安全感也普遍较低。

有鉴于社区类型的复杂多样，在社区治理过程中，应善于利用各类型社区的特点和优势，对社区实行分类治理。本书旨在通过分析和比较各类型社区的特征，试图发现各类型社区自身独特的资源优势与共性特征，探寻和发现社区发展的内在逻辑及影响因素，以便提出有效举措。

---

① ［美］迪南·滕尼斯：《社区与社会》，林荣远译，商务印书馆1999年版，第11页。

二 已有研究成果综述

学界在探讨相关问题时,既有从微观层面切入转而凸显宏观社会问题,也有从宏观结构层面着眼去分析社区发展问题。从研究视角看,既有宏观层面的社会结构性研究,也有中观及微观层面的制度建设、影响因素等方面的研究;从研究对象看,既有对传统单位社区和农村社区的研究,也有涉及流动人口或城郊农民融入城市社区的研究。综合来看,上述研究可以归纳为以下四个方面。

（一）关于社区融合的结构性研究

所谓结构性研究,是指将社区融合问题置于中国现代化及城镇化背景下去考察,或者为社区融合的研究提供结构性的社会背景。这类研究多半基于宏观或历史视野,为社区研究提供了城乡社会结构性的分析框架。

赵耀辉、刘启明利用中国1986年74城镇人口迁移抽样调查资料,研究中国1949—1985年城乡劳动力迁移的历史过程。该文运用翔实的数据证实,1949—1985年中国城乡间的人口流动与政府的政策是密切相关的,而政府关于农民迁往城镇的政策的变化主要受中国粮食的供求情况制约。在整个20世纪50年代至80年代中期,政府主要通过控制家庭团聚和城镇招工两个手段达到调节城乡人口迁移的目的。[①]

孙立平、王汉生等人则从宏观上论述了改革开放以来中国社会结构的变迁。他们认为,改革前重国家、轻社会的模式已经改变,相对独立的社会开始形成。社会结构开始由总体性社会向分化性社会转变,这种结构性分化有两种基本形式:一是社会异质性增加,即结构要素(如位置、群体、阶层、组织)的类别增多,另一种是社会不平等程度的变化,即结构要素之间差距的拉大。原有的城乡各种身份系列为一种新的、以职业身份为标志的身份系列所取代。[②]

[①] 赵耀辉、刘启明：《中国城乡迁移的历史研究：1949—1985》，《中国人口科学》1997年第2期。

[②] 孙立平、王汉生、王思斌等：《改革以来中国社会结构的变迁》，《中国社会科学》1994年第2期。

陆学艺和王春光也分别从不同角度讨论了社会结构变迁。陆学艺从就业结构、城乡结构、社会阶层结构三个维度讨论了社会结构变迁，认为城乡分割的二元经济结构是历史形成的，与新中国成立后的国家政策对农业人口的限制不无关系。但同时他也指出，改革开放后农民大规模进城，并逐步转变为城市市民，由此改变了城乡结构。① 王春光则从城市化角度分析了社会结构变迁，指出在中国城市化进程中，基于在行动表现上的不同，个体层面的行动主体可以分为两类：一类是主动城市化者，主要是指进城的农村流动人口，另一类是被动城市化者，最典型的就是城郊社区的农民。②

张鸿雁则注意到当下中国城乡社会结构变迁的新趋势和新特征。他认为，在中国城市化进程中形成的多梯度差异化社会，并没有因为现代化的水平提升而变得缩小。社会结构的变迁表现出非同步化、多层次等特征，中国社会是"多类型、多元的、多层次的社会结构体，不能把复杂的中国社会简单归结为'二元结构'关系"。③

（二）关于单位社区的研究

国内较早对单位社区进行研究的学者首推路风，他以改革前的一个国营工厂为例，揭示了单位组织形式的基本特征，并指出单位实质是"与生产社会化性质相悖的封闭结构"，并"逐渐演化成为家族式的团体"。在单位体制下，所有的基层单位都表现为国家行政组织的延伸，整个社会的运转依靠自上而下的行政权力。路风进而指出，使行政组织在民主与法制的基础上合理化，而非在沿袭旧组织结构的基础上撤并政府机构和以财政包干等形式向部门和地方分权，才是我国政治体制改革的路径。④

李汉林注意到单位社会正在发生重大变化。他认为，随着国家统一

---

① 陆学艺：《我国社会结构的历史性变化》，《中国社会科学院院报》2006年1月19日第003版（社会版）。
② 王春光：《我国城市化与社会结构变迁》，《中国社会科学院院报》2008年9月2日第006版（理论月刊·专论）。
③ 张鸿雁：《论当代中国城乡多梯度社会文化类型与社会结构变迁》，《南京社会科学》2007年第11期。
④ 路风：《单位：一种特殊的社会组织形式》，《中国社会科学》1989年第1期。

集中管理、占有和分配各种资源的体制格局被打破、松动和瓦解，单位对国家和上级单位的依赖性在不断弱化；随着社会化服务的发展以及人们需求满足与利益实现方式和途径的日益多样化，个人及单位成员对单位组织的依赖性也在逐步地弱化。① 另外，李汉林与李路路进一步探讨了单位组织的依赖性结构，指出一方面单位组织"更多地表现为一种'组织化'统治形式和工具"，另一方面，人们对获取资源的满意度，也会影响和制约人们的依赖性行为。中国单位社会组织中的资源与依赖交换过程具有全面性、强制性和政治性。②

针对单位社会终结后社会风险的威胁及其应对，一些研究者纷纷提出自己的观点。由于单位制度发生剧烈变迁，社会呈现出多元化发展态势，"集体认同"重构之系列问题应运而生。③ 昔日由单位组织承载的社会公共性不可避免地走向萎缩，导致公共精神生活的衰落，也使得处于转型过程中的中国社会面临严峻挑战，亟须社会体制由"整合控制"向"协同参与"转换。④ 那么，在单位制转型过程中，应如何有效整合社区呢？有研究者指出，单位和居委会（街道办事处）并非相互对立的机构，应充分认识到单位、居委会和社区自治组织的作用，并协调好三者之间的关系。⑤ 单位制消解后，社会生活支持网络发生重大转变：保障体制从单位保障到社会保障、从单位"办社会"到社区自组织、社会生活从找单位帮助到找社区帮助。在转变过程中，应注重制度建设和降低运行成本，防止社区成为新的单位。⑥

（三）关于流动人口融入城市社区研究

关于流动人口的社会融入问题，是当前现代化路径亟须解决的重大

---

① 李汉林：《中国单位现象与城市社区的整合机制》，《社会学研究》1993年第5期。
② 李汉林、李路路：《资源与交换——中国单位组织中的依赖性结构》，《社会学研究》1999年第4期。
③ 田毅鹏：《单位制度变迁与集体认同的重构》，《江海学刊》2007年第1期。
④ 田毅鹏、吕方：《单位社会的终结及其社会风险》，《吉林大学社会科学学报》2009年第6期。
⑤ 陈文江、席娜：《单位制的消解与社区的整合及变迁》，《四川理工学院学报》（社会科学版）2011年第5期。
⑥ 李培林：《社会生活支持网络：从单位到社区的转变》，《江苏社会科学》2001年第1期。

社会问题，引起国内学界的普遍关注，多数研究者主张从制度建设、市民偏见或者流动人口自身社会网络等角度解释城市流动人口的"社会隔离"现象。王春光尝试用"半城市化"概念分析农村流动人口在城市的社会融合问题，认为"由于系统、社会生活和行动、社会心理三个层面的相互强化，农村流动人口的'半城市化'出现长期化的变迁趋向"。导致这种"半城市化"状态的主要因素是制度改革的滞后性，若形成"长期性的制度不整合"，"半城市化"将会成为一种坚固的结构性现象。① 郭星华等人认为，在城市居民或民工之间存在的社会隔离现象属于双方的"自愿性隔离"，户籍制度、就业制度和城市社会保障体系等歧视性政策，以及城市居民对民工的整体性歧视与偏见，是造成这种"自愿性隔离"的主要原因，而民工的社会网络又为民工选择自愿性隔离提供了现实条件。只有让民工"从心理上完全认同和接受现代城市精神，并将其内化为自己的行动方式、生活方式和价值方式"，才能消除这种自愿性隔离，并最终实现城市居民与民工的社会融合。②

对于多数学者所持的城市中心主义论，也有学者持谨慎态度。江立华、谷玉良认为，当前学界在研究农民工问题时普遍存在城市中心主义倾向，主要表现在三个方面：一是缺乏对不同类型农民工市民化的意愿和需求进行区别分析，从而导致部分农民工"被市民化"；二是存在融入与融合的争论，即农民工文化融合的单向论与双向论之争；三是缺乏区分不同类型农民工具体多样的需求维度、力度与乡度。③ 张翼通过对农民工"进城落户"的意愿进行统计分析后发现，绝大多数农民工因想要保留承包地，并不愿意转变为非农户口。而一些愿意转变户口的少数农民工则是为了孩子的教育和升学。为了促进农民工"进城落户"，应弱化户籍的制度区隔功能，力促基本公共服务与福利配置的均等化。④

---

① 王春光：《农村流动人口的"半城市化"问题研究》，《社会学研究》2006年第5期。
② 郭星华、杨杰丽：《城市民工群体的自愿性隔离》，《江苏行政学院学报》2005年第1期。
③ 江立华、谷玉良：《农民工市民化：向度与力度——基于对城市文化中心主义倾向的反思》，《中国特色社会主义研究》2013年第6期。
④ 张翼：《农民工"进城落户"意愿与中国近期城镇化道路的选择》，《中国人口科学》2011年第2期。

也有研究者从文化和心理层面探讨城市居民与农民的社会隔离问题。胡荣、王晓利用相关数据分析了城市居民的社会资本以及其对城市居民与农民工社会距离的影响。他们认为，在社会资本三要素中，信任有助于减小社会距离，普遍信任因子和特殊信任因子都对因变量具有显著的负向影响，即个人对他人的信任度越高，尤其是对社会中不稳定的信任度越高，那么其感觉到与外地人的社会距离越近。同时，人们交往圈子中亲属所占的比例越大，其与外来人口的社会距离越远。① 雷开春、张文宏则以城市新移民为研究对象，剖析了其社会信任与社会交往的关系问题，认为尽管朋友是城市新移民最信任的群体，但从信任感的建立机制来看，亲戚才是城市新移民社会信任建立的重要影响因素。社会交往对社会信任建立的负功能大于正功能，社会交往本身并不能带来社会信任，实际的交往行动才能增加社会信任。②

（四）关于城郊农民融入城市社区研究

伴随着城镇化的快速推进，一些传统村落纷纷终结并表现出各种形态。折晓叶、陈婴婴通过对高度工业化的东南地区"万丰村"的研究，概括出一个超级村庄的"中间形态"，认为"作为一种新的社区形态，超级村庄存在的方式既不同于传统意义上的'乡'，又不同于现代意义上的'城'，而是表现出诸多的中间性特征"，"既是工业化的社区，又保留着乡土社会的某些生活秩序和原则，表现出非城非乡又亦城亦乡的特点"。③ 蓝宇蕴在对广东石牌村的研究提出"都市村社共同体"概念，石牌村并没有采用以"城"去同化"乡"的方式，而是采用以村社型共同体的组织架构和本土化的资源去吸纳"城"、实现与大都市融合的路径。④ 可见，在城市化进程中，一些近郊农村社区在融入城市过程中，并未完全抛弃原有的社会结构和生活方式。

---

① 胡荣、王晓：《社会资本与城市居民对外来农民工的社会距离》，《社会科学研究》2012年第3期。

② 雷开春、张文宏：《城市新移民的社会信任及其与社会交往的关系剖析》，《江苏行政学院学报》2012年第6期。

③ 折晓叶、陈婴婴：《超级村庄的基本特征及"中间"形态》，《社会学研究》1997年第6期。

④ 蓝宇蕴：《都市村社共同体：有关农民城市化组织方式与生活方式的个案研究》，《中国社会科学》2005年第2期。

基于风险意识、价值观差异或社会网络中断等原因，一些城郊农民融入城市的意愿并不十分强烈，甚至出现"被城市化"现象。毛丹、王燕锋以Z省J市的城郊村为案例，分析了农民不愿做市民的主要原因是基于不安全感，包括经济不安全、社会不安全以及政治不安全等。① 文军则在反思城郊农民"被市民化"的基础上，指出城郊农民之所以不愿成为新市民，主要是因为这种农民市民化过程是一种完全制度化的、被动的过程，它"既会给新市民群体带来许多困境，也很容易引发新的城乡冲突与潜在社会危机"。② 蔡禾等人的研究发现，人们通过何种社会关系去寻求社会支持，受社区性质和社区居民自身特征的影响。城市居民寻求业缘关系的意向强于郊区农村，寻求血缘关系、夫妻关系的意向弱于郊区农村。张文宏、阮丹青通过研究发现，亲属在城乡居民的财务支持网和精神支持网均显得相当重要，而无论是财务支持网和精神支持网，邻居在农村的作用均比城市重要。③

综上所述不难发现，尽管学界对于城乡结构的变化有着不同的解释，但总体而言，相关研究仍是在城乡二元结构性框架下展开的。事实上，随着改革开放以来国家政策的松绑，越来越多的农村居民通过各种途径向城市社区及发达地区转移，从而促使城乡二元结构持续发生变化，改变了城乡社区原有的相互对立和阻隔状态，从而形成类型多样化、梯度化的城乡社区格局。然而，遗憾的是，学界既有研究主要以宏观层面的研究居多，而微观层面研究较少，尤其缺乏聚焦社区层面的实证研究及类型化研究，未能对多样性的社区融合状态给予应有的关注。而另一方面，尽管有研究者关注到了国家政策对人口迁移的影响，但其主要聚焦于国家特定历史时期的宏观政策对于人口流动的影响，而缺乏从政策变迁的历史视角系统分析中观及微观层面的社区发展和融合问题。

从新中国成立以来，影响社区发展和融合的重大国家政策主要有社会主义工业化、国有企业改革、农民工市民化及就地城镇化等。其中，

---

① 毛丹、王燕锋：《J市农民为什么不愿做市民——城郊农民的安全经济学》，《社会学研究》2006年第6期。
② 文军：《"被市民化"及其问题》，《华东师范大学学报》（哲学社会科学版）2012年第4期。
③ 张文宏、阮丹青：《城乡居民的社会支持网》，《社会学研究》1999年第3期。

社会主义工业化、农民工市民化及就地城镇化等政策,在各个历史时期对于城乡社区格局的演变产生了不同程度的影响;而国有企业改革的相关政策则在很大程度上改变了单位社区的状态。上述国家政策与社区发展的互动性,理应引起学界应有的关注。除了政策因素之外,族群和阶层等影响因素也应纳入学术视野。在西方学界,有关社区隔离(融合)问题的解释性文献,主要集中在文化传统、种族差异、经济视角及福利政策等方面,尤从经济(阶层)与种族视角形成了两大理论模型:空间同化(spatial assimilation)和地方分层(place stratification)。尽管中国农民的社区融合问题一般不涉及种族问题,但从群体的排他性角度看,社区的内群体与外群体的差异和冲突却或多或少存在,并对社区融合产生不同程度的影响。而对于经济(阶层)因素,由于中国城乡和区域经济发展水平之间的巨大差距,来自欠发达地区的农民工与市民之间存在着职业和收入的差距,而职业和收入对于阶层划分的影响十分显著。有鉴于此,本书将从政策、族群和阶层等视角全面考察影响社区融合(隔离)的主要因素,分析上述因素对社区融合的作用机理,并在此基础上尝试提出新的理论观点和政策思路。

三 样本选取与研究方法

(一) 样本选取

在选取研究样本时,本书综合考虑两个层面的代表性:一是区域样本,二是社区样本。在选择区域样本时,既要考虑流动性程度,也要综合考虑样本地区的地理位置及经济文化因素。为此,本书将 W 市、Y 市及 C 市作为地区样本,三者在地理位置及人口流动性方面各具代表性。首先,从地理位置看,W 市、Y 市和 C 市分别代表中国东、中、西部地区;其次,从人口流动性看,W 市属于典型的沿海港口城市,位于中国黄金海岸线中段,是中国第一批对外开放的 14 个沿海城市之一,系所在省的经济、文化中心,其制造业密集,流动人口非常集中,社区居民文化冲突凸显。Y 市和 C 市均属于欠发达地区,其中,Y 市属于中部地区的一个地级市,跨地区流动的人口较少,人口流动主要表现为农村居民向城市流动。C 市属于西部地区的直辖市,人口流动性介于 W 市和 Y 市之间,其流动人口除了来自附近郊县和农村以外,还有部分来自邻近省份。尽管与 Y 市相比，C 市的辐射范围更广，流动人口的成分更为复杂，但从文化差异来看，两者大体趋于一致。

在选择社区样本时，则情况要复杂得多。正如有研究者提出的，城乡社区复杂多样，呈现"多梯度差异化"格局，① 因而在社区治理过程中要区别对待，实行"分类治理"。在学界，关于社区类型划分颇具代表性的观点有郑杭生先生对社区形态所作的系统分类。他认为，在城市有传统老居民社区、单位型社区、村居混杂社区、新型住宅小区之分，在农村也有各种社区形态，而介于城市和传统农村之间则有城中村社区、城乡接合部社区等。然而，上述社区类型划分并不完全符合本书所关注的社区流动性和居民成分标准。从社区流动性和居民成分看，传统农村社区的社区流动性固然最弱、居民成分单一，但各类城市社区以及城中村、城郊接合部等社区的流动性及居民成分则十分复杂，难以精准归类。

鉴于本书着重关注族群和阶层因素，在选择典型样本社区时，要注意区分不同社区的流动性及居民结构。一般地，人口流动性越大、居民成分越复杂，族群因素在社会融合中的影响越显著。同时，由于人口跨区域流动，使得本已存在的地区和城乡之间的经济收入的差距凸显于社区层面上。而一旦这种差距成为一种固化模式后，社区居民之间的阶层化便随之形成。因此，本书着重关注三种类型社区，即传统农村社区、流动人口聚居社区和城郊农民市民化社区。在传统农村社区，居民主体成分单一、族群意识较为强烈，主要从事涉农职业，经济收入差距并不明显。与之形成强烈反差的是流动人口聚居社区，其不仅居民成分复杂多样，既有老市民和新市民，也有来自省内外各地的流动人口，而且他们所从事的职业也千差万别，经济收入差距甚为凸显。而在大多数城郊农民市民化社区，城郊农民都是被集中安置的。在安置小区内部，其居民结构相对于传统农村社区而言并没有明显改变，在很大程度上维持着原有的社会网络和族群意识。然而，相对于更大的社会网络而言，城郊农民的这种整体性嵌入，并不能从根本上改变其在城市中的职业边缘化地位。事实上，与老市民及城市白领相比，大多数城郊农民难以凭借其

---

① 张鸿雁：《论当代中国城乡多梯度社会文化类型与社会结构变迁——依据"社会事实"对"二元结构"的重新认知》，《南京社会科学》2007 年第 11 期。

有限的拆迁补偿款而实现其经济地位的超越。

在具体样本社区选择上，本书既要考虑典型案例的深度解剖，又需兼顾面上数据收集的广泛性。一方面，笔者选择将羊村（传统农村社区）、金浦村（流动人口聚居社区）、果园村（城郊农民安置社区）作为典型村落或社区，并对之进行"麻雀"解剖式的比较分析，试图发现三者之间的异同；另一方面，扩大了样本社区范围，以之作为数据样本的来源社区。除了上述三个典型案例社区外，其他被选取的社区包括：仲村社区、大塘社区、中建社区、新田社区、白城社区、西南社区、绿苑社区、杏园社区、宝圣社区。以下为各社区的基本情况：

1. 传统农村社区

仲村社区：该社区位于 Y 市的东北部，属于典型的传统农村社区。仲村社区地处偏僻，距离 Y 市市中心区域约 20 公里，距离镇政府所在地也有 7 公里左右。仲村社区下辖包括仲村在内共 8 个自然村，总人口约有 1600 人，其中仲村自然村人口就达 800 人以上。仲村村民受传统文化影响较大，宗族因素、风水文化对村民的影响尤为凸显。

大塘社区：该社区隶属于 Y 市，虽然其地理位置距离市区不远，但总体上仍属于传统农村社区。大塘社区所辖面积约 10 平方公里，3000 多人口，多为本地原住居民。20 世纪 80 年代以前，大塘社区仍是传统农村社区，人口流动性很低。之后，市委、市政府选址于大塘社区附近建梅园新区，一定程度上带动了大塘社区的发展。然而，随着位于市北的高铁站通车及"一江两岸"城市发展布局，Y 市的发展重心逐步转移至江北新区，梅园新区显得愈来愈冷清。因此，除了极个别邻近市区的村落外，其余村落与传统农村社区几乎没什么区别。在干部结构上，大塘社区也表现出传统农村社区的特征：大塘社区共有 6 名社区干部，全部为社区原住居民，与社区居民有着天然的联系。

中建社区：该社区位于 C 市北部区域，社区原本属于偏远农村，后随着城市扩张，已逐渐靠近城郊地带。整个社区共有常住农户 208 户、人口 700 多人，此外，由于附近有工地和学校，因此也有少许从事商贩活动的流动人口。2015 年起，在 C 市全面推行"网格化管理"模式下，中建社区的 8 个自然村按每两个自然村一个网格，共被分为 4 个网格。

2. 流动人口聚居社区

新田社区：该社区位于W市城区边缘地带，2012年3月，经W市人民政府批准设立社区党支部和居委会。新田社区下辖8个花园小区，其中户籍人口1065户、2969人，外来人口2115人。社区下设1个党支部，共有中共党员41名，共有企事业单位5家。社区现有办公用房面积791平方米，除了上级政府和职能部门下派干部外，社区现有专职人员共10名。

白城社区：该社区位于Y市中心区域，毗邻老火车站，人流量非常大。常住人口共有2319户、6759人，其中，流动人口大约540人，占全部居民比重约为9%。这一比例对于内地四线城市而言，属于流动性较大的社区。由于靠近火车站，白城社区的商业非常发达，来往客流量很大，因而吸引了不少流动人口在辖区经商或务工。除了少数流动人口从其他省市流入外，其余绝大多数流动人口均为本市辖区的农村户籍人口。

西南社区：该社区位于C市北部区域，属于流动人口聚居社区。社区成立于2014年6月，辖区面积0.95平方公里，户籍人口3064人，常住人口25012人。辖区内有大学1所及中小学若干所，因此，居住在社区从事商贩、陪读及其他活动的流动人口比较多，约占社区常住人口的1/4。

3. 城郊农民安置社区

绿苑社区：该社区隶属于W市，成立于2012年3月21日，是由城郊转型而成。辖区总面积0.55平方公里，共有居民总户数4786户，总人数15433人，其中，户籍人口6454人，外来人口2624人。户籍人口中，约有1/3为集中安置人口。社区党员人数较多，共有186名，所以设置社区党委，并下设6个党支部。

杏园社区：该社区位于Y市市区南部边缘地带，属于城郊农民安置社区。社区居民总户数800余户，人口2700多人，其中城市户籍人口1200多人，还有一大部分属于农村户籍人口。社区党支部下设三个党小组，有党员63人，村两委成员7人。在治理模式上，尽管政府多次要求杏园社区实行社区治理模式，但该社区在村干部人选及工作方式方法上仍保持行政村模式。杏园社区拥有不少集体资产，能够为居民谋取福利，并经常性组织和举办一些跳龙灯、演唱戏曲等民俗活动，以及广场舞队、军鼓乐队等娱乐活动。

宝圣社区：该社区隶属于 C 市，属于典型的城郊农民安置社区。20 世纪 90 年代以前，宝圣社区所在地原是一片农田，后随着城市的扩张，附近几个村的土地都被征收了，原住居民被集中安置在新成立的宝圣社区。社区范围内设有 25 个企事业单位，1 所中学，1 所小学，4 所幼儿园，37 栋单体楼，一个物业小区，下设居民小组 4 个，社区干部 14 人。社区辖区面积 2.5 平方公里，总户数 3866 户，总人口 10366 人，其中本地居民 8000 多人，大部分为农转非安置人员。

在上述社区，笔者采取等距抽样的方法，共抽取约 700 份居民样本（含流动人口和原住居民）以开展问卷调查，最后获取有效样本或部分有效样本 681 份。（参见表 0—1）

表 0—1　　　　　　　　　　样本基本情况①

变量	有效样本数	均值	标准偏差	最小值	最大值
地区	681	1.910	0.772	1	3
性别	681	0.409	0.492	0	1
年龄	677	43.23	15.40	13	94
文化程度	681	3.226	1.141	1	6
政治面貌	668	1.352	0.680	1	4
宗教信仰	645	4.816	2.053	1	6

其中，流动人口和原住居民样本数分别为 245 份和 436 份，各占全部样本比重的 36% 和 64%。另外，流动人口样本数占各自地区总样本数的比重，以 W 市居多，占比高达 58.5%，而 Y 市占比最低，仅占本地区总样本数的 10.9%。这基本反映了各样本地区的流动性状况，符合样本选择的要求（参见表 0—2）。需要说明的是，W 市流动人口样本数超过了原住居民样本数，并不表示 W 市流动人口数量超过了原住居民数量，而

---

① 其中，地区（1 = W 市、2 = C 市、3 = Y 市）、政治面貌（1 = 群众、2 = 共青团员、3 = 共产党员、4 = 民主党派）、宗教信仰（1 = 佛教、2 = 道教、3 = 基督教、4 = 天主教、5 = 伊斯兰教、6 = 不信任何宗教）为多分类变量；性别（女 = 0、男 = 1）为二分类虚拟变量；年龄为定距变量；文化程度为定序变量，从"不识字"到"研究生及以上学历"分别按照 1—6 分进行赋值。

是因为课题组进行问卷调查的一些社区的流动人口较为集中,个别社区(如金浦村)甚至出现流动人口与原住居民倒挂现象。

表 0—2　各区域样本的流动人口与原住居民人数比例

		流动人口	原住居民	总计
W 市	计数	138	98	236
	占该地区的百分比	58.5%	41.5%	100.0%
C 市	计数	88	182	270
	占该地区的百分比	32.6%	67.4%	100.0%
Y 市	计数	19	156	175
	占该地区的百分比	10.9%	89.1%	100.0%
总计	计数	245	436	681
	占全部地区的百分比	36.0%	64.0%	100.0%

(二) 研究方法

一般地,社会科学的研究方法包括宏观层面的思维方法、中观层面的研究方式和微观层面的具体研究方法。这里主要从研究方式和具体研究方法两个层面进行介绍。

首先,从研究方式上看,本书采取定量研究与定性研究相结合的研究方法。即一方面,利用相关分析软件对问卷资料进行统计和分析,以 Y 表示因变量(如:社区信任),以 X 表示自变量(如:社区类型、社区居民年龄、居民性别、在社区居住年限、职业背景、文化程度、社区组织状况及其他可能的相关因素),着重考察两个变量之间的相关性及其程度。另一方面,还对典型样本社区进行实地观察和深度访谈,主要访谈对象包括当地民政部门、国土部门、乡镇(街道)、社区居委会等部门和机构的干部、职工及社区居民代表,访谈内容主要为有关人口结构、农村城市化状况、社区组织状况、社区工作等,并期望获得相关政策、报告、政府文件等书面资料。通过实地观察和深度访谈所获取的资料,将进一步佐证定量研究所获得的数据。

其次,从具体研究方法上看,主要是指在资料收集和资料分析两个阶段所采取的具体方法。在资料收集阶段,主要采取了实地观察、问卷调查、深度访谈等方法。一是实地观察方法。实地观察研究方法要求研究者秉持客观中立的立场,对研究对象的方位、概貌或事件过程等进行初步观察,尽可能不涉及具体事件当中,以"局外人"的角色对事物形成客观的认识,以免产生先入为主的判断。在对社区进行更为深入的调研之前,通常要对社区的方位、概貌以及社区的各种动态进行观察,以便做到胸中有数、驾驭全局。在本次调研实践中,不少问题恰恰是在实地观察后发现的,这使得后来的深度访谈更具有针对性,能够更加深入地挖掘研究素材。二是问卷调查方法。问卷调查是做定量研究的一个基本手段,是社会科学研究常用的基本方法之一。问卷设计是一件非常慎重的工作。课题组严格按照项目设计书,将 X 变量和 Y 变量细化为各项具体指标,着重考察不同地区、社区、人口结构等信任及融合等方面的情况。本次问卷调查和进一步的深度访谈分时段分区域进行,其中,2015 年 4—6 月基本完成对 W 市的调研工作,同年 9—11 月完成对 Y 市地区的调研工作,2016 年 3—5 月完成对 C 市的调研工作,获取有效问卷 681 份。三是深度访谈方法。深度访谈是对实地观察和问卷调查的重要补充。一般地,通过实地观察和问卷调查等途径了解到的内容主要是面上素材,而深度访谈则是对事件全过程及其背后的故事进行深入挖掘,它有助于更加深入地发现和认识问题的症结。

在资料分析和统计阶段,采用了个案解剖和统计分析相结合的方法。一方面,通过对典型个案进行深度解剖,深入了解和全面展示该典型个案的事件过程,并揭示其中的问题及症结;另一方面,还使用相关软件对地区、社区、人口结构等变量与信任、融合等变量之间的相关性进行分析,比较不同地区以及各类型社区的居民的信任和融合状况,试图发现社区融合的路径。

四 理论框架与篇章结构

(一)理论框架

社区融合,一方面是社区范围内各居民主体之间的自主交融与合作,彰显了社区的自治和共性;另一方面,它从一定程度上也反映了社区层面的体制关系,即在社区层面上,政府尤其是基层政府与社区组织之间的互动关系,以及这种互动在塑造社区权威过程中所发挥的作用。由此可见，从根本上讲，社区融合问题依然是国家（政府）和社会的关系问题。

然而，在国家（政府）和社会的"二元"框架下的社区融合问题，却隐藏着几对互动关系：一是体制内中央政府与地方政府、基层政府与社区组织之间的互动关系；二是社区范围内各居民主体，即原住居民与流动人口、新市民与老市民之间的互动关系；三是基层政府、社区组织与居民主体之间的互动关系。体制内的互动关系如何，对于能否成功塑造社区权威以及塑造何种社区权威，其意义极为重要。同时，有关社区权威及权威的性质，则在很大程度上决定了基层政府能否在社区融合过程中充分发挥主导作用。而在社区范围内的各居民主体之间的互动性也是值得关注的焦点。上述居民主体，既包括老市民和新市民、流动人口与原住居民，也包括不同地区的流动人口群体。在众多的居民主体互动关系中，信任关系虽然未能反映其全部的互动关系，但却是最为重要的互动关系之一，同时，也是各居民主体经常性互动而形成的一种关系结果。由于这种居民主体之间的信任关系对居民融合能够产生非常重要的影响，故理应将之纳入研究视野。需要指出的是，体制内的互动关系和社区内各居民主体之间的互动关系并非是两个自我封闭、相互隔离的系统。事实上，社区各居民主体之间的互动，需要在一定的公共空间（平台）内进行，并形成相应的社会网络。在公共空间建设或改造过程中，不论政府或社区组织以何种角色出现，都将会对公共空间和社会网络造成一定的影响。因此，在公共空间内，体制力量和居民主体这两个看似互不干扰的系统将会以一定的形式形成互动，并最终促进或阻碍社区融合。

事实上，人们的工作和生活交往总是发生在特定的公共空间内，社区居民将会在相应的公共空间内表现出其分化或融合状态。在西方学界，社会（社区）分化和融合问题一直是人们关注的焦点问题，尤其是在种族问题较为突出的美国更是如此。为此，塔尔德（Gabriel Tarde）提出了衡量社会分化或融合程度的重要概念——"社会距离"，而这一概念也备受帕克（Robert E. Park）推崇。那么，如何测量人们之间的"社会距离"呢？在众多有关"社会距离"测量的文献中，值得一提的是由邓肯提出并由托伊伯重申的"相异指数"（the dissimilarity index）和"少数比例指数"。然而,由于上述测量指数不够全面和科学,随即遭到科特斯等人(Cortese, Falk and Cohen, 1976)的批判。为了弥补"邓肯指数"缺陷,梅西(Douglas S. Massey, 1988)提出,应从均衡性(even)、接触性(exposure)、聚集性(concentration)、中心化(centralization)及聚群性(spatial clustering)等五个维度测量社会分化或融合的程度。

应当承认,梅西从上述五个维度测量"社会距离"的指标体系具有较强的科学性和可操作性,是迄今为止较为全面的评价指标体系。然而,需要指出的是,该指标体系的一些具体指数存在重叠现象。比如,中心化指标考察的是特定群体在城市或区域中心的居住状况,而聚群性指标考察的是特定群体在一定空间(如社区)居住占比,两者在一些情况下所指向的内容趋于一致。不仅如此,梅西的指标体系的一些测量指数(如"中心化"指数)并不适合直接用来解释中国农民的分化和融合问题。在梅西的指标体系中,"中心化"指数是考察黑人(通常也是穷人)在城市中心的聚居程度,其"中心化"指数越高,表明黑人大量集中居住在城市中心的情况越显著,即种族和阶层社会分化越严重。然而,中国的城乡结构与美国社会几乎相反,绝大多数中国农民主要居住在农村或城郊地区,市民则大部分居住在城市中心。由于城乡、工农之间的经济水平差距,居住在城市中心的市民相对于大多数农民而言,属于较为富裕的阶层。因此,美国城市社会大量存在的"贫民窟"现象在中国城市社会并不凸显。当然,并不能由此否认中国城市社会流动人口的群居现象。受低廉房租和族群意识的双重影响,一些城市边缘地带(如城郊接合部、城中村社区)往往最易成为以农民工为主体的流动人口的聚居地。基于上述考虑,本书选择将"居住隔离"作为考察流动人口的社会分化和融合问题的一个重要评价指标,可以有效避免"中心化"指数在中国语境下的尴尬。

接触性是另一个值得关注的考察指标。在不少国内外文献中,倾向于将不同阶层和族群居住在同一区域视为社会融合的重要标志。然而,这种观点无疑是片面的,因为来自不同阶层和族群的人们居住在一起,可能是长期的、也可能是暂时的,可能是居民社区认同的自然结果,也可能是行政主导或是其他因素作用所致。事实上,正如伊萨姆尔所观察到的那样,随着社区种族多样性的增加,越来越多的白人居民正陆续

"逃离"社区，出现了所谓的"白色飞行"（White flight）。它表明，社区种族多样性的增加并不必然意味着社区融合。因此，考察社区融合不能只看不同族群和阶层的人们是否居住在同一社区，更要看他们的接触性程度。

生产（或职业）分化也是值得注意的一个衡量指标。在西方学界，将社会分化和贫困的根源归结于职业因素的研究首推威尔逊，他在《真正的弱势：内城、阶级和公共政策》（*The Truly Disadvantaged: The Inner City, the Underclass, and Public Policy*）中指出，正是由于经济结构的转型，一些新兴朝阳产业大多分布在郊区和乡村，大量的就业机会也由此转移到郊区和农村，而留在内城的是以制造业为主的一些传统产业。这种经济结构的转型，最终导致内城成为黑人和穷人的聚居地，继而出现大量的城市"贫民窟"。在国内学界，研究者主要从社会关系网络、制度体制等角度关注职业分化。如边燕杰、张文宏考察了不同经济体制下社会网络对职业流动的影响，李培林认为流动民工的职业流动依赖亲缘、地缘等社会关系网络。多数研究者则注意到，由于户籍或居住社区不同而形成农民就业歧视或隔离。然而，学界较少有研究关注到这样一种现象：大量的工业区通常安置在远离城市中心的郊区或农村地区，在这些工业区周边地带，则形成了成片的"流动人口"聚居地。与此同时，一些有条件的原住居民则纷纷"逃离"上述地区，而缺乏搬迁条件的穷人和老人则留了下来。这种由经济结构或就业机会分布所导致的社区分化现象在本书关于金浦村案例中得以展现。

总之，本书试图通过居住隔离、接触性及职业分化等指标来较为全面地考察社区融合状况。需要指出的是，上述指标并不完全通过量化研究获得理论模型，而是综合利用案例研究和量化研究的优势，即在深入剖析案例研究的基础上，用较为翔实的数据作为研究支撑。

（二）篇章结构

从对上述理论框架的阐述中不难发现，本书基于国家（政府）和社会（居民）的"二元"框架，却又试图跳出这一框架，从国家与社会的互动视角中去寻求理论框架的突破。可以说，本书的篇章结构正是基于上述理论框架而做出的安排。本书由导论、正文、结论与展望三大部分组成，其中，正文分为五章，构成本书的主体部分，其主要内容为：

第一章，分析了国家政策和社区发展的互动关系。本章考察了新中国成立以后的国家政策的变迁过程，并认为，工业化政策、国企改革政策、农民工市民化政策及就地城镇化政策等重大政策的出台对社区发展产生重要影响。

一是社会主义工业化政策。在这一阶段，国家政策对人口流动的影响主要聚焦于城乡社会之间，政策变化突出表现为，由新中国成立初期的"促进人口自由流动"转向后来的"逆城市化人口控制"，最终导致城乡社区隔离状态。同时，国家还通过户籍政策和资源控制实现了人口控制，形成了个体对单位、单位对国家的依赖格局，从而普遍建立了单位制社区。二是国有企业改革政策。在国企改革时期，所有制结构得以调整，原先个体与单位、单位与国家之间严格的依附和控制关系出现松动。在这一背景下，单位社区居民的流动性开始加大，社区内部的邻里关系、熟人关系也发生变化，原先的熟人社会逐渐变为半熟人社会。同时，在一些改制后的单位社区内，由于经济收入和社会地位的变化，居民之间开始出现了较为明显的社会分层现象。三是农民工市民化政策。1990年前后，国家开始推动农民工市民化政策，人口流动不再局限于城乡之间，开始出现大规模跨地区人口流动。这种跨地区的人口流动，不仅造成了人口流出地的社区"空心化"现象，也给人口流入地的社会治理及资源分配造成巨大压力。四是就地城镇化政策。由于沿海发达地区正处于经济结构转型的关键时期，由内地向沿海输送和转移劳动力的发展模式难以为继。为此，国家适时推动"就地城镇化"政策，统筹规划和妥善解决沿海产业升级与欠发达地区的农业劳动力转移的矛盾。为了配合国家"就地城镇化"政策，应合理规划城乡社区布局，形成"城内有乡、乡里有城"的城乡社区协调发展的局面。

第二章，从族群意识和阶层分化两个维度讨论了社区融合所遭遇的结构性障碍。在族群意识方面，本章通过选取杨家村、金浦村、果园村等处于农业向工业转型的不同发展阶段的三个典型案例，阐述了传统农村社区、流动人口聚居区以及城郊农民安置社区的居住空间布局、人口结构及其与族群意识的关联性。研究发现：一是传统村落的族群意识因血缘或亲缘关系而产生，而神秘的"龙脉"信仰和族群仪式则更加强化了族群意识。在传统村落，个体因为血缘或亲缘关系而群居在一起，形成相对稳定、亲疏有别的关系网络，进而形成族群意识。而通过信奉"龙脉"信仰及举行族群仪式，一方面可以将宗族成员凝聚起来，不断强化其族群意识，同时也利用"龙脉"信仰的封闭性和排斥性，促使村民形成观念上的社区边界。二是生活空间的变迁和转换，并未从根本上改变人们的族群意识，对于流动人口或市民化后的城郊农民而言，其主要社会支持网络依然是血缘或亲缘关系。这不仅是因为族群观念本身的"惯性"，更是由于系统性"脱离嵌入"的阻碍作用，而使得其难以发生社会网络的变革及族群观念的变革。在经济系统中的边缘地位，使两大群体对原有社会系统产生强烈的"路径依赖"，从而阻碍了它们更深程度地融入相应的社会网络中。三是族群意识不仅强化了传统村落的边界，也对流动人口聚居社区及城郊农民安置社区的居住空间和社会网络产生深刻影响。在流动人口聚居社区，个体的族群意识对其自身居住空间的选择行为具有显著影响，个体总是倾向于选择相同或相近社会网络的其他个体作为邻里。而在城郊农民安置社区，尽管城郊农民在身份上已经市民化，但在意识上却依然保持小农意识，并未真正融入社区。

在阶层分化方面，本书按居住邻里情况将流动人口分为三种类型，即租住在房东家、居住在工厂宿舍和居住在自购商品房等，对三者的居住空间、受歧视感等进行考察和比较。研究发现：一是区域及城乡之间经济发展差距所形成的叠加效应，使得流动人口与原住居民之间的经济差别更加凸显，形成了群体之间的阶层化。二是流动人口的受歧视感在不同地区有着显著差异，在经济越发达、人口流动性越大的地区，流动人口的受歧视感越强烈，反之，流动人口的受歧视感却相对较弱。同时，即便在同一地区，居住邻里不同的流动人口其歧视感也有差异。低收入流动人口群体受歧视感强烈，而一些工资收入较高、工作相对稳定的流动人口群体，则并不会明显感到歧视。三是流动人口的居住分化本质上是一种阶层分化。在经济发达地区，流动农民工不仅与原住居民存在巨大的经济收入差距，也与所谓"高端"流动人口存在明显的经济地位差别。低收入流动人口群体大多集中居住在房租较为低廉、居住环境较为恶劣的村居混杂社区、城中村社区或者城郊接合部社区，而许多原住居民或高收入流动人口群体则会远离这些区域，从而造成低收入流动人口的集中隔离现象。

第三章，从社区体制和权威的角度分析了促进社区融合的主导力量。社区融合程度不仅受国家宏观政策影响，还与微观层面的社区治理体制及行为密切相关。本章通过梳理社区治理体制的历史沿革，表明了"自治性"和"服务性"社区是社区治理体制改革的基本方向。在各地社区治理体制改革过程中，"网格化"治理模式是一种典型模式，然而其表现形式各异。本章在分别介绍 C 市、W 市、Y 市等三地"网格化"治理模式的基础上，进一步指出三地"网格化"模式在治理主体的包容性、组织架构、治理绩效等方面具有显著差异。社区治理体制的改革，要以促进社区信任和融合为首要目标，将流动人口纳入社区一体化管理，积极转变观念、创新治理体制和机制。

社区治理体制的方向，也关乎社区权威的重构。社区权威经历了宗族权威、单位组织权威与国家政治权威的更替和演变。然而，随着社区愈加多元化和异质性，传统社区治理体制及权威已难以适应社区发展的未来趋势，而包容性治理则是未来社区治理的基本向度。包容性治理主要是指在治理主体、政策规范、行为监督、成果分享等四个方面实行公平、公开、公正的原则，即在治理主体方面应注重吸纳各群体广泛参与社区治理、在政策规范方面应兼顾各方利益、在评估制度和责任追究方面应发挥社区居民及公众媒体的民主监督作用、在成果享有方面应给予弱势群体更多政策倾斜。

第四章，从空间和网络的角度分析了促进社区融合的公共场域。新型社区具有流动性强、社会结构复杂等主要特征，在空间边界、空间形式及开放性等方面与传统社区有着显著差异。以社区空间包容性为标准，可以将社区分为封闭型社区、半封闭型社区与开放型社区。传统农村社区及近郊社区的公共空间形式表现出多样化特征，而新型社区的公共空间形式十分有限，不利于培养居民的社区认同感。自近代以来，公共空间经历了由伦理支配的传统公共空间及改革前的政治性公共空间。20 世纪 50 年代的集体化运动一定程度上破坏了传统宗族社会结构，并推动伦理性公共空间向政治性公共空间的转换。而后，人民公社体制解体导致农村社区政治性公共空间逐渐萎缩，各种非正式空间逐渐兴起。在城镇化背景下，社区公共空间又发生了两大变化：一是流动人口聚居社区形成隔离性的空间；二是城郊社区在城市化后，其公共空间发生了转换。

公共空间的隔离或转换，均在一定程度上造成经济系统与包括社会系统在内的其他系统相分离，形成了"社会脱嵌"现象。因此，弥合社区裂痕的重要路径就是不断加强社会联系与经济联系的统一性，设法形成嵌入性的公共空间。应从政策、资金、人员等方面支持社区公共平台的建设，为社区内不同群体之间的交流和融合创造条件。

第五章，从信任和组织的角度分析了促进社区融合的心理基础。社区信任具有群体差异性，包括原住居民和流动人口在内的社区居民，对流动人口的信任度普遍较低，原住居民相互之间较为信任，而流动人口对原住居民信任度普遍较低。社区信任的分化，一方面是不确定性因素引发，另一方面也与社区异质性明显相关，而阶层分化和族群多样性正是促成社区异质性的两个基本因素。增强居民的信任感，促进流动人口和原住居民的融合，应充分发挥社会组织在破除阶层"梯状结构"和族群"蜂窝结构"封闭性过程中的作用。社会组织应植根于社区并嵌入社区网络，能从社区汲取自身发展所需养分；社会组织有别于政府机构，应塑造和培养其社会性，创新机制以鼓励社区居民参与；进一步加强自我约束和外部规范，增强社会组织公信力，提高其社会认可度。积极推动社会组织介入社区工作，强化社会组织在促进社区信任和融合中的角色和作用。促进社会组织多样性发展，在进一步发展服务性社会组织的基础上，努力提高志趣性社会组织的比重。

结论与展望部分，主要针对当前社区融合存在的问题，提出了促进社区融合的政策建议。本书认为，实行包容性治理、再造社区公共空间及发展志趣性社团是促进社区融合的基本途径。鉴于社区居民存在的族群意识和阶层分化，主张采取以"多元治理"和"利益共享"为特征的包容性治理模式；新型社区公共空间建设，需要紧密契合经济联系，形成以政府为主导、社区为核心、居民为主体、社会广泛参与的公共空间；大力发展志趣性社团，并为其介入社区创造条件，旨在为联系纽带断裂的新型社区居民提供跨社区的组织平台。

第一章 国家政策变迁与社区发展

根据迪南·滕尼斯的理解,社区是建立在人们直接的关系、习惯、传统和宗教之上,人们之间有着亲密的、面对面的接触,能够强烈感觉到群体的团结友爱并受传统的约束,血缘、邻里和朋友的关系是社区的主要纽带。可见,社区概念本义即凸显了"人"在社区中的地位,"人"的因素是社区发展的核心。在新中国成立以后,国家政策经历了一系列重大调整,主要有工业化、国企改革、农民市民化及就地城镇化等。上述政策调整无疑给社区发展带来不同程度的影响。

第一节 工业化时期的社区发展

一 工业化政策与人口迁移

(一)从自由迁移到有序流动

在新中国成立之初,经济得以迅速恢复和发展,人口可以在农村和城市之间自由流动。由于当时城市是经济发展的重心,因此自发性的人口迁移主要表现为农村人口向城市迁移。而另一方面,当时的户籍政策倾向于维护这种自发性的人口迁移。1951年7月16日,公安部出台了《城市户口管理暂行条例》,这是新中国最早的全国性户籍法规,统一规定了城市户口登记制度,明确规定其主要目的在于"保障人民之安全及居住、迁徙自由"。然而,自发性的人口迁移所带来的直接后果,就是中心城市和工业城市人口的急剧增长。仅1951年的上海市,迁入人口就高达100.4万,净迁入43.78万,净迁入率高达8.38%,形成上海市新中国成立以来的第一个人口迁入高峰。与此同时,政府也意识到计划移民的重要性,并先后出台了一些相关政策法规,开始倡导和组织人口有序迁移。1952年7月25日，中央政府颁发了《政务院关于劳动就业问题的决定》（以下简称《决定》），针对城乡剩余劳动力充分就业问题，提出了组织移民开荒的必要性。该《决定》指出，"城市与工业的发展，国家各方面建设的发展，将要从农村吸收整批的劳动力，但这一工作必须是有计划有步骤地进行，而且在短期内不可能大量吸收。故必须大力说服农民，以克服农民盲目向城市流动的情绪"。而在1953年10月31日，中央政府又就华北、华东、中南、西南农村中大量剩余劳动力的状况，提出《中央劳动就业委员会关于解决农村剩余劳动力问题的方针和办法》（以下简称《办法》），将移民开垦作为八项措施的第一项。该《办法》建议，"首先把从事农业的劳动改造队移到东北、西北地区去开垦，并可在适宜开垦的地区有计划地建立少数国营牧场（并不一定是机械化的）作为移民的据点，也可考虑组织屯垦军队去开垦。"在上述政策调控和组织下，形成了由东部沿海人口稠密地区向边远地区农村的人口迁移。1953年，中国第一个五年计划开始实施，明确以经济建设为中心，加快了经济发展步伐。为了快速推进国家工业化，国家有意识地引导东部沿海地区的人口向东北重工业城市转移，同时从农村地区大量招工。新进工厂的工人、原来由政府统一分配的革命队伍及根据地党群团体、军队和政府机构等组织人员形成城市和单位人口的最初来源。

（二）人口迁移的政策引导

1953年，政府在进行选举工作的同时，进行了第一次人口普查。按照人口普查的要求，调查项目包括姓名、性别、年龄、民族、与户主关系、本户住地六项。这次人口普查确定了中国人口的总数，按照户口关系和户口所在地，将人口划分为城镇人口和乡村人口，户籍在城乡人口迁移中的控制作用开始得以强化。与此同时，政府也试图用政策文件的形式进一步阻止农民盲目流入进城。1953年4月，政务院发布《关于劝阻农民盲目流入城市的指示》第一次以文件的形式阻止农民进城，要求对流入城市的农村劳动力实行计划管理。1954年3月，内务部、劳动部发布《关于继续贯彻劝止农村人口盲目外流的指示》。1955年6月22日国务院发布了《关于建立经常户口登记制度的指示》，启动了全国城乡的户口登记工作，规定全国城市、集镇、乡村都要建立户口登记制度，并要求户口登记的统计周期为每年一次。1956年12月30日，国务院发布

《关于防止农村人口盲目外流的指示》。1957年7月，国务院转批公安部《关于实施阻止农民盲目流入城市和削减城市人口工作所面临的问题及解决方法的报告》，同年9月，国务院再次下发《关于防止农民盲目流入城市的通知》。

从1953年到1957年，政府以各种形式频频发布关于控制人口迁移的政策法规，其根本原因在于，人口迁移的自然趋势开始与国家工业化政策总体部署相悖。在这一时期，党和政府进行的工业化建设，主要是围绕重工业优先发展战略来进行，包括农业在内的其他行业均需服务于重工业优先发展战略。国家通过对农产品的统购统销政策，对农产品用压低价格的形式进行集中收集。特别是在粮食短缺的情况下，政府优先保障城市人口的口粮需求和工业发展对农产品的需求。在上述政策背景下，城市建立了单位制社区，单位社区居民的粮食供给由政府和单位负责，并附带享受由政府和单位提供的国家补贴和社会保障体系，包括公用住房、公费医疗、养老保险，等等。

另一方面，大规模农村合作化运动，最终并未带给农民温饱的生活，大批农民被迫进城寻找机会和出路。1955年11月9日，第一届全国人大常委会第24次会议讨论通过了《农业生产合作社示范章程（草案）》（以下简称"《示范章程（草案）》"），并于11月10日由国务院正式向全国公布。该《示范章程（草案）》规定，"农业生产合作社是劳动农民的集体经济组织，是农民在共产党和人民政府的领导和帮助下，按照自愿和互利的原则组织起来的……它组织社员进行共同的劳动，统一地分配社员的共同劳动的成果。"此外，它还规定，社员有退社的自由。在各级政府的积极推动下，1956年，全国绝大部分地区基本实现了初级合作化，随即迅速向高级合作化迈进。1956年上半年，北京、天津、上海三市，河北、山西、辽宁、吉林、黑龙江、河南、广西、青海等省，已经实现了高级合作化，加入高级社的农户占各省市总农户的90%—95%。及至1956年下半年，基本实现农民高级合作化的省份又增加了湖南、江西、安徽三个省份。可见，仅仅两年左右的时间，全国大多数省市的合作化运动基本完成。这种暴风骤雨式的合作化运动，所带来的后果是严重的。由于高级社取消了土地报酬，实行完全的按劳分配方式，而不去考虑劳动的"量"和"质"的区别，在实践中必然会出现分配中的平均主义现象。在这种情况下，社员干多干少、干好干坏实际上没有区别，严重挫伤了社员生产劳动的积极性，最终造成了农村生产力的破坏。随着城乡差别的进一步扩大，大量农民通过各种途径持续涌向城市，试图加入城市社会保障体系。

（三）人口迁移的政策控制时期

为了进一步加强对农民流动的控制，1958年《中华人民共和国户口登记条例》（以下简称《条例》）第一次明确将城乡居民区分为"农业户口"和"非农业户口"两种不同户籍。它以法律的形式规范了全国的户口登记制度，规定了控制人口迁徙的两项基本制度——户口迁移的事先审批制度和凭证落户制度，其目的是"既不能让城市劳动力盲目增加，也不能让农村劳动力盲目外流"。户籍政策的明显变化，标志着国家开始进一步强化对农村人口迁移的控制。但由于1958年"大跃进"进入高潮，《条例》基本上未能得到实施。

其后，"大跃进"运动的失误冒进、三年自然灾害对农业的摧残，以及城市人口的骤增，使得中国经济和社会陷入困境。1961年1月，中共八届九中全会通过调整国民经济的"调整、巩固、充实、提高"八字方针，决定对国民经济进行调整，大幅度压缩基本建设，对工业实施关停并转、精简职工和减少城镇人口。1962年5月，中共中央、国务院决定进一步精简职工和减少城镇人口，要求1957年以前来自农村的职工，凡是能够回乡的，也应当动员回乡。在这一背景下，全国各省市工厂开始精简职工。以黑龙江为例，从1961年10月至1962年12月，不到两年的时间共调整6147家企业，精简职工人数高达101万。其中，不少原籍为农村的职工凡是能够回农村的，都动员回农村支援农业生产。同时，黑龙江省还根据中央《关于城乡手工业若干政策问题的规定（试行草案）》，对手工业所有制进行了调整，将全省范围内条件不足、盲目扩大规模和转产的全民所有制企业逐步调整回来，恢复集体所有制，缩小了规模。①1964年，公安部出台了《关于处理户口迁移的规定（草案）》，集中体现了关于户口迁移的两个"严加限制"基本精神，即"对从农村迁往城市、

---

① 参见《黑龙江省志（第七十卷）：共产党志》，黑龙江人民出版社1996年版，第224—226页。

集镇的要严加限制"和"对从集镇迁往城市的要严加限制",其目的是将农民严格限制在农村。

总之,这一时期人口迁移政策变化,主要体现在城乡之间人口迁移方面,而对区域性人口迁移影响并不大。在工业化初期,城乡之间的人口迁移方向是由乡村向城市迁移,迁移动力主要来自社会内部,即由城市经济恢复引起的人口自由迁移,政府的人口政策在此时发挥了推动作用。但在"大跃进"前后,人口自由迁移的政策开始发生转向,尤其是在1961年中共八届九中全会后,政府进一步加强了对人口迁移的控制。城乡之间的人口迁移方向开始转变为由城市向乡村迁移,迁移动力则主要来自政策推动。

(四)"逆城市化"的人口迁移时期

1959年至1961年的3年自然灾害期间,大量人口死于饥荒,城市农产品的供给大为削减。接踵而来的是,1961年至1965年,中苏关系开始恶化,许多由苏联援助建设的工业项目被迫停止,很多原来单位的员工失业,成了无业人员,城市就业压力骤增。为了防止形势的进一步恶化,在1961年召开的中共八届九中全会上,中央政府提出了"调整、巩固、充实、提高"的八字方针,以稳定经济增长速度。

在具体政策上,主要采取两大措施:一是严格控制社会人口流动,调整"大跃进"时期的过度城市化现象。1958年到1960年,在"以钢为纲""15年赶超英美"等工业化政策口号的号召下,轰轰烈烈的"大跃进"运动开始了,国民经济急躁冒进,造成农村剩余劳动力爆发式地涌入城市。在这一阶段,城镇人口比重不断提高,但是其中不少进城农民是在第一个五年计划从农村招工进城的,其户籍仍然为农村户口,只是以流动人口的身份暂居城市,多数进城农民并没有在城市社区稳定下来。在当时情势下,这部分农民被先期劝返农村。

二是组织和开展大规模的"上山下乡运动",鼓励城镇青年知识分子和待业人员大规模流向农村,在农村扎根落户,进行农业建设。早在1956年,中共中央政治局提出《1956年至1967年全国农业发展纲要(草案)》中就曾提出,"城市的中、小学毕业的青年,除了能够在城市升学、就业外,应当积极响应国家号召,下乡上山去参加农业生产,参加社会主义建设的伟大事业"。中央这一政策的主要出发点是试图解决城镇失业问题，但实际上，直至60年代初国家经济陷入困难时，知识青年"上山下乡"运动才开始逐渐扩大规模。1966年开始，中国进入"文革"的十年动乱时期，国民经济陷入困难境地，工业发展和城市化发展受到严重的阻碍。在人口方面，为缓和城市就业压力和稳定城市秩序，组织了大规模地"上山下乡运动"。城市的大量青年学生和待业人员大规模的进入乡村扎根落户，进行农业建设，并在1969年达到最大规模，为267.38万人。据统计，从1962年到1979年，全国参与"上山下乡"的知识青年累计达1776.48万人。① 而从1970年起，随着"文化大革命"高潮渐进尾声，城市知青"上山下乡"政策开始出现松动，一些"上山下乡"知青开始通过"顶替"招工、病退等途径陆续返城。1977年，中国开始恢复高考，引发了知青的"返城"浪潮。根据资料统计，从1977年至1979年，知青返城人数逐年增加，到1979年形成高峰，达到395.4万人。②

总之，这一时期政策对人口迁移的作用发挥到极致，其他因素几乎无法对人口迁移的方向产生影响。由于人口迁移的方向违背了现代社会发展的"城市化"趋势，因而被称为"逆城市化"现象。这种"逆城市化"现象对中国人口迁移的正常格局造成了严重破坏，并在之后相当长的时期内造成消极后果。

二　工业化时期的单位社区

（一）单位社区的形成与发展

为应对新中国成立初期形势的工业化政策，无疑对当时社会、经济、文化等各方面均产生了深刻影响，也对城乡社区形成了巨大冲击。工业化政策对社区发展的影响主要体现在两个方面，一是制定了全国性的户籍制度，进一步强化了对农村社区人口的管控。二是形成了独特的单位制社区。解放战争以前，全国处于混乱状况，随着解放战争在各地相继胜利，为巩固政权，打破新中国成立前的保甲制度，建立人民政权的基层组织，各地出台了相应的管理条例。1948年，东北率先解放后，在哈

---

① 杨云彦：《中国人口迁移与发展的长期战略》，武汉出版社1994年版，第112页。
② 同上书，第147页。

尔滨、吉林、沈阳等地纷纷将革命政权转化为政府管理公共权力，单位制开始呈现雏形。上海市在1949年1月3日发布《关于新解放城市对旧保甲人员的处理办法的通知》，废除之前的保甲制度并对旧保甲人员进行改造和管理。党的革命队伍即根据地党群团体、军队和政府机构等组织人员依赖公家分配，形成单位人口的最初来源。此时的单位主要是指党政机关行政机构和国家事业单位。中华人民共和国成立以后，国家制定了"一五"计划，开始走工业化道路。1953年6月，国家启动了第一个五年计划，扩大城市工业化，工厂大量招工，集中主要力量进行工业建设，重点围绕苏联帮助中国设计的156个重点建设项目以及694个大中型建设项目而展开。这部分项目后来成为最初的单位制社区。随着工业化规模的扩大，各地纷纷建立了工厂型和机关型的单位制社区。

然而，由于当时还处于社会主义改造和过渡时期，工业化程度并不高，不少市民游离于单位体制之外，处于无组织状态。为了加强城市的居民工作，密切政府和居民的联系，市辖区、不设区的市的人民委员会按照工作需要设立街道办事处，作为它的派出机关。1954年12月31日，第一届全国人民代表大会常务委员会第四次会议制定并公布《城市街道办事处组织条例》《城市居民委员会组织条例》。通过近两年的建设，城市居民委员会在各地纷纷建立起来，这种居民委员会的财政来源于人民政府，在各级地方政府的财政预算中列于行政支出。居民委员会具有"行政管理"的属性。1956年，全国基本建立街道办事处和居民委员会组织。

总之，政府根据不同时期的工业化发展要求，制定了不同的工业化政策。有时候允许农村剩余劳动力进城务工，成为单位制社区居民；而在有些特别困难时期，不仅极力杜绝农村人口向城市流动，反而将城市和单位中的待业人员下放到农村去参与农业生产。在这一过程中，户籍制度发挥了重要作用。国家正是通过对城市和农村人口的户籍划分，有效地实行人口流动的控制，并给城乡社区发展带来相应的影响。

(二) 单位社区的特征及其影响

诚然，单位制社区和户籍制度在特殊时期发挥了其控制和整合社会的目的，具有特定的历史意义。但不可否认，单位制社区和户籍制度在很大程度上阻碍了城乡人口自由流动，进一步固化了城乡二元结构，也是阻碍中国城乡社区融合的政策及历史根源。

1. 社区功能多元性。首先，工厂型的单位组织作为生产组织，其首要功能就是经济功能，工厂员工从事的工作主要是物质资料的生产。但是单位制社区的经济功能又不同于现代的私人企业和股份制企业，而是以一种特殊的形式来执行的。这些工厂属于国有资产，其所有权归全民所有，并在国家行政机构的统筹和管理下进行日常的生产活动，在具体的工业化政策下执行生产任务。政府对工厂的全部经济活动进行管理，包括对原材料的供应、生产销售、劳动力的使用、报酬的支付和利润的分配，等等。工厂依附于国家的行政机构，服从国家的政策和目标。其次，单位制社区具有重要的政治功能，国家正是通过对单位的控制与整合，进而达到控制单位成员的目的。在大多数国有制单位中，纷纷建立了各级党组织，接受党组织的领导。党组织不仅对社区组成人员从事的经济活动进行管理，而且对他们的社会生活与思想状况进行监督和引导，从而形成了绝对权威。在后来的阶级斗争和思想改造等一系列政治运动中，单位党组织的政治权威进一步得到强化。最后，单位制社区还在单位成员的日常生活中承担相应职能。个人一旦进入单位社区之后，便获得了单位身份，并享受这种身份带来的所有权利和义务。单位制社区成员获得身份后，天然地具备了生产者的义务，需要在组织的统一调控和指挥下进行生产劳动，创造劳动产品，并且分工明确。在单位制社区，个人利益需服从组织利益和集体利益，局部利益需服从整体利益，各个基层单位组织和个人服从整个国家的工业化政策的指导。同时，单位社区员工又享受组织带来的待遇和福利。单位根据国家政策，统一调配工人的工资标准、劳动保险和社会福利待遇，处于同一级别的员工的差别很小，并且不受该工厂的盈亏情况的影响。此外，单位本身就是一个小社会，具有社会的很多功能，比如食堂、附属医院、幼儿园、中小学、商店、浴室，等等。

2. 社区空间的非流动性。通过资源垄断和空间封闭，单位实现了成员对自身的高度依附，造就了单位成员的依赖性人格。首先，在单位制度下，国家控制的资源通过单位来调配。对于单位成员来说，单位是生活福利的唯一来源，不仅工资收入来自单位，而且诸如住房、副食品补贴、退休金、救济金、医疗保障等都来自单位。由于体制外没有自由流动资源，离开单位就等于失去一切。单位不仅控制着经济资源，还掌握着政治资源、社会资源。单位掌握着提干、入党、出国进修等机会；单位是个人社会地位和身份合法性的界定者，没有单位出具的证明，就不能登记结婚或申请离婚，就不能外出旅行，不能购买飞机票乃至投宿住店；单位还解决职工及其子女的就业问题等。其次，单位制还限制了其成员的生活空间。一方面，单位通过提供各种福利设施，如学校、医院、食堂、浴室等，满足单位成员的基本需求。有的大单位还有专门的单位大院，单位人员朝夕生活在一起。这种单位内部的自足性，大大降低了人们在单位外交往的可能性。另一方面，单位成员更没有自由流动的空间，单位将每个人员牢牢地固定在每一个工作岗位上，"能进不能出，能上不能下"，调动工作是非常困难的，整个社会流动是少之又少，因而每个单位成员的生活空间是相对稳定和封闭的。总体来说，单位通过垄断政治、经济、社会资源，形成了对单位成员的支配关系；通过严格控制单位成员的社会自由流动，造成了单位成员空间的封闭。没有自由流动的资源，缺乏自由流动的空间，单位成员只有全面依附单位，最终造就了依赖性的人格。

3. 居民成分同质性。在单位制社区，人们从事相同或相近的职业，经济收入大体相当，社会交往较为单一，生活方式非常接近。正是由于所从事的工作具有同质性，工作和休息时间也颇有规律，有更多的机会相互沟通和交流。许多单位成员的交往对象局限于邻里、同事，社会交往范围有限。单位制社区居民生活方式的趋同化，表现在居民的衣食住行的各个物质方面和价值观、道德观、审美观等精神方面基本相似。单位制社区的居民在饮食习惯、穿衣着装、出行等方面也具有很强的相似性，甚至在有些大型的单位制社区，人们还会形成一些共同的生活习惯。

单位社区的同质性，很大程度上与单位社区注重公共文化活动有着密切关系。社区文化是社区稳定的文化保证，也是形成和保持社区居民个性的心理基础。单位社区文化体现出高度的认同性与整合性，单位社区的文化认同性是指社区内的成员大都接受和认可本社区文化习俗，遵从本社区的价值规范，自觉地按其特有的生活方式行事。单位制社区的领导拥有绝对的权力，在单位中的权威性极强，能够组织和吸引绝大多数社区居民参与到社区的建设和各项活动中，并在社区的具体活动中培养了社区居民的参与意识和能力，进而培养了居民对自身社区的认同感和归属感。单位社区在社区文化的整合性方面有其独特的优势，社区文化的整合性是指社区按照其特有的价值规范，将社区成员的行为以及各种不同的文化要素纳入自己独特的体系，以达到本社区的文化协调与统一，维持本社区各种机制的良性运行。在单位制社区中，居民们根据自身的需要和集体的决策，制定一系列的法规、条例、守则、标语或是组织各种活动规范着社区居民的行为，将不同的文化要素整合起来，结合成一个统一、协调的有机整体，从而促进社区团结和维持社区秩序。形成单位制的强认同感还有一个不可忽视的原因，即继承制或称顶替制。继承制是指单位员工在退休后，能够安排自己的直系亲属继承自己原来在单位的工作岗位和身份，继承者享受已退休员工原来在单位中的各项权利和福利。继承制的存在，给单位员工心理上形成强大的后备力量，他们不用担心自己的子女今后的工作能否落实，也不需要顾虑子女的生存问题，形成了强大、稳定的安全感。另外，跟当时的农村相比较，单位社区还能够给员工带来相对优裕的经济基础和较高的社会地位，在心理上有相对优越感，这也加强了单位员工的社区认同感。

第二节 国企改革与社区发展

一 国企改革政策及其背景

在1984年召开的中共十二届三中全会上，中央提出了《关于经济体制改革的决定》，改革重心开始逐步由农村转向以国有企业改革为核心的城市经济体制改革。改革的核心目标是：培育市场机制，以优化资源配置和提高效率；以经济效益为目标，内涵式发展为途径的经济发展模式。为了实现上述改革目标，中央政府采取了一些措施，重点围绕所有制结构、企业制度及市场机制三个方面进行制度改革。在所有制结构方面，即由原先单一公有制向以公有制为主体、多种所有制共同发展的所有制结构转变。中共十五大进一步肯定了所有制改革的方向，"公有制实现形式可以而且应当多样化，一切反映社会化生产规律的经营方式和组织形式都可以大胆利用"。在企业制度方面，即改革计划经济时代政府对企业"统得过多，管得过死"的弊端，通过政企分开，切实赋予企业生产、经营自主权,激发企业的自主性、积极性和创造性,充分提高企业在国际国内市场的竞争力。在市场机制方面,要着力营造公平公正的市场环境,对计划体制、投资体制、财政体制、流通体制、价格体制、分配体制及社会保障制度等领域引入市场机制,进行市场导向的全方位配套改革。

从1981年至1985年,中央连续出台了五个关于农业和农村改革的"一号"文件,说明到1985年为止,中央关注的焦点仍然是"三农"问题。1986年,政府开始正式启动国有企业改革。与此同时,中共中央、国务院先后发布了一系列关于国有企业改革的文件。1986年4月18日,中共中央、国务院联合发布《关于认真执行改革劳动制度几个规定的通知》。9月15日,中共中央、国务院再次联合发布《全民所有制工厂企业厂长工作条例》《中国共产党全民所有制工业企业基层组织工作条例》和《全民所有制工业企业职工代表大会条例》,着重规范国企领导体制改革。11月11日,中共中央、国务院针对国企领导体制改革又一次联合下发补充通知,指出"从党委领导下的厂长负责制到厂长负责制的转变,是企业领导体制的重大改革"。12月25日,国务院发布《关于深化企业改革增强企业活力的若干规定》,文件提出,要进一步深化企业改革,着力增强企业特别是大中型企业的活力。1986年8月3日,沈阳市防爆器械厂宣告破产,是国有企业改革的标志性事件,宣告国企改革正式启动。

然而,以国企改革为核心的城市经济体制改革并非一帆风顺。有研究者指出,从1984年党的十二届三中全会召开到1997年中共十五大期间,中国经济先后遭遇了三次较大波动和调整。①

第一次波动发生在1984—1986年,1984年下半年经济过热的迹象已非常明显,当年的经济增长率为16.3%,而1985年这种经济过热形势进一步加剧,其第一、第二季度工业生产增长速度与上年同期相比分别高达22.5%、23.2%。为此,国家开始采取紧缩政策,抑制经济过快增长,结果导致工业生产急剧回落。此后经济发展几经起落,没能从根本上解决经济过热问题。

第二次波动发生在1987—1991年。在这一时期,国家大幅度增加了固定资产投资,结果导致了严重的通货膨胀,1988年全社会商品零售价

---

① 王玉茹:《中国经济史》,高等教育出版社2008年版,第296—327页。

格指数比上年提高 18.5 个百分点,超过了三年困难时期最高峰值的 16.2%。1989 年,国家开始对通货膨胀进行整顿治理,到 1990 年,GDP 增长率降至 3.8%。直到 1991 年,治理整顿初见成效,当年经济增长率恢复到 8%。

第三次波动发生在 1992—1996 年。1992 年邓小平南方谈话以后,中共十四大明确了市场经济改革目标,决定加快经济发展的步伐。1992 年起,固定资产投入逐年加大,GDP 增长率也是不断提高,相应地,全社会商品零售价格指数也在持续上升。其中,1994 年的价格指数比 1993 年增加了 21.7 个百分点,为中华人民共和国成立以来物价上涨最高的年份。鉴于经济的再次过热,从 1993 年下半年起,国家开始整顿经济秩序,并于 1997 年基本稳定商品零售价格指数。

为了从根本上解决国有企业问题,1997 年 7 月 18 日,国务院总理朱镕基在辽宁考察国有企业时强调,"必须坚定信心,扎实工作,用三年左右时间使大多数国有大中型企业走出困境,这是今后几年经济工作的重要任务"。1997 年 9 月,党的十五届一中全会进一步明确指出,用三年左右时间,通过改革、改制、改造和加强管理,使大多数国有大中型亏损企业摆脱困境,力争到 20 世纪末大多数国有企业初步建立现代企业制度。三年脱困时期连同前述三次波动和调整,带来的一个直接影响就是大量国有企业工人下岗分流。据统计,仅 1998 年到 2000 年年底,国有企业下岗职工累计 2500 万人,已实现再就业 1700 万人,除办退休和解除劳动关系的,目前下岗职工还有 500 多万人留在再就业服务中心等待再就业。[①] 2000 年后,国有企业暂时走出了困境,基本实现了减员增效的改革初衷,同时,国有企业职工下岗的步伐也有所放慢,但并未立即停止。

二 国企改革与单位社区的消解

在 1984 年以前,中国城市经济体制改革尚未启动,城乡社会处于互为封闭的状态,在制度"藩篱"的阻隔下,几乎全部城乡居民均被纳入相应的单位体制内。在单位体制内,人们生活所需的一切资源,大都只能在单位社会中获得基本满足。而在单位之外,人们几乎获取不到供自

---

① 《朱镕基讲话实录》(第四卷),人民出版社 2011 年版,第 346 页。

身消费的任何资源。单位社会对资源的高度垄断，使得个体对单位十分依赖，而单位则通过对各类资源掌控的优势地位，进而实现对单位成员的控制。但在国有企业改革后，这种局面开始逐渐被打破。

为了配合城市经济体制改革的进行，国家对阻碍城乡社会自由流动的户籍制度进行适当松绑。1984年，政府允许农村人口自带口粮进入小城镇务工经商。1984年10月，国务院颁布了《关于农民进入集镇落户问题的通知》，开始尝试打破阻隔城乡自由流动的户籍制度"藩篱"。1985年7—9月，公安部连续出台了《关于城镇暂住人口管理的暂行规定》及居民身份证制度，逐步规范城镇暂住人口的管理。同时，国有企业所有制结构也开始发生重大变化，原先个体与单位、单位与国家之间严格的依附和控制关系也开始出现松动，进而引发结构性变化。主要表现在以下几个方面：

一是社会流动趋于频繁，封闭性的单位社区逐步瓦解。在这一时期，除了由于户籍制度松动带来的部分农民进城以外，国有企业职工下岗分流和再就业是当时社会流动的另一特征。随着国企改革的逐步深入，除了一部分因年龄因素退休以外，大量的国有企业下岗职工开始流向非公有制企业，包括民营企业或外资企业，不再单纯依赖单位获取生存所需要的经济社会资源。随着个体对单位依赖性的减弱，单位对个体的控制性也趋于弱化。社会的频繁流动使人们不再对单位过度依赖，其单位意识也逐步淡化，并开始融入社会。这种个体和单位依附关系的变化，对原有封闭的单位结构形成了巨大冲击。

二是单位社区的人口结构趋于复杂。在单位改制以前，单位社区具有独立性，单位职工完全可以在单位内部获得生存所需要的几乎一切资源。这就是所谓的"单位办社会"现象。另外，单位对外具有封闭性，外部人员通常无法进入。而在单位改制以后，单位社区这种内外阻隔的状态得以打破，单位内部人员开始由"单位人"转变为"社会人"，而原先为外部人员的"社会人"可以通过竞争就业进入单位社区。因而，单位社区内部长期共同生活形成的邻里关系、熟人关系逐渐发生变化，人口结构也越来越多元化。

三是单位社区内出现阶层分化现象。国企改革的方向是建立现代企业制度。关于现代企业制度，党在十四届三中全会上提出了"十六字"

方针,即"产权清晰、权责明确、政企分开、管理科学"。但在国企改革的实践中,一些地方并没有不折不扣地理解和贯彻"十六字"方针,过于强调"产权清晰"而忽视其他方面。这不仅曲解了中央的政策精神,而且在实践中也带来了一些问题,最典型的就是"国有企业民营化"。"实现民营化后,厂长变成了民营企业家,工人变成了厂长的雇员,不仅厂长和工人之间的关系随之发生性质变化,而且工人在企业中的地位也发生了根本性变化。"① 不仅如此,一些工人下岗分流、买断工龄,自谋出路。这些下岗工人有的凭借一技之长再就业,而有的则一直待业在家,成为无业游民。而在未转制的国有企业内部,其在岗职工和企业负责人之间的薪酬差距也过大。"2002年规定的大中型国有企业的负责人薪酬与职工平均工资的比例是12倍,近年来,这一比例有逐渐拉大之势。目前国有企业薪酬状况是内部纵向差距与外部横向差距都比较大。不仅企业负责人的收入是普通员工的十几倍,甚至几十、上百倍,而且企业与企业之间,差距也很大。"② 可见,原本经济社会地位相当的国企人员之间开始出现阶层分化。

第三节 农民工市民化与社区发展

一 农民工市民化政策及其背景

随着经济社会形势的发展,中国有关农村人口迁移和市民化的政策经历了四个阶段,即20世纪80年代以前,大体上属于严格控制农村人口流动的政策限制阶段;20世纪80年代中期,允许农民自理口粮进城务工的政策松动阶段;20世纪90年代,引导农民工有序流动的政策引导阶段;以及进入21世纪以来,促进农民工融入城市的政策推动阶段。

(一)严格控制农村人口流动的政策限制阶段

新中国成立以来,经过三年的经济恢复,国民经济发展逐渐转入正轨,但整体上仍然是一个经济贫困落后的农业国。从1953年起,中国开

---

① 刘少杰:《经济社会学的新视野——理性选择与感性选择》,社会科学文献出版社2005年版,第214页。
② 刘斌:《国企改革的历史、反思及趋势》,《企业天地》2016年第9期。

始实行城乡粮食统购统销政策,将粮食与户口挂钩。1955年,国务院先后颁布了《关于城乡划分标准的规定》和《关于建立经常户口登记制度的指示》,开始在全国进行统一的城乡户口登记工作。1956—1957年,国家进一步强化了对城乡居民的户籍管理,在短短不到两年的时间内,连续颁布了4个限制和控制农民盲目流入城市的文件。1958年,国家颁布《中华人民共和国户口登记条例》,第一次明确将城乡居民划分为"农业户口"和"非农业户口"两种不同户籍,在城镇实行粮票制度与户口挂钩的政策,开始对人口自由流动实行严格管制。1975年,更是从宪法层面上正式取消了有关公民迁徙自由的规定。

综上所述,在20世纪80年代以前,国家对农村人口向非农产业转移实行了严格的限制政策。不可否认,在当时内外交困的情形下,这些限制性政策保证了农业生产和农业剩余产品对重工业发展的支撑,为新中国现代工业体系的建立和国民经济整体实力的提升发挥了积极作用。但与此同时,它也人为阻断了劳动力由农业领域向非农领域转移的通道,使得中国劳动力的转移无法与工业化同步并行,最终导致了就业结构转换长期滞后于产业结构转换的现象。

(二)允许农民自理口粮进城务工的政策松动阶段

20世纪80年代初,国家开始在农村实行家庭联产承包责任制,农民有了生产经营的自主权,并逐渐拥有了对农业剩余产品的支配权。在政策驱动下,广大农民的生产积极性空前高涨,农村社会生产力获得极大解放,农村劳动生产率大幅提高,粮食生产连年增产丰收。及至1984年,中国粮食短缺时代基本结束,农产品有了较大剩余,农村剩余劳动力问题也开始凸显。随着中国经济市场化改革,农产品和其他要素市场逐步得到发育,市场化调节开始在农村发挥作用,农村剩余劳动力向非农产业转移的经济社会条件日渐成熟。

1984年1月,中央1号文件《关于1984年农村工作的通知》要求:"各省、自治区、直辖市可选若干集镇进行试点,允许务工、经商、办服务业的农民自理口粮到集镇落户。"1984年10月,国务院发布《关于农民进入集镇落户问题的通知》(以下简称"《通知》"),要求各级政府积极支持有经营能力和有技术专长的农民进入集镇经营工商业。《通知》强调,凡申请到集镇务农、经商、办服务业的农民和家属,在集镇有固定住所、有经营能力或在乡镇企事业单位长期务工的,公安部门应准予落户,及时办理入户手续,发给"自理口粮户口簿",统计为非农业人口。粮食部门要做好加价粮油的供应工作,可发给"加价粮油供应证"。地方政府要为他们建房、买房、租房提供方便。工商行政管理部门要做好工商登记、发证等工作。

1985年1月,中央1号文件进一步提出,要扩大城乡经济交往,"在各级政府统一管理下,允许农民进城开店设坊,兴办服务业,提供各种劳务,城市要在用地和服务设施方面提供便利条件"。随着中国经济体制改革的推进,商品经济迅速发展,地区之间、城乡之间的人口流动越来越多。为了适应形势发展的需要,1985年7月,公安部发布了《关于城镇暂住人口管理的暂行规定》,确立了与城镇户口相衔接的流动人口管理政策,使农民向城市流动有了具体的法规和政策依据。1986年7月,国务院出台《关于国营企业招用工人的暂行规定》强调,企业招用工人应当公布招工简章,符合报考条件的城镇行业人员和国家允许从农村招用的人员,均可报考。上述政策规定为农村剩余劳动力进入城市正规部门就业、从事非农生产开辟了路径。这一阶段,农村剩余劳动力的转移主要以就地转移为主,乡镇企业是农民流动的主要渠道,外出就业农民工数量从80年代初期的200万人左右发展到1989年的3000万人。[①]

(三)引导农民工有序流动的政策引导阶段

1988年7月,劳动部、国务院贫困地区经济开发领导小组联合发布《关于加强贫困地区劳动力资源开发工作的通知》,要求各地区按照"东西联合、城乡接合、定点挂钩、长期协作"的原则,组织劳动力跨地区流动;沿海经济发达地区、大中城市的劳动部门要有计划地从贫困地区吸收劳动力,要动员和组织国营企业招用贫困地区的劳动力;鼓励和支持大中型企业与贫困地区建立挂钩联系,共同创办劳务基地,发展长期劳务工作。各地劳动部门、劳动服务公司要认真执行国务院有关农村剩余劳动力转移的政策,对农民进城自谋职业给予指导,维护其合法权益。在政策推动下,全国掀起了规模巨大的"民工潮",大量农村人口开始涌

[①] 国务院发展研究中心课题组:《农民工市民化:制度创新与顶层政策设计》,中国发展出版社2011年版,第4页。

入城市。他们在为城市提供充足劳动力的同时，也给城市的交通、运输、就业、治安、管理、资源环境等带来巨大压力。

为了妥善解决上述矛盾，国家开始注重对农民工流动的政策引导，旨在减少农村劳动力流动的盲目性，缓解农民工盲目流动给城市社会秩序及资源环境所造成的巨大压力。1989年3月，国务院办公厅下发了《关于严格控制民工盲目外出的紧急通知》。1989年4月，民政部、公安部联合发布了《关于进一步作好控制民工盲目外流的通知》，要求各地政府采取有效措施严格控制当地农民盲目外出，并妥善解决农村剩余劳动力的出路问题。1990年4月，国务院再次下发《关于做好劳动就业工作的通知》，强调要合理控制农村劳动力的转移，严格控制"农转非"过快增长。对农村富余劳动力，要引导他们"离土不离乡"，因地制宜发展林牧副渔业，促进农村富余劳动力就地消化和转移，防止大量农村劳动力盲目进入城市。建立临时务工许可证和就业登记制度，对农民进城务工实行有效控制和严格管理。对现有计划外用工，要按照国家政策做好清退工作，重点清退来自农村的计划外用工，使他们尽早返回农村劳动。把"农转非"纳入国民经济与社会发展规划，实行严格的计划指标管理等。

1992年，中共十四大明确了建立社会主义市场经济体制的改革目标，推动了中国经济改革和发展步入快车道。由于市场经济要求生产要素自由流动，国家有关农民工的政策指向也从控制农村劳动力盲目流入转为实行宏观调控下引导农民工有序流动。1993年，中共中央发布了《关于建立社会主义市场经济体制若干问题的决定》，明确提出，鼓励和引导农村剩余劳动力逐步向非农产业转移和地区间有序流动。1993年11月，劳动部印发《农村劳动力跨地区流动有序化——"城乡协调就业计划"第一期工程》的通知，要求在全国形成与市场经济相适应的劳动力跨地区流动的基本制度、市场信息系统和服务网络，实现农村劳动力流动有序化。具体内容包括：引导农村劳动力外出就业通过一定的组织形式和合法渠道，做到"输出有组织"；劳动力流入地应对外来劳动力就业建立起必要的市场规则和管理制度，做到"输入有管理"；建立健全对农村劳动力跨地区流动的全过程服务，确保"流动有服务"；推进立法，加强管理，搞好检测，对全国主要区域性劳动力市场形成监测体系，随时掌握农村劳动力流动的方向、规模和特点，以便进行调控，做到"调控有手段"；建立一套有效的疏导管理办法，引导每年春节前后高峰期间的劳动力流动，确保"应急有措施"。

1993年12月，劳动部出台《关于建立社会主义市场经济体制时期劳动体制改革总体设想》，进一步提出要发挥市场机制在劳动力资源配置中的基础性作用，必须积极培育和发展劳动力市场体系。其目标模式是建立公平竞争、运行有序、调控有力、服务完善的现代劳动力市场。要打破统包统配的就业政策，破除妨碍劳动力在不同所有制之间流动的身份界限，逐步打破城乡之间、地区之间劳动力流动的界限。要加强城乡劳动力统筹，以建立农村就业服务网络为突破口，合理调节城乡劳动力流动，逐步实现城乡劳动力流动有序化。1994年11月，为加强农村劳动力跨地区流动就业管理，规范用人单位用人、农村劳动者就业和各类服务组织从事有关服务活动的行为，引导农村劳动力跨地区有序流动，劳动部颁布了《关于农村劳动力跨省流动就业的暂行规定》，首次提出了规范流动就业的证卡管理制度，即用人单位跨省招收的农村劳动者，在外出就业之前，需持身份证和其他必要的证明，在本人户口所在地的劳动就业服务机构进行登记并领取外出人员就业登记卡；到达用人单位后，须凭出省就业登记卡领取当地劳动部门颁发的外来人员就业证；证、卡合一生效。

在这一阶段，农民工市民化政策总体上经历了"鼓励—控制—引导"的调整。这种变化既表明了农村剩余劳动力转移的必然要求和趋势，也反映了国家政策对农民流动的盲目性和无序性预估不足。由于各种历史和现实因素，中国经济发展很不平衡，地区之间、城乡之间差距较大，大量农村富余劳动力跨地区流动具有一定的盲目性。它不仅给流入地的资源环境和社会秩序带来冲击，同时，也造成了人口流出地人力资源的减少，不利于其长远发展。

（四）农民工市民化政策完善阶段

进入21世纪以来，中国的经济社会发展迈上了新台阶。在全面建设小康社会和城乡一体化的宏观政策背景下，国家开始关注和着手解决农民工的户籍制度、子女教育、社会保障及改善生活环境等民生问题，为农民工市民化进一步扫除政策障碍。

2000年6月和2001年3月,中共中央、国务院先后出台了《关于促进小城镇健康发展的若干意见》和《关于推进小城镇户籍管理制度改革的意见》,提出凡在县级市区、县人民政府驻地镇及县以下小城镇有合法固定住所、稳定职业或生活来源的农民,均可根据本人意愿转为城镇户口,并在子女入学、参军、就业等方面享有与城镇居民同等待遇,不得实行歧视性政策。同时,要求积极探索适合小城镇特点的社会保障制度。2001年3月,国家"十五"计划出台,提出要打破城乡分割体制,逐步建立市场经济体制下的新型城乡关系。改革城镇户籍制度,形成城乡人口有序流动的机制。取消对农村劳动力进入城镇就业的不合理限制,引导农村富余劳动力在城乡、地区间有序流动。同年5月,国家计生委员会发布了《关于印发国民经济和社会发展第十个五年计划城镇化发展重点专项规划的通知》,进一步强调,要积极发展面向城镇迁入人口的各类社会服务,为迁入人口提供创业、就业、生活等方面的条件。中心城市要建立劳动力市场信息网络,提供求职和用人等方面的就业服务。在住房、子女教育、医疗等方面,对进城务工的农民提供普遍服务。加强社会舆论宣传,在城市中形成接纳新市民的社会氛围,促进进城农民融入城市社会。

2003年10月,中共十六届三中全会通过了《中共中央关于完善社会主义市场经济体制若干问题的决定》,明确提出要改善农村富余劳动力转移就业的环境。主要内容包括:取消对农民进城就业的限制性规定,为农民创造更多就业机会;逐步统一城乡劳动力市场,形成城乡劳动者平等就业的制度;深化户籍制度改革,完善流动人口管理,引导农村富余劳动力平稳有序转移;加快城镇化进程,允许在城市有稳定职业和住所的农业人口,按照当地规定登记户籍,依法享有当地居民应有的权利与义务。

2004年2月,中共中央、国务院发布1号文件《关于促进农民增加收入若干政策的意见》,强调要改善农民进城就业环境、增加农民外出务工收入。文件指出,"进城就业的农民工已经成为产业工人的重要组成部分",为城市创造了财富、提供了税收。城市政府要切实把对进城农民工的职业培训、子女教育、劳动保障及其他服务和管理经费,纳入正常的财政预算,及时落实和兑现进城就业农民工资、改善劳动条件、解决子女入学等问题。要推进大中城市户籍制度改革,放宽农民进城就业和定居的条件,依法保障进城就业农民的各项权益。文件首次把进城农民工纳入中国产业工人的范畴,这标志着农民工群体的重要地位及"工人"身份在国家层面得到正式认可。2006年3月,第一份系统关注和解决农民工问题的政策文件《国务院关于解决农民工问题的若干意见》出台。文件将农民工问题上升到"事关我国经济和社会发展全局"的高度,明确指出"解决农民工问题是建设中国特色社会主义的战略任务",提出了解决农民工问题的五大原则和七大重点工作。即坚持公平对待、一视同仁,强化服务、完善管理,统筹规划、合理引导,因地制宜、分类指导,立足当前、着眼长远的原则,抓紧解决农民工工资偏低和拖欠问题,依法规范农民工劳动管理,搞好农民工就业服务和培训,积极稳妥地解决农民工社会保障问题,切实为农民工提供相关公共服务,健全维护农民工权益的保障机制,促进农村劳动力就地就近转移就业。在此之后的2006—2011年,连续6年中央1号文件都对农民工问题给予了高度关注,进一步阐述了加强农民工工作的内容和方向,逐步完善了中央层面的农民工政策体系。

总之,进入21世纪以来,国家有关农民工政策的制度设计发生了一系列积极的新变化,主要表现为提出了统筹城乡发展的新思路,积极推动农村富余劳动力转移就业,努力建设一体化的城乡劳动力市场,着力解决农民进城务工中遇到的各种具体问题,尽可能优化进城农民工的生活环境,加快推进户籍管理、社会保障、公共服务等各种配套制度改革。这表明,国家有关农民工市民化的政策内容更加具体、目标更加明确、措施更加有力,在促进农民工市民化方面迈出了实质性的步伐。

二 农民工市民化与城乡社区发展

农民工市民化是中国经济社会发展到一定阶段,由工业化和城镇化推动的、与产业结构演进相对应的社会结构变动的必然趋势。它既是社会主义市场经济体制下生产要素自由流动和优化配置的客观要求,也是破解"三农"问题、消除城乡二元结构、推动城乡统筹发展的必经之路,具有内在的必然性和规律性。然而,农村剩余人口大规模转移,无疑深刻影响着城乡社区的发展。

根据现代人口迁移的推拉理论,影响迁移的因素有收入、生活条件、子女教育、社会环境等。因此,若无制度性约束,中国人口迁移的流向应是"经济欠发达地区—发达地区、农村地区—城镇、小城镇—中心城市"。在20世纪80年代初,由于中国实行了宽松的人口迁移政策,人口开始向沿海发达地区尤其是中心城市转移,从而导致城市人口尤其是特大城市和大城市的人口过快增长。根据资料统计,1982年以前,中国省际之间人口迁移不足100万人,迁移率不到1%,自1983年起,省际人口迁移逐年增加,及至1996年,省际迁移人数开始迅猛增加,当年即高达439.39万。截至2000年年底,省际人口迁移人数达到1088.39万人,人口迁移率为8.64%。① 这种省际人口迁移方向主要为欠发达地区向发达地区迁移。根据数据统计,1985—1990年,人口净迁移排名靠前的省份(含直辖市、自治区)主要有北京、上海、广东、天津,净迁移率分别为49.9%、39.9%、19.6%、16%。② 显然,这种人口迁移的省际流向对发达地区尤其是特大城市、大城市的人口压力影响极大。与此同时,乡村人口向城镇迁移的比例也逐步上升,城镇化人口迅速增加,而同期乡村人口在快速减少。截止到2015年,城镇人口的比重已经上升到56.10%,而乡村人口的比重则从1978的82.08%下降为43.90%。(见表1—1)

表1—1　　　　改革开放以来中国人口城市化进程　　(单位:万人,%)

年 份	总人口	城镇人口		乡村人口	
		人口	比重	人口	比重
1978	96259	17245	17.92	79014	82.08
1980	98705	19140	19.39	79565	80.61
1985	105851	25094	23.71	80757	76.29
1990	114333	30195	26.41	84138	73.59

---

① 参见路遇主编《中国人口五十年》,中国人口出版社2004年版,第554页。
② 李树茁:《中国80年代的区域经济发展和人口迁移研究》,《人口与经济》1994年第4期。

续表

年 份	总人口	城镇人口		乡村人口	
		人口	比重	人口	比重
1995	121121	35174	29.04	85947	70.96
2000	126743	45906	36.22	80837	63.78
2005	130756	56212	42.99	74544	57.01
2010	134091	66978	49.95	63117	50.05
2015	137462	77116	56.10	60346	43.90

资料来源：国家统计局《2017年中国统计年鉴》，中国统计出版社2017年版。

农村剩余劳动力的大规模转移，无疑会给社区发展带来影响。首先，对流入地社区治理带来严峻挑战。流动人口尤其是农民工的大规模流入，无疑会对流入地的社会治安、计划生育、城市执法等方面构成诸多挑战。据资料记载，截至2000年，温州市外来务工人员约160万，其中发放就业许可证的有84.36万，这些外来务工人员具有年轻化、低学历等特征，其法律意识比较淡薄，犯罪率较高，约占全市犯罪率70%—80%以上。[①] 尽管流动人口较高的犯罪率背后的原因是复杂的，也存在诸多争议，但有一点是可以确定的，那就是在20世纪80年代以来至20世纪末，流动人口大规模向沿海发达地区迁移，确实给流入地社会治安等方面构成严峻挑战。此外，大规模的人口迁移也给流入地社区带来巨大的计划生育工作压力。自20世纪80年代以来，中国将计划生育确立为基本国策，各地一直不折不扣地严加落实。"上面千条线，下面一根针"，这项工作能否最终落到实处，还需要看社区层面的工作。2007年，国家人口计生委曾做过一项流动人口生育的调查，结果显示：全国流动人口规模达到1.5亿，超过全国人口的1/10，70%以上是生育旺盛的育龄人群。[②] 户籍人口的计划生育工作已为社区带来了相当大的工作压力，再加上大量流动人口的计划生育工作，无形中加大了社区负担。

其次，造成流入地资源供给更加紧张。改革开放以来，中国不断调

[①] 参见《温州市年鉴（2001）》，中华书局2001年版，第528页。

[②] 参见《瞭望新闻周刊》2007年第50期。

整农民工政策,以适应社会发展的需要。从20世纪80年代的允许农民"离土不离乡"到90年代允许农民跨地区流动,再到21世纪的逐步取消对农民进城就业的歧视性规定以及加强对农民合法权益的保护。2006年,国务院颁布《关于解决农民工问题的若干意见》,着重关注和解决就业培训、权益维护、社会保险、子女入学等农民工最为关心的现实利益问题。随后,各地纷纷出台一些具体措施,切实维护农民工的平等权益。以农民工子女受教育权利为例,2007年6月,武汉市决定在汉阳区实施以"融合教育"为主题的农民工随迁子女教育试点项目,从学校、学生、家长等多个层面上采取措施,尝试淡化"城里"和"乡下"孩子的界限,让农民工子女尽快融入城市学校,尽快养成城市文明习惯、适应城市生活方式。① 上述政策的实施,在一定程度上解决了农民工的后顾之忧,为农民工市民化创造了条件。

诚然,教育公平是其他一切社会公平的前提。农民工子女在流入地接受教育,是为了免除农民工的后顾之忧,促使其尽快融入城市社会,也是保障农民工子女机会公平的必要措施。然而实践中,国家有关农民工权益保障的政策难以完全落实。这是因为,解决农民工子女入学问题,主要以公办学校接纳为主,所需费用由流入地政府财政负担。而从流入地角度看,其优质教育资源本就稀缺,必然不情愿将这些优质教育资源与"外地人"一道分享。同时,由于国家教育经费投入是按户籍进行转移支付,对于流入地而言,农民工子女教育投入属于预算外开支。因此,接纳农民工子女就读,势必对流入地公办教育资源分配造成相当程度的压力。

再次,导致流出地社区的"空心化"现象。1984年10月13日,为了进一步促进城镇经济的发展,国务院发布了《关于农民进入集镇落户问题的通知》,对人口迁移流动给予政策松绑。此后,城镇流动人口数量不断增长,截至1987年,流动人口数量已经增长到1810万,较1982年增长近3倍。尤其是1992年邓小平同志南方谈话以后,流动人口迁移数量更是以蓬勃的姿态高速攀升。至2000年,流动人口数量高达1.09亿,

---

① 国务院发展研究中心课题组:《农民工市民化:制度创新与顶层政策设计》,中国发展出版社2011年版,第23页。

首次突破了 1 亿大关。而至 2010 年，这一数字再创新高，达到了 2.21 亿。① 如此大规模的人口迁移，无疑为流入地提供了大量劳动力，有力地推动了其经济快速发展。

然而，农村劳动人口向城市和发达地区的大规模单向流动，势必造成了农村社区的"空心化"现象。改革开放以来，农村迁出人口约占全国迁移人口的 60%，其中主要部分迁入城市。除 1990—1995 年以外，农村迁出人口选择迁向城市的比例都高达 70% 以上。而在 1995—2000 年，中国迁移人口选择迁向城市的比例高达 88.5%。② 在这些流动人口中，大部分为欠发达地区农村青壮年劳动力。根据资料记载，2013 年温州市流动人口年龄构成为：16 岁以下为 13.1%，16—19 岁为 6.8%，20—49 岁为 74.8%，50—59 岁为 4.5%，60 岁以上为 0.8%。从上述人口构成看，青壮年劳动力占绝大部分比例，90% 以上为初中及以下受教育水平，其来源地绝大多数为欠发达地区，包括江西、贵州、安徽、湖北、四川等省份的农村地区。③ 然而，对于流出地而言，这些青壮年劳动力无疑是其重要的人力资源。他们向发达地区转移，短期内确实能给欠发达地区带来一笔不菲的务工收入，但同时也造成了欠发达地区的"空心化"现象，并不利于其持续健康发展。

第四节 就地城镇化与社区发展

一 就地城镇化政策及其实施

在改革开放之初，城乡与区域之间的大规模人口迁移，对于解决欠发达地区剩余劳动力的就业、缓解发达地区劳动力短缺等问题，发挥了重要作用。然而如前所述，这种人口迁移模式也逐渐暴露了其负面影响，它不仅在短时间内造成发达地区人口数量的急剧膨胀，给人口流入地带来了诸如社会治安、生活环境、教育资源分配等多方面压力，而且也在

---

① 任远、谭静、陈春林等：《人口迁移流动与城镇化发展》，上海人民出版社 2014 年版，第 44 页。
② 路遇主编：《新中国人口五十年》，中国人口出版社 2004 年版，第 558 页。
③ 《温州年鉴（2014）》，中华书局 2014 年版，第 396—397 页。

一定程度上导致人口流出地的"空心化"现象,不利于其持续健康发展。尤其是,当前沿海发达地区正面临经济结构转型和产业升级的关键时期,如何将这一转型升级与解决欠发达地区的农业劳动力转移问题相结合,是当前中国社会重大而迫切的问题。它既是中国经济社会改革面临的重大挑战,也无疑是一次缩小区域差距、实现产业结构转型升级的难得机遇。

牢牢把握经济转型所蕴含的巨大机遇,准确研判和积极应对城镇化进程中的新趋势、新问题,力促农民职业转型,是中国政府的一项长远战略规划。它与农民工市民化政策相互补充,成为中国现代化的路径选择。为了促使这一战略落到实处,中央和地方先后出台了一系列政策规定。早在1995年,针对大规模人口流动对各种管理秩序造成的冲击,中共中央办公厅、国务院办公厅联合下发《关于加强流动人口管理的意见》,再次强调要引导农村剩余劳动力有序流动。意见中提出四点要求:促进农村剩余劳动就地就近迁移;提高流动的组织化、有序化;实行统一的流动人口就业证和暂住证制度;整顿劳动力市场。1997年6月,国务院批转了公安部《小城镇户籍管理制度改革试点方案》和《关于完善农村户籍管理制度的意见》,提出积极稳妥推进小城镇户籍制度改革,允许已经在小城镇就业、居住并符合一定条件的农村人口办理城镇常住人口。对经批准在小城镇落户的人员,与当地原有居民享有同等待遇,以此促进农村剩余劳动力就地、就近向小城镇有序转移。1997年11月,国务院办公厅批转了劳动部、公安部、民政部、铁道部、交通部等部门《关于进一步做好组织民工有序流动工作的意见》。强调"组织民工有序流动是关系经济与社会发展的大事",要求各地区、各部门充分认识做好组织民工有序流动工作的重要意见,认真贯彻落实国家有关政策,鼓励和引导农村剩余劳动力就地就近转移,加强劳动力市场建设,把民工流动的管理服务工作纳入经常化、制度化轨道。1998年10月,中共中央出台了《关于农业和农村工作若干重大问题的决定》,再次强调要大力发展乡镇企业,多渠道转移农业富余劳动力。同时适应城镇和发达地区的客观需要,引导农村劳动力合理有序流动。

与此同时,各地也根据自身的发展水平,制定了相应的地方性政策并积极鼓励农民就地城镇化。如2011年,广东省出台了《关于提高广东省城市化发展水平的意见》，明确提出要建设文明、宜居、承载力和可持续发展能力强的理想城市，并且鼓励粤东西北地级市农民就地市民化。2013年广东人口城镇化率达到了67.76%，居全国前列，城镇低收入困难家庭的住房保障基本得到全面解决，已形成了一群（珠三角城市群）、两极（广州、深圳）、三面（粤东西北地区）的格局。广东清远市提出了"以人为核心、向质量提升转变、工业化、信息化、城镇化、农业现代化'四化同步'、可持续"的新型城镇化发展道路。从2013年起，广东清远阳山县开始进行"美丽乡村"建设，推进当地村民"就地城镇化"。

对于欠发达省份而言，实施"就地城镇化"政策所面临的任务更为艰巨。江西、湖北、四川等地先后启动了这项工作。以江西为例，宜春市的"镇村联动"模式和星子县的"家门口的城镇化"新模式较为典型。为了推动当地商贸和产业的发展，宜春市已有30多万农民在家门口就地城镇化，让农民"不背井、不离乡"，享受到了城镇公共服务和市民待遇。而星子县温泉镇，则凭借其独特的地理位置，推动就地城镇化，让返乡农民留下来，通过发展旅游业带动全镇经济持续增长。据江西省统计局人口变动情况抽样调查结果显示，2014年底，江西省城镇人口占总人口比重50.22%，较2013年提高了1.35个百分点，全省城镇人口总量首次超过了乡村。2014年江西省人口城镇化率提高值高于全国平均水平提高值0.31个百分点。① 截至2013年末，江西省城镇化率已经处在30%—70%的快速发展区间，在中部六省当中排名第3位。

2013年7月，湖北省颁布了《关于开展全省"四化同步"示范乡镇试点的指导意见》，并在全省范围内选取了21个乡镇（街道）进行试点，把新型农村社区纳入城镇化建设体系，形成了"两圈一带""一主两副"、长江中游城市群等一系列、多层次城市发展战略。在湖北宜都王家畈镇，大力发展第二、第三产业，初步形成了"家家有产业、人人有事业"的扩权强镇、产城融合的发展格局，目前全镇已经发展村级企业13家，吸引了2000多村民就地就业。而湖北十堰郧阳区则以新型农村社区建设为抓手，积极推进产城融合一体化、资源要素最优化、公共服务均等化发

---

① 江西省人民政府：《江西省城镇人口首次超过乡村人口城镇化率突破50%》，中央政府门户网（http://www.gov.cn/xinwen/2015-02/13/content_2818963.htm. 2015-02-13）。

展,着力建设城乡统筹示范区,实现就地城镇化。

几乎与此同时,四川省也出台了《进一步加快推进新型城镇化八条措施》,提出要充分发挥自身劳动力供给优势,进一步加快推进新型城镇化建设,着力打造成都平原城市群、川东北城市群、川南城市群和攀西城市群四大城市群,为农民工就地城镇化创造更多的就业机会。这些措施,不仅减少了农民工候鸟式的迁徙,产生了较好的社会和经济效益,且大大缓解了人口流入地的社会治安、环境保护等压力。此外,四川省还积极推进农地制度改革,大力发展小城镇特色产业,将生态文明融入四川经济建设中,开展百镇建设试点行动,为农民工就地城镇化创造条件。如2012年以来四川省巴中市启动实施了"巴山新居"建设的战略扶贫工程,推动农村"产居结合",就地城镇化方面成效较为明显。2014年1月,四川省泸县福集镇龙桥社区及龙桥生态园农业发展专业合作社成立大会召开,标志着四川省首家就地城镇化社区在泸州泸县成立。在医保、城镇低保、养老保险、子女入学等方面,龙桥社区农民享有与城镇人口同等待遇。

2014年,中共中央、国务院在总结各地城镇化的经验基础上,出台了《国家新型城镇化规划(2014—2020)》,从规划背景、指导思想和发展目标、推进农业转移人口市民化、优化城镇化布局和形态、提高城市可持续发展能力、推动城乡发展一体化、改革完善城镇化发展体制机制及规划实施八个方面,对全国新型城镇化作了统一部署和规划,进一步明确了中国城镇化建设的重点和方向。

二 就地城镇化与社区建设

在改革开放初期,经济发展较快的地区通常能够更快助推本地农民市民化,而经济相对发展较慢的地区,则以异地转移农民工为主。然而,随着沿海发达地区的产业结构升级,并将原有劳动密集型产业向内地转移,为农民工返乡就业或创业创造了条件。同时,农村社区的基础设施日趋完备,生活水平逐步提高,基本构建了覆盖城乡的社会保障体系,文化、教育、医疗、社保、科技培训等基础公共服务的功能进一步增强,吸引农民工返乡就业创业,促进了城乡社区双向良性互动。尽管如此,在"就地城镇化"进程中,社区建设仍有诸多不足之处,主要表现为:

经济发展与社区建设不协调，城镇化水平总体偏低、市民化进程缓慢以及社区公共服务体系不够完善等。

(一) 经济发展与社区建设不协调

改革开放40年来，中国经济呈现较快增长，人们的物质生活水平普遍提高，但同时，资源的过度消耗和环境的日渐恶化使得农村居民人居环境面临威胁，人们的幸福感指数并未显著增长。随着经济日益增长和农民生活水平的提高，农村基础设施建设有了一定的发展，教育文化及医疗卫生状况有了一定的改善，但整体状况却依然令人担忧。在精神文化生活方面，农村社区也表现得极为贫乏。大多数农村地区文化娱乐生活单调，社区活动空间有限，社区活动组织平台缺乏。在农村基础教育方面，可圈之处依然有限，农村经济发展的同时并未带来农村教育质量的普遍提高。相反，农村基础教育依然面临师资力量不足、软硬件设施缺乏等老大难问题，尽管这些问题以新的形式出现。

这种不协调也反映在城镇化过程中。一方面，对于"主动"进城的农民工而言，从国家政策精神上看总体是持欢迎姿态，因为他们是农村就业人口转型的主体。然而，在政策落实层面上却依然困难重重，未能遵循"以人为本"的原则及充分考虑农民的切身利益，对进城农民存在一定的歧视和排斥思想，在就业、居所、子女教育、社会保障等方面未能给予其市民待遇。而另一方面，对于"被动"城市化的城郊农民而言，城市化很大程度上并非其本意，因而其不会像大多数农民工那样积极融入城市社会。之所以造成经济社会发展不协调，根本上是因为长期以来中国在经济社会发展过程中偏重经济发展，而相对忽略社会建设和人居环境建设，在制定政策时缺乏考虑人们的生活和精神需求。因此，要以沿海发达地区产业升级和结构转型为契机，在实现沿海地区和内地经济协调发展的同时，积极开展岗位技能培训，促进农民就业非农化，鼓励和吸引农民工回乡创业，引导农业人口就近转移，使农民工由"边缘人"转变为"主体人"。同时，要给予失地农民和就业困难人员优先扶持政策，增强其社区归属感和认同感。

(二) 城乡社区发展不均衡

"就地城镇化"的本义就是要促使农民就地实现职业转型，成为符合新时代需要的产业工人或服务业从业者，从而实现城乡社区健康协调发展。然而，长期以来城乡二元结构的分离状态，使得城乡社区发展严重失衡。相对而言，城市公共基础设施的规划、配置比较齐全，农村产业支撑薄弱，导致基础设施和公共服务短缺，难以满足地方和农民群众的需求。农民的法律援助、教育和培训等政策方面也比较缺乏，难以满足农民工的需求，并由此导致其在"就地城镇化"中的发展受限。农民市民化的进程偏慢、美丽城镇建设与生态环境质量问题、农村留守老人、儿童和妇女问题也日益凸显，这都是在城镇化过程中亟待解决的问题。

究其根源，户籍制度的二元化仍是城乡社区发展不均衡的"藩篱"，且深刻影响着中国"就地城镇化"的进程。总体而言，欠发达地区的农民在本地就业的机会仍然十分匮乏，难以满足内地农村剩余劳动力转型的需求，尤其是一些用人单位还人为设置城市户籍的限制，最终使得城乡二元户籍管理制度成为农民工市民化的障碍。为此，政府应制定有效的政策，避免国外的那种"城市病"，来打破在中国形成已久的城乡二元格局，优化产业和城镇的空间布局，构建城乡互动互补的和谐关系，让农民在社会保障、住房保障、医疗教育、就业等方面与市民同权，避免农民"被上楼"，让他们在新村镇中寻得栖息的乐土。在劳动力转移方式上，应以就地就近转移为主，充分发挥农民作为创建主体的积极性，鼓励农民回乡创业，积极推动农业现代化，振兴农村经济。同时还应考虑原有的生态环境、村庄布局、产业基础和文化传承等，增强城镇的辐射力与承载力，形成城市与乡村相互支撑、互为依托的空间格局。

（三）新型社区公共空间有限

随着传统农村社区演变为城中村社区或城市新型社区，原有的公共空间遭到不同程度的破坏，新的公共空间较为有限。主要表现在以下几个方面：

一是公共空间数量的相对不足。尽管市政部门会修建一些广场、公园等公共场所，但其相对于社区人口密度而言，休闲活动场所普遍不足。人们经常可以看到这样的情景：三五成群的少年儿童，骑着童车、踏着滑板，穿行于街道上川流不息的人群与车辆之中，或者在马路边上跳广场舞的大妈们也成了傍晚一道特别的风景线。上述情景，一定程度上反映了社区公共空间的缺乏。二是居民缺乏联系的纽带和平台。即便这些新型社区拥有较为完善的公共空间（如体育中心、老年活动中心等），为居民提供了活动场所，但并不意味着居民之间有着良好的沟通和交流。实际上，促进居民之间的有效沟通，不仅需要活动场所，更需要关系纽带将处于分散状态的居民结成网状，让每个居民都能够成为网络的点。三是公共空间转换出现障碍。在传统农村社区，尽管未必拥有公园、广场、体育中心等活动场所，但并不意味着其社会性公共空间的缺乏。农村社区或许缺乏城市社区所拥有的"高大上"的物理空间，但宗族性或地缘性的关系纽带却能够较好地将人们聚集在一起。村民们三五成群在弄堂、小卖铺甚至田边地头聚在一起沟通交流的情景随处可见。而转型成为新型社区后，不少社区居民并不适应新的公共空间，出现公共空间转换障碍。

第二章 族群与阶层：社区融合的结构性障碍

第一节 族群差异：空间分布与情感隔阂

一 族群意识与信仰文化

许多村落都有属于自己的文化信仰标志，村民们或是通过一定的仪式来表达他们对信仰标志的崇拜，或是在内心中将信仰标志视为某种神秘的力量而对之敬畏。在中国南方的一些村落，村民们非常崇拜"龙脉"，认为"龙脉"是村落命运的象征。与关帝、妈祖等普遍性信仰不同，村落"龙脉"信仰一般是以村庄尤其是单姓宗族性村庄为单位的特殊信仰。在传统社会，由于对大自然认识和控制的有限性，人们往往在自然界面前显得无能为力，希望能有一种超自然的力量把他们从困境中拯救出来。他们相信，"龙脉"正是这种超自然的力量，它不仅会保佑村落的安宁，也将庇护子孙后代。从朝拜对象上看，其他有如关帝、妈祖等信仰均有实际的朝拜对象，对信徒而言它们是一种"有形"的精神寄托；而村落"龙脉"信仰一般缺乏明确的朝拜实体，也不需要举行特别的祭祀仪式，作为一种村落集体信仰，其对村民的影响是巨大而"无形"的，有时显得异常神秘而令人畏惧。

"龙脉"信仰之所以在乡土社会产生广泛影响，与悠久的宗族政治传统有着密切联系。自商代始，历代统治者为了强化对农村社会的控制，在农村基层普遍设置网络组织，商代有"族尹"，周代则在广大农村地区以"五家为邻，五邻为里，四里为酂，五酂为鄙，五鄙为县，五县为遂"，分别设有邻长、里胥、酂师、鄙正、县师、遂大夫。这就是所谓的"乡遂制度"。周代以后的各个朝代，尽管基层组织设置各异，但基本上沿袭这一轨迹发展的。① 不难发现，无论是商代的族尹、周代"乡遂制度"，或是周以后乡里制度及保甲制度，其统治基石无不是宗族力量。为此，历代统治者均注重加强与乡绅及宗族头人的政治联系。而且，为了进一步巩固这种政治联系，统治者还极力宣扬"家国同构"思想，试图用类似手段构建稳定的统治秩序。这在客观上催生了普遍的族群意识。因而从本质上讲，"龙脉"信仰是传统政治权威的产物，是统治者根据其自身政治统治需要所"刻画"出来的"文化标志"。这种"标志"通常会增强统治者的权威，使之获得更多的服从。正如杜赞奇（Prasenjit Duara）所言，清朝统治者就曾经采取了类似手段，其"鼎盛时的权势许多都来源于它有能力在大众文化中表现其权威，尤其是通过形象刻画的手段"。② 由于乡绅所代表的宗族力量对乡村社会的实际统治，传统政治权威普遍建立在与乡绅和宗族力量合作基础上的，农村社会"龙脉"信仰表现出了更多的宗族性。作为一种典型的村落文化，"龙脉"信仰与村落的族群意识互为依赖、相互彰显。"龙脉"信仰是一种村落集体信仰，它建立在村落的族群意识基础上，并进一步强化村民的族群意识。

伴随现代化和城镇化进程，在区域或城乡之间出现了大规模的人口流动，很大程度上改变了传统社会"聚族而居"的生活方式，但其亲缘观念却依然在一定程度上维系着原有的社会网络。在许多传统村落，不少青壮年农民选择外出务工，过着背井离乡的生活。作为客居他乡的打工者，他们并未真正为所在社区接纳，因而未能对社区产生归属感。为了排解在异乡的孤寂或其他原因，打工者需要构建属于自己的社会网络。由于多数打工者外出务工的途径主要是同乡亲朋好友相互介绍，因而这种业缘关系本身就是建立在亲缘或类亲缘关系（同乡、地缘等）基础上的。尽管这种亲缘或类亲缘关系与传统村落的族群关系有所不同，但可视为族群关系的衍生关系，是族群关系在异乡的一种表现形式。事实上，在打工者的社会网络中，亲戚、同乡和朋友等占了相当大的比重，而后者也往往是前者求助的主要对象。

---

① 韦庆远、柏桦：《中国政治制度史》，中国人民大学出版社2005年版，第277页。
② 韦斯谛：《中国大众宗教》，陈仲丹译，江苏人民出版社2006年版，第110页。

表 2—1　　　　　　　　求助对象比例　　　　　　　（单位:%）

求助对象	流动人口	本地居民
当地政府	11.3	10.6
社区干部	11.3	28.9
同乡	14.7	1.3
亲戚	32.8	33.4
朋友	17.5	13.2

[问题：如果您遇到困难，一般会找谁帮忙解决？（多选题）]

从表2—1中我们发现，大多数流动人口（主要为农民工）在遇到困难时，首先想到的是向亲戚求助，其比重高达32.8%，其次是向同乡和朋友求助，两者比重分别为14.7%和17.5%，而向当地政府和社区求助的最低，均为11.3%。上述数据表明：

首先，亲缘关系对于两者都是最重要的关系，而流动人口则比本地居民更依赖同乡关系。无论是流动人口还是本地居民，亲戚是遇到困难时最主要的求助对象。然而，两者却在"求助同乡"问题上有着显著差异：流动人口这一比重为14.7%，而本地居民只有1.3%，两者相差高达13个百分点。这说明，尽管这些流动人口暂时脱离了族群网络，但其对社会网络的渴求及固有的地缘观念，使得他们比任何时候更加依赖同乡关系。同时，它也表明了人们的族群观念和熟人社会网络在异乡以另一种形式再次表现出来。其次，流动人口在对社区或政府认同之间没有显著区分，而本地居民则在社区和政府之间有着明显倾向。在本地居民中，回答"有困难求助社区"的受访者高达28.9%，仅次于其"求助亲戚"的比重，说明本地居民对社区的认同感和归属感较强。另一方面，流动人口之所以对于社区和政府的认同感均较低，主要有以下几个方面的原因：第一，大多数流动人口打工的主要目的是为了赚钱，并无在流入地定居的长远打算，因此，他们对政府和社区的公共事务均缺乏参与的动力；第二，由于受基本公共服务财政预算等限制性条件影响，社区的公共设施及其他公共服务主要面向本地居民，流动人口与社区几乎没有交集；第三，在现代化浪潮的冲击下，流动人口生产方式和生活方式发生明显变化，甚至其原有族群意识会有所淡漠，但却难以令其放弃原有的社会网络。他们根深蒂固的族群意识,并不会从根本上发生转变。

　　与这些"主动"进城的流动人口(农民工)相比,被现代化浪潮所湮没的城郊地带的农民则有明显差异。对于多数流动人口而言,其"根"依然在原籍,居住地不过是为谋生而暂时的栖息之地。他们在居住地的社会网络,很大程度上是原籍社会网络的延伸和拓展。大多数农民工并不真正愿意转变为非农人口,即便少数农民工愿意转户,也多半是为了孩子的教育和升学。① 农民工市民化意愿不强烈,学界普遍认为主要有两方面原因,一是户籍制度的隔离所导致的农民工非市民待遇,另一个是其社会网络与本地居民几乎没有交集,不为当地社区所接纳。相对而言,城郊农民的市民化则较少受这种地域和社会网络的制约,同时,他们融入城市社区有着天然的语言和文化优势,更易为本地城市社区所包容。

　　国内一些学者在研究城郊失地农民时,往往以"被市民化"概念来表达城郊农民的被迫和无奈。② 有学者甚至断言,这种"被市民化"的结果既会给新市民群体带来许多困境,也很容易引发新的城乡冲突与潜在社会危机。③ 当然,在不同人口结构的社区,这种冲突与危机的表现形式和程度将会有所差别。如在一些社会网络遭到破坏、城乡居民以"原子化"形式混合居住的社区(如新型住宅小区社区),这种冲突将会表现得尤为突出,从而影响社区和谐。由于这类冲突大多属于生活方式或观念冲突,社区干部处理起来通常较为棘手。而城郊村落在发生整体性变迁后,尽管居民生活的物理空间、生活方式发生变化,但由于其基本的社会网络并未瓦解,其族群意识和社区归属感依然较为强烈,社区干部拥有更多的治理资源和手段。

二　典型案例：居住空间的变迁与分布

　　居住空间是基于公共空间的概念基础上延伸出来的一个相近概念。

---

　　① 张翼:《农民工"进城落户"意愿与中国近期城镇化道路的选择》,《中国人口科学》2011年第2期。
　　② 参见孙东海《谨防"郊区陷阱"——与黄向阳博士一席谈》,《决策咨询》2001年第3期;杜洪梅《城市化进程中城郊农民融入城市社会问题研究》,《社会科学》2004年第7期。
　　③ 文军:《"被市民化"及其问题——对城郊农民市民化的再反思》,《华东师范大学学报》(哲学社会科学版)2012年第4期。

公共空间,也称"公共领域",其概念的提出和解释,可以追溯到尤尔根·哈贝马斯和汉娜·阿伦特。汉娜·阿伦特在《人的条件》一书中提到"劳动""生产"和"行动"等概念,并指出只有"行动"是在"公共领域"进行的,人们通过在公共空间的"行动"表达个性和本质,这是人之所以是人的条件。尤尔根·哈贝马斯在《公共领域的结构转型》一书中则更加明确概括了"公共领域"的思想,认为所谓"公共领域"是一个超越家庭、不受国家干涉的、公民参与公共事务的领域。相比"社会性公共空间"而言,居住空间更多的是指"物理性的公共空间",在各类型社区中,人口结构在很大程度上影响居住空间的布局。下文将通过若干典型案例,详细阐述传统农村社区、流动人口聚居区以及城郊农民集中安置社区三种类型社区居民的居住空间布局和人口结构。

(一) 羊村故事:族群与边界变迁①

羊村是一个行政村,隶属于 Y 市周镇。羊村村委会下辖 7 个自然村。全村共计 787 户,3304 人,其中党员 52 人,全村有劳动力 1900 人左右,在村务农的有 800 多人,外出劳动力 1000 多人(含外出做生意 100 多人)。羊村距镇政府约 6 公里,距县城 35 公里,其交通基础设施一般,在不少自然村之间的连接道路还尚未完成路面硬化。村庄山地面积较多,属于典型的丘陵地貌。全村有耕地面积 4500 多亩,可养水面 20 多亩。主要以种植水稻为主,经济作物较少,主要是油茶树和一些果树。全村有 3 个自然村修建了祠堂,分别为杨家村、黄村和程文明村。羊村故事即发生在杨家村和黄村两个自然村之间。

杨家村是羊村村委会所辖较大的一个自然村,全村有 198 户,1000 多人。在杨家村,除了约 20 户杂姓外(包括杜、董、邱、江、方、谢、唐等,全部为杨姓入赘女婿),其余绝大多数农户都姓杨。杨家村人多地广,人均田地面积约有 2 亩。在杨家村口,耸立着杨家祠堂,就像卫士般地守卫着杨家人。这是村里逢年过节举办大型活动以及村民商讨事务的场所,平时一般不许闲人进去玩耍。村里还有 2 个小卖部,却是村民闲时聊天、打牌娱乐的主要场所。虽然杨姓在村里是大姓,但从未发生过大姓欺负小姓的现象,杨姓与其他杂姓之间的关系一直较好,整个村

---

① 资料源于笔者 2009 年 7—9 月对 Y 市杨家村社区的调研记录。

庄显得非常团结。

黄村虽然相对于杨家村而言规模较小,但也有 142 户,530 余人,只是总耕地面积仅有 600 多亩,人均约 1 亩。黄村有四个大姓,即熊、李、谢、孙。其中,熊姓约 50 户,李姓约 40 户,谢姓约 30 户,孙姓 10 多户。此外,还有一些小姓,如唐、程、何、洪等姓。这些小姓通常被村民统称为黄村的第五大姓,其大多为 Z 省移民后裔。为了便于村庄治理,这五大姓里各选出一人担任村小组干部,分别代表本姓村民。村里在商议重大事项时,一般都是由他们 5 人聚在一起商量决定后,再分别通知各自村民。在黄村各个姓氏之间,很大程度上属于合作关系,并不像由亲缘和姻缘关系主导的杨家表现得那么融洽。此外,黄村村民家里有红白喜事时,一般也只请本姓氏的村民,外姓人则很少参与。黄村也有两个小卖部,其中村中间的小卖部是村里信息的集散地,也是村里召集村民开会的场所。尽管黄村也有一个大戏院,村民一般很少到那个地方聚会,由于年久失修,便成了附近村民堆放杂物的地方。

其实,黄村原本与杨家村一样,也是单姓村。围绕着黄村的演变,在当地还有一个古老的传说。据说,起初黄村村民大多姓黄,到新中国成立初期黄村仍有 40 多户黄姓人家。相传黄村祠堂原本是南北朝向,坐南朝北,正好对着杨家村方向。在当地一个风水大师的建议下,杨家发动村民在自己村里打井,一口气打了 100 口井。当打完第 100 口井的时候,发现井底没有泉水,却藏有一块石板,撬开石板的时候,一只黄色的小鸟飞了出来,迅速飞走了。从此,黄姓便渐渐没落了,其他姓氏也陆续迁来黄村安家落户。鉴于黄姓的没落,黄村将村里祠堂拆掉重建,改为现在的东西朝向。紧接着,杨家村也迅速填平了这 100 口水井。

关于黄姓衰败的传说,现今已无从考证。然而,风水之说的流传却也折射出了农村社会风水文化对农民心理会产生微妙的影响,表明了传统社会的农民有着较为强烈的族群意识。事实上,杨家村同大多数家族性村落一样,族群意识甚为强烈,其一旦遭遇外在压力时,村民更容易抱团。这种族群意识,不仅受村落"龙脉"文化的影响,也与村庄结构有着密切关系。根据戴维·波普诺(David Popenoe)的理解,社会结构

(social structure)就是指一个群体或一个社会中的各要素相互关联的方式。① 在特定的家族性村落,一般会有两种社会结构:一是正式的组织结构——村组结构,由村两委和村小组两级构成,它们承担着乡村治理的主要责任;二是非正式的传统组织结构,即宗族性结构,如一些村落组成了所谓"宗族理事会"等组织,就属于这种组织结构。当然,由于历史和政治的原因,许多村落的宗族组织逐渐瓦解,但人们的宗族观念有时仍较为强烈。在村组结构方面,杨家村和黄村并无明显差别,但在传统组织结构上双方却大为不同:黄村属于杂姓村,有十多个姓氏,宗族结构分散、缺乏凝聚力,而杨家村很大程度上属于单姓村,即便存在个别外姓,也多半是杨家人的上门女婿。显然,杨家村的传统组织结构更为集中,族群意识相对强烈。因此,作为个体行动者的杨家村村民,必然受其自身社会性的制约,其行为必将深深植根于社会网络,受社会结构和文化网络的深刻影响。

透过杨家村和黄村两个自然村落之间错综复杂的关系以及村落内部结构,不难发现在两个村落之间或村落内部的不同群体之间,存在着明显的边界。尤其对于宗族性村落而言,其边界会更加凸显。这种村落很大程度上是封闭的而非开放的,对外普遍具有较强的排斥性,因而在两个不同的自然村落之间通常有着自然形成的社区边界。

当然,在一定的历史条件下,这种社区边界或许会淡化甚至不复存在。20世纪60年代前后,从邻省陆续有移民迁至黄村定居,使田地原本匮缺的黄村面临困境。于是,便有黄村村民在村子附近开垦荒地种菜,甚至还种上了树木。这其中有一块地,当地人把它叫作"亭子边",在历史上这块地一直属于杨家村的。由于当时正处于"人民公社"时期,村民的土地权属观念较为淡薄,一些村庄甚至还将偏远、贫瘠的田地抛给邻村,粮食等物产也不分你我。因此,随着时间的推移,杨家村对黄村村民在"亭子边"开荒种菜的行为也就默认了。20世纪80年代初,为了配合家庭联产承包责任制的推行,国家开始推行山林确权政策,确权原则为"谁种谁有"。根据该政策,政府认定"亭子边"这块地所有权属于

---

① [美]戴维·波普诺:《社会学》(第十版),李强译,中国人民大学出版社1999年版,第188页。

黄村，并由此引发了杨家村和黄村之间的山林权属纠纷。

在这场双方持续数十年的权属官司中，双方的族群和边界意识得以强化。鉴于双方争端是特定历史条件下的产物，且双方均无法出具有力的直接证据，所在乡政府先后于1984年3月和1990年4月，对争端两次做出同样的处理：争议双方各占一半，并均不得在争议地上建房。对于乡政府的"和稀泥"式的处理，双方均表示不服从。1990年6月，县政府山林纠纷调解办公室（以下简称"县调纠办"）根据国家"谁种谁有"的确权政策，取消了乡政府的处理决定，并将争议地全部判给黄村。为此，杨家村将县调纠办一并告上法庭，但县法院在初审和重审中均维持了县调纠办的处理决定。于是，杨家村上诉至市中级人民法院（以下简称"市中院"）。1992年10月，市中院经过调查后推翻了县法院的一审判决，并做出了二审判决：将争议地的四分之三判给杨家，另外四分之一判给黄村。1993年12月，市中院却受理了黄村的再审请求，并在未开庭审理此案的情况下做出再审终审判决。这次再审判决推翻了市中院先前做出的二审判决，将争议地全部判给黄村。对于市中院的反复判决，杨家村认为市中院再审判决是在偏袒黄村，并先后向市检察院和省高级人民法院提交了申诉状。2003年9月，市检察院在接到杨家村的申诉状后，认真审阅了全部案宗并到现场进行深入调查，认为市中院再审判决主体事实不清，判决错误，依法对案件进行抗诉，但市中院并未理会市检察院的抗诉，没有对案件进行重新审理。而与此同时，黄村则在拿到再审终审判决书后，便按程序提请乡政府批准建房。但乡政府认为，尽管法院已经做出判决，但双方的矛盾并未从根本上得到解决，批准建房势必激发更大的冲突。

从上述杨家村和黄村的关系脉络不难发现，农民的边界意识与自然形成的村落文化网络有着密切关系，也在很大程度上受国家政策变动的影响，在不同的历史条件和政策背景下，农民的边界意识也会随之发生深刻变迁。而从政府相关部门对争议地权属的认定再到法院的先后多次审判，不仅没有从根本上解决矛盾，而且进一步强化了双方的群体意识。威廉·格雷厄姆·萨姆纳（William Graham Sumner）曾提出了内群体和外群体两个概念，用以描述对自己群体以及对别的群体的感受。在内群体和外群体之间，通常有着明显的边界线，这种界限可以是显性的服饰、语言或者其他特定的传统，也可以是一种成员资格。若将不同的两个群体置于比赛场景时，两个群体之间的界限将变得更加清楚。事实上，杨家村和黄村两个自然村落恰似两个独立的群体，它们先后经历的政府裁定和法院判决好比一场场比赛，并且都非常希望在这些"比赛"中获胜。为了赢得这些"比赛"，双方设法动员一切资源，在这一过程中，人们的族群和边界意识得到进一步强化。

透过羊村案例，我们发现，农民族群和边界意识在多重因素影响下不断变化，除了村庄社会结构等内因外，也受特定历史环境、国家政策变动等外因的影响。那么，随着村庄社会结构或外部条件发生变化，人们的族群意识是否会发生相应变化呢？为了回应上述问题，笔者选取了金浦村和果园村两个案例进一步详细阐述。

（二）聚群而居：金浦村的打工者①

金浦村属于典型的村居混杂社区，隶属 W 市云周工业区杏花村委会，位于 W 市区的南部，距离 W 市区约 35 公里。从 W 市区驶上沈海高速由北向南行驶，在飞云互通出口驶下高速，再沿着 56 省道行驶约 10 分钟，便可到达云周工业区核心地带。金浦村便位于这片工业区内。改革开放以来，W 市率先发展市场经济，尝试股份经营，并通过兴办农村家庭工厂，千方百计把产品推向市场，走出了一条适合本地实际的经济发展道路。随着 W 市民营企业快速发展，云周工业区也逐步发展、壮大起来。而金浦村——这个改革开放前原本较为偏僻而穷苦的村庄，则抓住了这次发展机遇，形成了大大小小数百家制鞋企业，其中包括著名的上海"回力"牌球鞋生产基地——天宏实业有限公司。这些鞋厂规模大小不一，规模较大的鞋厂，其员工多则上千人，而有些小鞋厂，员工或许只有上百人。这些员工大多为来自四川、湖南、贵州、江西等欠发达地区农村的流动人口，其中不少人便就近租住在金浦村。

金浦村人口约 3000 户，6000 余人口，其中 80% 以上为外来流动人口，主要来源地为贵州、江西等地。在金浦村，有一条东西走向的小河，将金浦村一分为二，河的北边是金浦老村，河的南面是金浦新村，小河中央建有一座小桥，将老村和新村连接起来。由于老村地势低洼、卫生

---

① 资料源于笔者 2015 年 6 月对 W 市金浦村的调研记录。

状况比较糟糕，金浦村原住居民中除了一些年老或穷困的居民外，几乎都搬离了金浦老村。除了一部分住在市区，其余大都迁至金浦新村，社区居委会也相应设在金浦新村。金浦新村地势高，卫生状况也相对较好，且几乎都是沿着街面搭建的五层以上楼房。与金浦新村耸立的高楼相比，金浦老村则显得极为寒酸。除了一些临时搭建的、供流动人口租住的工棚外，金浦老村基本上还保留着自然村落的样貌。从村口一眼望去，金浦老村与新村的界限泾渭分明，村中的小河似乎成了难以逾越的"鸿沟"。

事实上，金浦老村和新村的界限不仅表现在空间布局上，也反映在人口结构和社会网络方面。在金浦村，原住居民和租住的流动人口之间几乎是没有交集，只有两种情况是例外。第一种情况缴纳房租时，房东和租客会有接触，房东一般在每月交房租时会从新村那边过来收取房租；另一种情况是定期到社区缴纳卫生管理费时，会与社区工作人员有接触。当然，这些接触是非常有限的，一般不涉及更深层面的思想交流，而且主要是向流动人口"收钱"。由于住宿条件差、卫生费收取不合理，因而不少租住金浦村的打工者对原住居民及社区干部心存芥蒂。尤其是在发生"员工宿舍"事件后[①]，不少流动人口有种更为强烈的"被剥削感"。虽然，这些流动人口仍花高价租住在金浦老村，但其内心中新村与老村的边界意识却更为凸显。

而在金浦老村内部，尽管这些流动人口来自贵州、湖南、江西等不同省份，但相似的处境似乎不断拉近他们的心理距离。但在居住区域上，来自不同地区的流动人口之间还是有着相对明显的界限。租住在金浦老村的许多打工者都是在亲戚朋友相互帮带下才来到这里打工，不少打工者更是举家携亲来到这里，他（她）们之间或是夫妻、兄弟姊妹，或是其他亲戚朋友关系。因此，尽管地域发生变化，但其核心社会网络却在一定程度上得以重构。

---

① 2015 年初，由于招工变得困难，一些颇有实力的鞋厂便计划为员工建造宿舍、改善员工的住宿条件，以稳定员工队伍。但是，这一善举却遭到本地房东的强烈反对，他们担心一旦工厂为员工提供了宿舍，金浦老村的房子将会失去市场。最终，这些鞋厂迫于本地原住居民的压力，不得不停止建造员工宿舍。

第二章 族群与阶层：社区融合的结构性障碍

小宋是从江西来到金浦村的打工者。2009年春节以前，小宋一直在义乌摆地摊做生意，也赚了不少钱，在家里盖了一栋两层楼的小楼房，日子倒也过得滋润。而此时，其小舅子则在W市金浦村打工，小舅子还承包了一个鞋厂车间。2009年春节期间，小宋到丈母娘家拜年。趁这个机会，其小舅子劝说小宋到金浦村务工。考虑到自家亲戚们大都在金浦村打工，小宋便答应去金浦村发展。经过几年的努力，小宋现在也承包了一个鞋厂车间，而且聘用的工人大都是来自江西老家的亲戚朋友或者同乡。

除了工作和居住场所以外，来自不同地区的打工者也很少会主动聚集在一起娱乐、消遣，而是形成明显的区域分片。大部分租住在金浦老村的打工者来自贵州和江西，也有个别安徽籍的打工者，而来自湖南、四川的打工者则集中租住在附近的其他村子。在金浦老村，一些早年来此地的打工者开始支起了杂货铺或者小酒馆，这些地方便成了同乡在工作之余联络感情、排遣孤寂的空间。他们经常会三五成群地聚在一起，喝酒、打牌或者聊天，日子倒也惬意。

江桐也是江西人，与小宋来自同一个镇上。20世纪90年代中期，江桐便跟随亲戚来到金浦村做鞋工，在此立足之后，将家眷一并带来金浦村，女儿也转学至金浦村就读小学。在家人和同乡的支持下，江桐很早就从鞋厂出来了，并在金浦老村中心位置开了一家杂货铺，出售一些烟酒及其他日用品，以维持家里生计。平日里，江桐的杂货铺来往的顾客几乎都是同乡，很少有贵州籍或者安徽籍打工者光顾。由于这间杂货铺位于村中心位置，江桐的同乡们经常光顾于此，久而久之，便成了大伙业余时间聚集的场所。

在金浦老村，类似的杂货铺大约有七八家，还不包括村子附近街面上的杂货铺、小超市。除了江桐以外，还有两家杂货铺店主也是江西人，其他店主则多半是贵州人、四川人，也有一家是安徽人。通过对这些店主的深入走访，进一步证实了这些打工者"聚群而居"的生活方式。诚然，在国家力量未渗入传统村落之前，家族（宗族）和村庄是呈"蜂窝状结构"(honeycomb structure)的"自治体"。显然,这种村庄结构背后的因素是人们的族群观念。但需要指出的是,这种族群观念并不因为个体迁移而发生根本性变化,它仍然在一定的场合继续发挥作用。许多打工者更愿意与同乡、亲戚朋友毗邻而居,过着"聚群而居"的生活。

(三)"整体性嵌入"的果园村①

果园村隶属于 C 市江北区宝湖社区。在城镇化进程中,江北区的许多自然村落逐步被城市所湮没,其原住居民大都获得了整体性安置,迁入了政府为之建造的安置房,并由此完成了其"农民到市民"的身份转型。果园村就是其中颇具代表性的村落之一。1998 年,为了配合政府拆迁改造,果园村的居民离开了故居,迁入政府为其建造的 14 栋安置房。1999 年,宝湖社区居委会正式成立。宝湖社区属于典型的村居混杂社区,辖区总面积约为 0.2 平方公里,辖区内既有新型住宅小区 6 栋,也有开放式的单体楼 20 栋,其中就包括果园新村。

与前述金浦老村的打工者不同,果园村村民并不需要背井离乡,其社会网络一般也不会发生断裂,但他们的居住环境和生活方式却有着明显变化。居民不再拥有相对独立而封闭的农村小别院,也不再过着日出而作、日落而息的传统农村生活。在果园新村,14 栋居民楼全部是开放式的,楼下就是不宽不窄的小巷,一直通往外面的街道。一些住在一楼的居民将房屋打通,改造成了临街的店铺,或租给别人或自己开店,来往的顾客不少。一些上了年纪的居民在闲暇无事之时,还会搬个小椅子聚在一块抽个烟、聊聊天。因此,小巷虽小,倒也挺热闹。果园新村 14 栋居民楼的居民,除了极个别是租客外,其余绝大多数为原先果园村及附近村庄的原住居民,相互之间自然十分熟悉,基本维持着原有的社会关系网络,其熟人社会的特征并未发生根本性变化。尽管如此,但果园村村民并不适应这种"整体性嵌入"所带来的空间转换。

与果园老村相比,"整体性"嵌入城市社区的果园新村公共空间发生了明显变化。一方面,果园新村的公共空间变得极为有限。尽管原先果园村的公共基础设施较为薄弱,但居民却拥有丰富而多样的公共空间,其相互交流和沟通的场所或是宗族祠堂,或是弄堂小巷,有时甚至田埂

---

① 资料源于笔者 2016 年 5 月对 C 市宝湖社区的调研记录。

地头也成了居民的活动空间。与这种多样化的空间相比,果园新村居民的公共空间显得严重不足,多半限于居民楼狭窄的单元门口或是路边店铺前。另一方面,果园新村的公共空间变得更加开放。传统农村社会的公共空间虽丰富多样,但对外普遍排斥,陌生人通常难以融入其中。尤其是类似祠堂这种宗族性标志,更是不能让外人涉足。但是,"整体性嵌入"后的果园新村本身作为社区的组成部分,融入社区又是其发展趋势和方向,因而无论在观念上或空间形式上将会越来越开放。

然而,在城市化初期,这种空间转换的客观趋势和要求与农民观念变革的滞后性无疑是一对深刻矛盾。事实上,在果园村的农民变成了市民后,即便其实现了身份和职业转型,但短时期内依然难以适应城市社区的规则和环境。一是人口结构的多元化将会带给他们较为强烈的不安全感。在发生"整体性嵌入"之前,果园村村民相互熟悉,遵循彼此熟悉的规则,对他人行为后果的可预见性强,交往成本受到控制。而在嵌入后,面对周围日渐增多的陌生人群,果园村村民发现社会交往行为变得不可控,交往风险骤然增加,越来越缺乏安全感。因此,在果园新村14栋单体楼,无论是低层或高层住户,几乎家家都安装上了防盗网。二是不适应社区干部工作方式的调整。宝湖社区基本完成了农村社区向城市社区转型的关键阶段。为了适应城市社区管理的需要,除了保留部分原果园村村干部外,还亟须配备一些懂管理的创新型社区干部。这些社区干部在与果园新村居民打交道时,与传统农村干部重人情网络的工作方式不同,而是更加注重发挥政策和法律的功能,力推社区的规范性管理。对于观念和生活方式未能实现转型的果园新村居民而言,其在同新型社区干部交往、适应城市社区生活过程的确是一项挑战。

三 空间结构变迁与族群意识的路径依赖

由于个体意识的社会嵌入性,农民的文化心理与村庄社会结构之间有着很强的关联性。在传统农村社会,人们通常过着聚群而居的生活,拥有共同血脉或文化的人们自然聚居在一起,形成自然村落。传统农村社会正是由这样许许多多的自然形成的村落组成,每个自然村落实质是天然的"自治共同体"。这些"共同体"之间相互独立、互相联结,形成一种独特的农村社会"蜂窝状结构"。这种村落外部结构的稳定性使得因血缘而结合起来的传统村落基本不发生流动，只有在人口"繁殖到一定程度，他们不能在一定地域上集居了"，① 才会分裂出去另外繁殖成为新的村落。从村庄内部结构来看，联结居民的表层因素在单姓村和杂姓村之间略有不同。单姓村主要依靠血缘关系和宗亲网络将居民凝聚起来，这种内部结构呈现出"差序格局"；而杂姓村则除了血缘关系和宗亲网络外，往往凭借地缘及其他利益关系将居民联结起来。

这种长期相对稳定的村落结构在很大程度上限制了个体之间的互动，不利于农村社会自发形成普遍性信仰。但同时，在以宗族联系为纽带的自然村落内部，人们有着血缘关系和共同祖先，定期祭祀祖先、编纂族谱及建设祠堂，信仰的宗族同构性得以彰显，并最终形成与宗族命运相联系的信仰文化和族群意识。此外，一些传统村落还经常性地组织一些村民活动，比如，集体祭祀、端午节划龙舟等，其目的正是将平时潜在的族群意识不断激发出来，进而进一步强化村民的族群意识。

这种族群意识有的是基于地缘关系而形成，但更多的是以血缘关系为基础。在羊村故事中，杨家村属于单姓村，几乎所有的村民都是杨姓，他们有着共同的血脉，因而村民的族群意识非常强烈。在整个羊村故事发展过程中，正是以这种族群意识为支撑，村民们才得以凝聚起来，最终形成了一场集体行动。在村民的族群意识背后，往往有着"村落"的共同信仰才能够维系。对于杨家村来说，"羊（杨）头"则意味着村落共同体的命运，它是由一种神秘力量在支配，人们不能对之有丝毫的亵渎。一旦有人触犯了"神灵"，则会给村落共同体带来灾难。可见，正是这种神秘的信仰，促使村民形成族群意识，最终将一个个孤立的个体维系在一起。

那么，从传统农村社区到流动人口聚集社区、"整体性嵌入"的城郊农民安置社区，随着其空间结构发生了不同程度的变化，农民的族群意识又会发生怎样的变化呢？随着社会的不断流动，不少农民长期外出务工，分散到全国各地。这种状况至少带来两个变化：一是居住空间的变化。在外出务工之前，村民长期聚居在同一个村落，屋前屋后都是熟人，甚至是有共同血脉的亲人。遇有重大活动时，村民则聚集在祠堂或其他

---

① 费孝通：《乡土中国　生育制度》，北京大学出版社 1998 年版，第 70—71 页。

公共场所，共同商议事情。而外出打工后，居住空间完全发生变化，那种村落共同体格局已不复存在。他们不再有可以集体议事的公共空间，也不会举行类似祖先祭祀、划龙舟等族群活动。他们的公共空间变得越来越狭窄，而私人空间开始扩大起来，邻里之间不再有更多的沟通。二是关系网络的变化。传统村落对外一般呈封闭性状态，外姓人通常不能进入村落定居，也不能与村民一样享受村里的资源。但在村落内部，村民之间互动却非常频繁。所谓"远亲不如近邻"，邻里之间的互相帮助、相互馈赠，更是常有的事情。这种人情上的来往，再加上村民们共同的血脉关系，使得村落内部形成非常牢固的关系网络。而且，这种关系网络具有扩散性，随着关系向外拓展，这种网络也会不断扩散，将村落之外的熟人、半熟人也纳入这种关系网络。

费孝通先生曾将这种传统村落的关系结构归结为"差序格局"，即个体以自我为中心，由近及远而关系越来越疏远。这种"差序格局"实际上体现在关系结构和族群意识两个层面：从关系结构层面看，那种以"自我"为中心而形成的"同心圆"结构，反映了"差序格局"的外在结构；从族群意识层面看，人们内心的情感也随着这种"同心圆"结构由亲而疏。那么，随着人们空间位置和关系结构的变化，人们的族群意识又会有着怎样的变化呢？

在金浦村故事中，那些租住在金浦老村的打工者，他们大都来自贵州和江西等欠发达地区的农村，曾经也是聚群而居，互相帮助、相互提携，在长期的共同生活和血脉关联中产生了族群意识。然而，在金浦老村，打工者的居住空间发生了变化，前后邻居不再是熟人、亲人，甚至很可能是毫不相关的陌生人，他们相互之间通常也很少来往。同时，打工者与原住居民也几乎没有接触。这种居住空间和关系结构的变化，使得这些打工者很是孤独。为了排遣这种孤独感，他们纷纷介绍自己的亲友来此打工，或者与同乡聚居一起。因此，在金浦老村，我们会发现，几个亲友或同乡三五成群地租住在一片。空闲的时候，他们会凑在一块喝点小酒、聊聊天，以此联络感情。当然，他们之间的关系也有亲疏之别：个体以"自我"为中心，按照"差序格局"由近及远，关系由亲而疏。即便是同乡，通常也按照这种亲疏格局，一般地，来自同一个乡的要比同一个县的关系更亲密，而来自同一个县的则要比同一个省份的关系更亲密。由于这种关系格局的表现特征类似于传统社会的"差序格局",因而可以称为"类差序格局"。

在一桥之隔的金浦新村,居住的是金浦村的原住居民。原先他们住在金浦老村时,居住在开放式的小平房,村民三五成群聚在屋前屋后的空地上聊天。搬迁到金浦新村后,他们住上了高楼,居住环境大为改善,但公共空间却变得窄小了。为了强化村民的族群意识,村里的一些老人会积极张罗公共活动,如演社戏、祭祀祖先等。虽然有些活动(如演社戏)也向居住在金浦村的流动人口开放,但是由于语言和文化上的差异,实际上很少有流动人口参与此类活动。尽管流动人口和原住居民经常碰面,相互认识的最多是客气地点头之交,几乎不做更为深入的交流。在金浦新村和金浦老村之间,似乎有着不可逾越的鸿沟。

与金浦村的打工者相比,被城市化湮没的果园村农民却是另一番景象。在城镇化前,果园村村民过着聚群而居的生活,他们有着共同的血脉关系,而且长期生活在一起,共同劳动,形成了较为强烈的族群意识。没有人会怀疑这些原住居民曾经是果园村的主人,这里的一草一木,对于原住居民而言,是那么的熟悉而亲切。然而,随着果园村被城市化浪潮湮没之后,虽然他们的空间位置并未像打工者那样发生迁移,但其居住空间及系统网络却也有着重大变化,使得他们对自己所在社区既熟悉又陌生。

果园新村公共空间变得更具开放性,但居民的封闭意识却没有根本改变。果园村的居民被安置在果园新村1—14栋单体楼居住,当地人称之为果园新村小区。小区是开放式的,不像周围其他新型住宅小区那样有围墙、保安,也不像原先果园村那样的封闭性传统农村社区。然而,果园村的居民并不适应这种变化,他们在观念上仍然封闭,并未随着社区的开放性而变得更加开放。因而果园村小区的居民普遍感到有种不安全感,几乎所有的住户都安装了防盗窗。许多年轻人已逐渐习惯了新的生活方式,但是一些上了年纪的老人却难以适应这种城市化生活。与之前的熟人社会相比,果园新村的关系网络也变得复杂起来。在社区里,不仅有果园村的原住居民,更多的是来自各地的、具有各种背景的流动人口:有些是附近单位上班的白领、也有其他地方拆迁安置的农民、有在此购房定居的外地人,还有大量的小商贩等流动人口。相比之下,原本属于这里主人的果园村村民,却成了社区的少数人,他们要学会同陌生人打交道,要努力适应城市的生活。在这一熟悉而又陌生的环境里,果园新村的居民们有一种漂泊、不安全的感觉,他们迫切需要一种安全感。

同时,居民的系统网络也发生了变化,经济系统与社会及文化系统之间形成断裂。在城市化以前的果园村,居民聚群而居、一同劳作,其经济系统和社会及文化系统是相互嵌入的,形成一致性的系统网络。然而,随着果园村居民的居住空间和生活方式发生变化,其经济系统也发生了相应变化,许多居民的职业发生转型,开始由农业转向工业或服务业。而另一方面,由于族群意识的持续存在,居民的社会及文化系统网络仍旧保持着强大的惯性,从而导致其社会、文化系统与经济系统发生"脱离嵌入"现象。

虽然金浦老村打工者群体的居住空间与果园村居民不同,前者的空间位置发生迁移,而后者的空间位置没有发生迁移、社会网络基本保持,但这种系统"脱离嵌入"的现象却在上述两个个案中均不同程度地存在。也正是因为相对于经济系统的快速变化,其社会文化系统的变革显得相对滞后,从而导致了两者的经济系统与社会文化系统发生断裂,未能更好地实现社会融合。

四 小结

通过上述分析,可以形成以下几个方面的判断或结论:

一是传统村落的族群意识因血缘或亲缘关系而产生,而神秘的"龙脉"信仰和族群仪式则更加强化了族群意识。中国社会是以"家"为本位的社会,家族文化自宋朝以来开始在民间盛行。在传统村落,个体因为血缘或亲缘关系而群居在一起,形成相对稳定、亲疏有别的关系网络,进而形成族群意识。这就是所谓的"差序格局"。在中国南方的许多传统村落,人们普遍尊崇"龙脉"文化,并经常性地举行一些族群仪式。由于"龙脉"信仰是家族性的,因而带有很强的封闭性和排斥性,人们只尊崇自己村落的"龙脉",并不会也不能对其他村落的"龙脉"信仰进行祭拜或信奉。因此,通过信奉"龙脉"信仰和举行族群仪式,一方面可以将宗族成员凝聚起来,不断强化其族群意识,同时也利用"龙脉"信仰的封闭性和排斥性,促使村民形成观念上的社区边界。

二是生活空间的变迁和转换,并未从根本上改变人们的族群意识,对于流动人口或市民化后的城郊农民而言,其主要社会支持网络依然是血缘或亲缘关系。在城镇化进程中,城乡二元格局逐渐被打破,多梯度、差异化的城乡社区格局得以形成。在多样化的社区类型中,既包括流动人口聚群而居的混合社区,也包括城郊农民市民化后而形成的安置社区。尽管两者的生活空间发生变迁或转换,不再保持着传统村落的族群结构,但根深蒂固的族群观念却依然在发挥作用。在流动人口聚居社区,影响人们居住空间选择的不仅有经济和职业因素,更重要的是族群意识。而在城郊农民的安置社区,其社会关系网络基本没有改变,只是村落公共空间发生转换。因此,已经发生市民化的城郊农民,在观念上依然保持着农民的特征,并未成为真正的市民。

上述两类群体之所以能够保持较强的族群观念,不仅是因为族群观念本身的"惯性",更是由于系统性"脱离嵌入"的阻碍作用,而使得其难以发生社会网络的变革及族群观念的变革。由于两大群体的受教育水平普遍较低,其所从事的职业具有边缘性、低收入、无保障等特点,在整个经济系统中可替代性强,因而难以更深层次地融入经济系统中。而这种在经济系统中的边缘地位,决定了两大群体难以更深程度地融入相应的社会网络中,而是对原有社会系统产生强烈的"路径依赖"。

三是族群意识不仅强化了传统村落的边界,也对流动人口聚居社区及城郊农民安置社区的居住空间和社会网络产生深刻影响。随着人们生产和生活空间的变化,族群意识将会因族群结构的改变而有所淡化,但不会发生根本性改变。在流动人口聚居社区,个体的族群意识对其自身居住空间的选择行为具有显著影响,个体总是倾向于选择相同或相近社会网络的其他个体作为邻里。因此,在流动人口聚居社区,可以经常发现具有血缘及亲缘关系或者来自相同地区的人们"聚群而居",呈现出类似于传统农村村落的"蜂窝结构"。而在城郊农民安置社区,尽管其公共空间发生转换,并且嵌入更大的社会网络中,但其基础性社会网络依然保持着强大的生命力,人们对于是否接受新的生产和生活方式总体上仍然缺乏思想准备。因而不难理解,尽管城郊农民在身份上已经市民化,但在意识上却依然保持小农意识,并未真正融入社区。

第二节 社区分层：职业分化和意识冲突

一 阶层分化的历史回顾

在中国古代，社会便存在明显的等级划分，"人有十等"即反映了早期奴隶社会的等级制度。《左传·昭公七年》有云："天有十日，人有十等。下所以事上，上所以共神也。故王臣公，公臣大夫，大夫臣士，士臣皂……仆臣台，马有圉，牛有牧，以待百事。"其中，王、公、大夫和有采邑的士是各级奴隶主，大小政权的代表，自皂至台是各级奴隶，马夫牛牧不列等，比台更贱。而对"民"的划分则为"士、农、兵、工、商"，其中，"学以居位曰士"。自西周建立封建社会以后，各封地属国大都由城市和乡村两部分组成。统治者和管理者通常居住在城市，发挥其管理生产和维护社会秩序的职能，而从事耕作的农民则居住在乡村。及至战国时期，西周初期构建的礼治秩序受到了强烈冲击，最终礼崩乐坏，形成了百家争鸣的思想氛围。其中，管子提出的"耕战论"产生了较为广泛的影响，其在维护耕地农业重要地位的同时，客观上也推动了城市的发展。秦王朝统一中国以来，中国以大一统社会的形式步入了封建社会，实行郡县制。为了实现其对社会的统治，秦朝在城市建立了高度集权而强大的政治和军事力量，同时，依赖和汲取农村社会的经济资源。"由此便形成了作为政治统治堡垒的城市和作为社会经济支柱的乡村并存的古代中国社会的城乡格局。"① 汉代以后，由于小农经济是封建社会赖以生存的根基，封建统治者大都采取"重农抑商"的政策，不断宣扬农耕伦理文明。其时，整个社会被依次划分为"士、农、兵、工、商"等社会阶层，农民在整个社会结构中对稳固封建统治的作用甚为凸显。因此，维护乡村社会的存在符合封建统治者的利益，此时的乡村社会与城市社会处于互为封闭状态，封建统治者对两者分而治之。及至元代，更是按族别和地区将人分为四等，其中蒙古人为第一等，在政治、法律、科举等方面享有特权。其《百官志一》规定："官有常职，位有常员，其

---

① 徐勇：《中国城市和乡村二元结构的历史特点和当代变化》，《社会主义研究》1990年第1期。

长则蒙古人为之，而汉人、南人贰焉。"另《续文献通考·选举一》又规定："凡蒙古由科举出身者授从六品，色目、汉人递降一级。"第二等是色目人，包括来到汉地的西夏人、维吾尔人和中亚及欧洲各族人民，即西域人。第三等为汉人和已汉化的其他民族人民。第四等为南宋统治下的汉人及当地少数民族人民。后两等级者在政治、教育等方面受到各种限制。如《顺帝纪二》中记载："［至元三年］诏：'省、院、台、部、宣慰司、廉访司及郡府幕官之长，并用蒙古、色目人。禁汉人、南人不得习学蒙古、色目文字。'"元之后的明清两代，社会等级虽不像元代那样按族别和地域严格划分等级，但也存在严格的社会等级划分。可见，在长期的封建社会，社会不平等的事实是毋庸置疑的。

中华人民共和国成立后，其政权基础为工农联盟，稳固农村基层政权主要依靠贫下中农。在社会主义改造基本完成以后，国家开始走向社会主义工业化道路，并为此采取"牺牲农业、发展工业"的国家工业化政策。由于受左倾思想的影响，这一时期国家形成的一些经济和社会政策，严重阻碍了城乡经济和社会的协调发展。在经济政策方面，为了实现工业化所需要的原始积累，长期推行不合理的工农产品剪刀差政策，损害了农民的利益。同时，积极推行人民公社化制度，片面追求"一大二公"，严重脱离了农村生产力实际发展水平。在社会政策方面，也陆续采取了限制城乡流动、实行城乡分治的政策。从 1953 年起，中国即实行城乡粮食统购统销政策，将粮食与户口挂钩。1955 年，国务院先后颁布了《关于城乡划分标准的规定》和《关于建立经常户口登记制度的指示》，开始在全国范围内进行统一的城乡户口登记工作。1956—1957 年，国家进一步强化了对城乡居民的户籍管理，在短短不到两年的时间内，又连续颁布了若干限制和控制农民盲目流入城市的文件。1958 年，国家颁布了《中华人民共和国户口登记条例》，第一次明确将城乡居民划分为"农业户口"和"非农业户口"两种不同户籍，并在城镇实行粮票制度与户口挂钩的政策，开始对人口自由流动实行严格的限制和管理。上述政策的推行，进一步扩大了城乡之间的"鸿沟"，并最终形成了结构性的社会问题。之后推行的改革开放政策，不仅未能从根本上消除这种城乡之间的差距，相反，"中国的社会阶层结构发生了深刻变化。工人、农民、知识分子等原来的各个社会群体都进行了激烈的分化和组合，产生了一系列新的社会阶层。"①

此外,由于历史和政策等因素,中国区域经济一直存在显著差异。在1952—1978年,各省市之间的收入差距主要体现在京津沪与其他地区之间,这是政府"重工业优先"与"城市偏向"的政策所导致的。改革以前,三大直辖市以及黑吉辽等工业重镇的收入水平位居全国排行榜前列。② 虽然为了平衡地区发展水平,中央政府在西部地区进行了巨额投资,但其在缩小地区收入差距方面的成效并不明显。20世纪80年代以后,国家采取"鼓励先富"的政策,大大激发了沿海地区经济发展的热情,充分挖掘和发挥了沿海地区的比较优势,同时,也进一步拉大了地区间的经济收入差距。不可否认,这种显著的区域经济发展差距是由多重因素导致的,除了政策因素外,资本自身逐利性的因素也发挥了作用。由于企业能够通过持续的技术创新同样可以获得较高的投资回报率,资本并不会明显地从高工资地区流向低工资地区。在这种情况下,为了缩小地区收入差距,国家采取松绑户籍管理制度的办法,鼓励和促进内地农村剩余劳动力向沿海发达地区流动。然而,20世纪90年代以来大规模的人口流动,并未对缩小地区收入差距带来显著的积极作用,近年来东部沿海地区的经济增长率依然保持较高的领先水平。伴随着内地农民持续流向发达地区和城市,这种区域和城乡之间的经济发展差距在社区层面凸显出来,具体表现为流动人口与原住居民之间的社会经济地位分化。

二 阶层分化的理论与现实

尽管一些资产阶级思想家宣扬自由平等的理念,但社会不平等的事实同样在现代社会存在。对于不平等的事实,无论是功能主义者还是冲突论者都不否认,只是从不同的角度论证或批判之。早期功能主义者埃米尔·迪尔凯姆认为,之所以出现社会分层是因为,一是在任何社会中各项工作的重要性是不同的;二是人们的才能、知识、技能等水平是有差别的。只有扩大不同职业的收入差距,才能激励更多有才能的人到重要岗位上去。20世纪40年代,以金斯利·戴维斯和威尔伯特·摩尔为代

---

① 杨继绳:《中国当代社会阶层分析》,江西高校出版社2011年版,第1页。
② 参见董先安《浅释中国地区收入差距:1952—2002》,《经济研究》2004年第9期。

表的功能主义理论家进一步发展了埃米尔·迪尔凯姆的思想，认为这种不平等的存在不仅是不可避免的，而且事实上对社会正常运转也是必要的。无疑，戴维斯—摩尔命题反映了一个基本事实，即一些个体由于天资或经后天培训而能力出众，能够更好地占据和履行社会最关键的职位。对这类人给予更多的报酬以激励之，对于整体社会发展是有益的。

然而，戴维斯—摩尔命题也遭遇了来自以美国普林斯顿大学教授M.图明为代表的冲突主义理论家的严厉批评。冲突论者认为，不平等并非是社会运行必不可少的条件，相反，一些不平等甚至对任何重要的社会目标都未做出贡献。同时，一些重要的岗位应当由能力较强的人来从事，可实际工资却很低，其岗位对优秀人才缺乏吸引力，从而造成巨大的社会损失。[①] 事实上，除了一部分社会不平等是由个人禀赋和能力差异所导致，其他一些社会不平等则是强者对弱者压制的结果。强者往往占据和控制了大量经济和政治资源，并通过这些占有和控制，从而获得更加优势的地位。更加令人担忧的是，这种强者对弱者压制产生的不平等几乎都是结构性的不平等。

马克思也是冲突论的重要代表之一。他根据人们对生产资料的占有不同，将资本主义社会分为两大对立的阶级，即资产阶级和无产阶级：前者因占有和控制大量生产资料而成为统治阶级，而后者则几乎一无所有而沦为被统治阶级。受马克思主义阶级学说的影响，毛泽东早在1926年就写了《中国社会各阶级的分析》一文，指出了阶级划分的标准是"经济地位及其对革命的态度"，即包含了政治和经济二维标准。中华人民共和国成立以后，中央人民政府政务院通过了《关于划分农村阶级成分的决定》等政策规定，将中国社会的阶级成分划分为地主、资本家、开明绅士、富农、中农、知识分子、自由职业者、宗教职业者、小手工业者、小商小贩、贫农、工人、贫民等13种。1957年9月党的八届三中全会，毛泽东强调阶级矛盾仍然是中国社会的主要矛盾，并在1958年5月党的八大二次会议上提出"两个剥削阶级和两个劳动阶级"的阶级划分。可见，在政治因素的推动

---

① [美]戴维·波普诺：《社会学》（第十版），李强译，中国人民大学出版社1999年版，第256—257页。

下，社会矛盾变得更加激烈和尖锐。

现代西方社会比较有影响的社会分层理论当属马克斯·韦伯的"权力、财富、声望"三维理论，即社会分层应遵循三个维度：财富和收入（经济地位）、权力（政治地位）和声望（社会地位）。在影响社会分层的三大因素中，权力是最难衡量的。"大多数对权力的研究充其量不过是对权力事实的一种推测……因为难以测量，又因为它与意识形态联系如此紧密，因此权力的问题在社会学中争论很大"。① 而另外两个因素则获得了广泛认同和讨论，如"声望分层理论""职业分层理论"均在一定程度上受了马克斯·韦伯的多元分层理论的影响。

马克斯·韦伯等人的分层理论对当前中国学界产生了广泛影响。如国内知名学者李强认为，在中国的环境下，社会分层主要有两种不同的情况，即政治分层和经济分层。在新中国成立至改革开放前，在经济上，主要还是平均主义占上风，但政治上不平等、政治歧视程度则相当高的。② 与李强关于政治分层、经济分层的分层标准不同，杨继绳在批判的基础上仍认为"权力、财富、声望"的分层标准更适合中国当前和未来一段时期的实际情况。③ 许多研究中国农村问题的学者通常也将职业视为重要的分层标准。如陆学艺先生曾认为划分这些阶层的标准应该是农民所从事的职业类型、使用生产资料的方式和对所使用生产资料的权利这三个因素的组合，据此，他将改革开放以来的农民分为农业劳动者、农民工、雇工、农民知识分子、个体劳动者与个体工商户、私营企业主、乡镇企业管理者、农村管理者等八个阶层。④ 邹农俭更是将职业性质作为一级标准，并辅之以一个二级标准：人们在社会生产和生活中的地位。然而，农民职业的复杂性也引发学界对职业分层理论的质疑，"以职业作为农民的分层标准的做法，没有充分认识到农民劳动的兼业性、非农劳动的流动性和家庭内部分工的社会外化性。"⑤ 虽然"职业差别决定着人

---

① ［美］戴维·波普诺：《社会学》（第十版），李强译，中国人民大学出版社1999年版，第241—242页。
② 李强：《政治分层与经济分层》，《社会学研究》1997年第4期。
③ 杨继绳：《中国当代社会阶层分析》，江西高校出版社2011年版，第11—12页。
④ 陆学艺：《当代中国农村和当代中国农民》，知识出版社1991年版。
⑤ 李全生：《农村社会分层标准浅析》，《烟台大学学报》（哲社版）2003年第4期。

们的社会差别,社会成员的身份标准主要还是职业的基本规定性,阶层之间的地位不平等在局部领域已经显示,但还没有成为主基调"。① 由于社会资源在中国农村地区具有了比职业分层标准更广的适用性和包容性,社会资源指标可以测量人们生存和发展机会的受保障程度。依据这一标准,可以将农民划分为四个阶层,即精英阶层、代理人阶层、普通农民和弱势群体等。② 党国英也从公共资源掌控角度指出,乡村社会一部分人控制了农村社会大量的公共资源,可称为"乡村权势阶层",而其他大多数农民则处于被支配的地位,拥有少量资源或几乎没有任何资源,因而成为农村社会弱势阶层。③

相对于宏观上的社会分层,微观层面的社区分层则要复杂许多,它不仅要考虑职业状况,还要考虑影响区域、城乡社会差异的各种因素。如前所述,由于历史和政策等因素,新中国成立之后中国城乡或区域之间的经济发展差距一直较为突出。但改革开放以前,由于城乡和区域之间没有形成大规模的人口流动,这种城乡或区域之间的经济差距对社区层面的影响相对较小。然而,改革开放尤其是20世纪90年代以后,沿海与内地巨大的经济差距连同其他一些因素,推动了内地人口大规模向沿海发达地区转移。以温州市为例,1997年全市登记暂住人口47万,1998年和1999年登记暂住人口分别为61万和67万,而2000年年底这一数字剧增为160万左右,是浙江全省流动人口最多的地区,占该省当年流动人口约1/4。其流动人口来源地多为欠发达地区,主要有江西、安徽、湖南、四川、贵州等5个省份。④ 此后,温州市流动人口的数据总体上持续增长,及至2012年,温州市流动人口人数达到近年来最高峰数值,为427万人。⑤

根据人口迁移"推—拉"理论,个人效用的最大化是促使人口迁移的重要因素,即个体在考虑是否迁移时,往往会权衡各种因素利弊,最后做出决定。因此,只要在区域之间存在明显差距,就难免会带来人口

---

① 邹农俭:《当代中国农村社会分层标准研究》,《南京师范大学学报》1999年第3期。
② 毛丹、任强:《中国农村社会分层研究的几个问题》,《Z省社会科学》2003年第5期。
③ 党国英:《中国乡村权势阶层崛起》,《中国国情国力》1998年第5期。
④ 参见《温州年鉴(2001)》,中华书局2001年版,第528页。
⑤ 参见《温州年鉴(2013)》,中华书局2013年版,第417页。

迁移浪潮，直至区域之间相对均衡发展。但从20世纪80年代以来，这种区域差距并未得到有效控制，甚至还在一定程度上形成了结构性失衡。沿海发达地区及区域中心城市的"虹吸"效应，导致内地欠发达地区和偏远农村地区处于非常不利的经济地位。这种区域间的失衡，从根本上讲是农业地区与工业化或后工业化地区之间的结构性矛盾。只要这种矛盾得不到有效化解，人口迁移势必还将持续，最终导致社区更加多元化和异质性。

三 阶层与意识：流动性社区的职业分化

在工业化时期，国家采取的一些政策客观上促使城乡社会进一步分化。改革开放后，城乡二元分化结构并未因人口政策的松绑而从根本上得到解决。与此同时，在"先富政策"的推动下，一部分地区率先富裕起来，形成区域经济社会发展的巨大差距。在这一背景下，欠发达地区农业人口向发达地区城市流动，形成了"城乡差距"和"区域差距"的叠加效应，集中表现为流入地社区层面上的流动人口与本地居民的社会分层。不仅如此，在双方就业机会等因素的影响下，流动人口和原住居民之间的社会分层更加凸显。

根据马克斯·韦伯的有关理论，影响社会分层的指标主要有经济地位（收入和财富）、社会地位（声望）、职业等，而经济地位及社会地位通常又与职业有着直接关系。因此，职业因素成为衡量个体或群体社会地位的重要标准。根据笔者对广州等地区调研，发现流动人口就业去向主要分为三类：一是在企业或工地务工人员，这部分人员的比重最大；二是开店经营或摆摊设点人员，如餐饮、水果摊点、杂货店、修理、理发等；三是在酒店、旅社等服务行业务工。而原住居民的就业机会要显著高于流动人口，工资收入高、劳动强度低、劳动时间短的职业和岗位通常会优先考虑录用原住居民。除了人为因素外，流动人口就业机会与其自身的受教育水平也有密切关系。一般地，个体受教育水平越高，其职业收入和财富也就相应越多，进而促使其社会地位相应提高。根据2013年的数据统计，温州市近400万的流动人口中，文化程度为初中及以下者约占90.3%，高中文化程度者为7.0%，而大专及以上者只占2.0%。

大多数流动人口主要从事制造业、建筑施工等，或者在餐饮店、理发店等场所做服务员。而在清洁工、保姆这些职业中，流动人口占了90%以上。① 而根据有关研究机构对外来人员调查显示，原住居民和外来人员对"公共事务参与机会""个人诉求表达机会"的感受均差，满意度不足三成；其中，外来人员的不满更突出，两项指标的不满意度均高出本地居民近10个百分点。另外，有65%的受访者认为"没有"分享本地经济发展的成果，而回答"有"分享者比例只有32%。② 显然，在流动人口和原住居民的职业分化，不利于流动人口融入社区并"稳定下来"。

那么，这种职业分化的状况是否将对流动人口的阶层意识产生相应的影响呢？学界对于阶层分化（结构）和阶层意识（意识）关系问题研究，通常都在"结构—意识—行动"三维框架下讨论。在有关阶层（阶级）的研究中，卡尔·马克思是早期阶级冲突论的代表。雷蒙·阿隆在诠释马克思的阶级理论时提出："社会阶级只有当它具有自我意识时才真正存在，但若不承认阶级斗争就不可能有阶级意识。"③ 可见，雷蒙·阿隆的观点实际上支持了"冲突论"，认为集体行动是阶级意识的必要条件，只有形成集体行动，才可能产生阶级意识。对于阿隆的这一观点，有些学者却不予认同。李培林并不认为集体行动是阶级（阶层）意识的必要条件，而是肯定了阶级（阶层）结构与意识之间的关联性。他认为："没有某种形式的阶级结构就绝对不会产生与该结构所代表的那群人相关的阶级意识。"④ 对此，陆益龙给予了进一步的阐述，认为阶层（阶级）意识有强弱之分，"较低层次的意识水平受结构性因素的影响，而越是更高层的意识水平，实践经历的建构性作用越大。"⑤

其实，要理解究竟是结构还是行动决定流动人口（主要是农民工

---

① 参见《温州年鉴（2014）》，中华书局2014年版，第397页。
② 广州市社情民意研究中心：《共享发展："北上广"外来人员的生活与工作感受》，《民调报告》2012年第5期。
③ [法]雷蒙·阿隆：《阶级斗争——工业社会新讲》，周以光译，译林出版社2003年版，第17页。
④ 李培林等：《社会冲突与阶级意识》，社会科学文献出版社2005年版，第111页。
⑤ 陆益龙：《乡村居民的阶级意识和阶层认同：结构抑或建构》，《江苏社会科学》2010年第1期。

群体)的阶层意识,应当从农民的群体特征和行动范式来做进一步的分析。詹姆斯·C.斯科特在《农民的道义经济学》中披露了其对东南亚的农民抗争进行了长期研究,发现在"安全第一"的生存伦理下,农民追求的不是收入的最大化,而是较低的风险分配与较高的生存保障。同时,他在另一本书《弱者的武器》中进一步分析指出,农民抗争的日常形式主要有偷懒、装糊涂、开小差、假装顺从、偷盗、装傻卖呆、诽谤、纵火及暗中破坏等,农民通过上述"不合作、非暴力"的抗争方式对抗无法抗拒的不平等,以避免公开反抗的集体风险。此外,也有不少学者研究农民的抗争方式,认为即便存在抗争,也多半是采取"不合作"或者"依法抗争"方式。如欧博文、李连江在其著作《中国农民的依法抗争》(*Rightful Resistance in Rural China*)中即提到,中国农民倾向于依据国家政策、法律对社会不公平进行合法的抗争。有研究者进一步解释,"在欧博文和李连江的'依法抗争'理论中,所谓'法',既包括国家法律,更包含上级政策,还包括党的意识形态宣示。这一理论既强调抗争行动的依据和理据,也强调其行动策略是公开的、准制度化或半制度化的形式,即做到大体上在合乎法律的范围内行动,包括'踩线不越界'的行动。"[①] 从学界对农民行动研究看,农民的抗争行动通常是隐性而非公开的,只有当其阶层(阶级)意识强烈或者生存伦理遭到严重破坏的时候,这种隐性的、非公开的抗争方式才会转化为公开的、激烈的抗争行为。

尽管流动人口与原住居民存在职业分化状况,但两者的利益矛盾实际上并不尖锐,因而流动人口并不会形成清晰的阶层意识。有学者将阶层意识分为冲突的、认同的和模糊的三种阶段,并指出,冲突的阶层意识接近阶级意识,是指在一个社会形态中不同阶层之间的意识彼此冲突和敌对,社会底层对于社会上层有着敌视、怨恨和反抗的心理,而社会上层对于社会下层则排斥、漠视甚至践踏其尊严或生命;阶层认同意识则包括两个层面:一是社会成员对自己的身份、地位和阶层归属有明确的认知和一定程度的满意感;二是不同社会阶层之间认同度较高,彼此

---

① 肖唐镖:《中国农民抗争的策略与理据——"依法抗争"理论的两维分析》,《河海大学学报》(哲学社会科学版)2015年第4期。

之间关系相对和谐融洽；阶层模糊意识是介于阶层冲突意识和阶层认同意识之间的特殊状态，主要是指社会阶层分化刚刚开始，社会阶层尚未定型，整个社会的阶层分化尚不明显，对自我所属阶层的认知较为模糊，不同阶层之间的界限比较模糊。[①] 显然，从农民工阶层认同意识看，尚未达到显著的阶层冲突意识阶段，但也意识到自身与原住居民之间显著的界限，并不同程度地进行抗争。如同金浦老村的打工者，在其意识到自己正在遭受高房租的"剥夺"及其他不公正对待时，并未公开发起抗争行为，而是选择了一种发牢骚、不合作等隐性的抗争方式。

那么，样本社区的流动人口是否有阶层意识，以及该阶层意识与哪些因素相关。为了考察社区居民的阶层意识，本书将人口学变量性别、年龄、文化程度、政治面貌、宗教信仰等作为控制变量，分别考察地区、流动人口居住的社区类型和居住邻里类型（居住在房东家、工厂集体宿舍或自购商品房）等三个主要因素对流动人口的受歧视感的影响，多元回归方程如下：

$$y_i = \beta_0 + \beta_1 x_{i1} + \beta_2 x_{i2} + \cdots + \beta_k x_{ik} + \mu_i$$

其中，y_i 为被解释变量"受歧视感"，β_0 为常数项，x_{i1}、x_{i2}，…，x_{ik} 为"地区""居住社区"等解释变量，β_1、β_2，…，β_k 为回归系数，μ_i 为误差项。（回归模型见表2—2）

表2—2　　　　　　　　流动人口受歧视感多元回归模型

变量	模型1 受歧视感	模型2 受歧视感	模型3 受歧视感	模型4 受歧视感
性别	0.0741 (0.0714)	0.0933 (0.0739)	0.0897 (0.0768)	0.107 (0.0757)
年龄	-0.00496 (0.00308)	-0.00871 *** (0.00292)	-0.00607 * (0.00328)	-0.00716 ** (0.00304)
文化程度	-0.0662 * (0.0389)	-0.0883 *** (0.0396)	-0.0663 (0.0423)	-0.0798 * (0.0418)

---

① 陈占江：《阶层意识与社会秩序——对建国以来历史和现实的考察》，《理论研究》2007年第6期。

续表

变量	模型1 受歧视感	模型2 受歧视感	模型3 受歧视感	模型4 受歧视感
政治面貌	-0.00223 (0.0587)	0.0213 (0.0628)	-0.0169 (0.0652)	-0.00659 (0.0670)
宗教信仰	-0.0240 (0.0185)	-0.0398*** (0.0183)	-0.0365* (0.0193)	-0.0371* (0.0192)
地区	-0.190*** (0.0576)			
居住社区		0.00471* (0.00262)		
居住空间			-0.0555 (0.0490)	
与本地居民接触频率				-0.102* (0.0571)
Constant	2.134*** (0.213)	1.885*** (0.250)	1.799*** (0.250)	2.223*** (0.244)
Observations	228	223	207	200
R-squared	0.134	0.098	0.078	0.101

注：*** p<0.01，** p<0.05，* p<0.1。

将W市、C市、Y市作为多分类变量，分别赋值1、2、3（流动性和经济发展程度：W市>C市>Y市），考察流动人口的受歧视感与地区之间关系。从表2—2的模型1可以看出，地区与流动人口的受歧视感呈负相关关系，P值在1%水平上显著，系数为-0.19，随着地区分值的增加，流动人口的受歧视感呈下降趋势，即分值越高的地区流动人口的受歧视感越弱。换言之，即流动性越大、经济越发达的地区，流动人口的受歧视感越强。事实上，W市受访流动人口中，43.2%的受访者认为自己"经常"或"偶尔"遭到歧视，而C市和Y市受访流动人口在该比重上仅分别为10.3%和2%。而笔者随后对W市部分流动人口的访谈则进一步证实了前述判断。一位来自湖南农村的打工者告诉笔者，"尽管他们与当地人接触不多，但仍能感觉当地人对他们的歧视"，而另一位来自安徽的刘姓女士更是直言不讳,"自从多年以前跟随家人来到 W 市捡破烂,就没少受当地人的白眼,有些当地人甚至公开讲,'你一个捡破烂的外地人,有什么了不起啊',这些话有时候的确很伤人。"

个体受歧视感与当事人的身份意识密切相关。它并非只有处于社会底层的流动人口才有这种感受,许多已转型为新市民的原城郊农民也有不同程度的受歧视感。在城市化进程中,一些城郊农民进入城市、转变为新市民,而一些老市民也脱离了传统单位社区。但不论是老市民或新市民,未必能较好地适应这种身份变化。这是因为,双方的"身份记忆"并不会随着身份转型而即刻消失,而将持续一段较长的时期。

案例:Y 市白城社区访谈记录[①]

有一户李姓居民家住一楼,物业人员正好将垃圾桶放在他家房子旁边,味道极为难闻。虽然他不断向物业公司反映,但没有引起物业公司的重视,问题一直得不到妥善解决。据此,他认为物业公司是在故意欺负他是从乡下来的。于是,他将其房前屋后的绿化带铲除后种菜,并理直气壮地说,"我家门口怎么不可以种菜啊"。最后,物业公司与李姓居民达成妥协。

案例:W 市绿苑社区访谈记录[②]

L 区是 W 市主城区。随着城市的扩张,L 区周围的郊区和农村逐渐城市化了,有些地方被纳入了龙湾区管辖。南翔大厦小区则位于 W 市 L 区的边缘地带,毗邻龙湾区,人口结构较为复杂:既有 W 市旧城改造安置的老市民,也有原郊区和农村拆迁安置的新市民。平时小区居民倒也相安无事,一旦有居民发生矛盾时,一些老市民就会讲,"你们是乡下过来的,不是 W 市人","你们乡下人……"

---

① 资料源于笔者 2015 年 9 月对 Y 市白城社区干部的访谈记录。
② 资料源于笔者 2015 年 5 月对 W 市绿苑社区相关物业工作人员的访谈记录。

在一些老 W 市人观念中，所谓的 "W 市人" 就是指早期 W 市 L 区的原住居民，不包括 W 市辖区内其他市县和农村的居民。一些老 W 市人会有一种天然的优越感，这种优越感的形成，一方面是因为相对于其他市县和农村，W 市主城区具有经济优势，另一方面也是受了身份意识的影响。事实上，长期的城乡分治格局不仅造成了农民和市民身份差异，也对其思想观念和生活方式产生深刻影响。因此，即便农民进城转型为市民，或者老市民从单位社区出来，其职业和身份均发生改变，但其身份意识却一时难以扭转过来。

一方面，这种身份与意识的非一致性，是社会转型时期个体不适应的表现。一般地，意识的形成与个体早期经历有着密切关系。在个体社会化过程中，个体早期的社会化经历对其世界观、人生观及价值观的形成至关重要，尤其是个体完成早期社会化的场所——家庭（父母）、同伴及其生活的整个外在环境等对其影响甚为深远。个体身份意识一经形成，就不容易发生变化。但与此同时，国企改革和城市化的推动，使得新老市民个体身份不得不被动转型。对于被城市化湮没的城郊农民或是被改革浪潮抛下的一些老市民而言，他们的身份认同是分裂的、矛盾的：他们意识到需要适应新的身份，但同时潜意识里还留恋过去的身份状态。尤其是对于被城市化湮没的城郊农民，他们大多处于城市社会的边缘状态，对进入城市后的生存现状并不满意，因而普遍缺乏一种归属感。

这在一定程度上解释了为什么城郊农民不愿进城成为市民。文军曾对上海郊区进行过一项针对性调查，发现回答 "是否愿意市民化" 的时候，53.8% 的农民对政府安排的 "农转非" 表示 "不愿意"，其中有 29.9% 的农民还表示 "非常不愿意"；表示 "非常愿意" 和 "比较愿意" 的分别为 8% 和 22.1%，剩下的都是 "一般" 或 "说不清楚" 的。同时，其总体幸福感与城市其他群体相比明显偏低，有 33% 的新市民认为自己现在的生活是不幸福的，其幸福感指数仅高于城市贫困群体，远远低于其他群体。[①] 有学者更是指明，究其根源，其一个重要影响因素就是城郊

---

① 参见文军《"被市民化" 及其问题——对城郊农民市民化的再反思》，《华东师范大学学报》（哲学社会科学版）2012 年第 4 期。

农民在进入城市后其身份出现缺损。① 由于在进城之前，城郊农民对自身身份认同清晰、完整，对未来生活预期明确，因而其具有更加强烈的安全感和幸福感。而成为新市民之后，他们与周边的其他市民相比，便会有一种"相对剥夺感"，其经济社会地位的边缘化和紧张的生存状况会使他们油然而生"挫败感"。

另一方面，城乡居民的这种身份意识本质上是一种阶层意识。长期以来，城乡二元分治格局及"以农促工"的政策导向，造成了城乡居民在经济和社会地位上的巨大差距，再加上发达地区与欠发达地区经济发展差距的叠加效应，使得大多数来自欠发达地区农村的流动人口和发达地区的原住居民之间形成了经济社会地位的巨大"鸿沟"。两者之间的这种差异并非单纯的个体之间的不同，而是结构性的整体差异，本质上属于群体的或阶层的经济或社会地位差距。这种经济或社会地位差距，会在一定程度上表现为居住隔离。一般地，人们在选择居住地时，其经济条件和社会地位往往在很大程度上影响其居住选择。美国社会学家梅西等人的研究指出，当种族隔离缓和时，社会经济隔离上升，表现为穷人和富人、受过高等教育者和仅接受中学教育者之间的不断上升的差异，并在社会经济分化后上层和底层民众之间不断产生空间隔离。而且，这种阶级分化的上升往往伴有明显的意识形态分化。② 在20世纪80年代，中国贫富分化的现象开始凸显，但彼时不同经济地位的群体在居住空间上并没有分开。在普通的住宅区当中，暴发户与贫困的邻居毗邻而居。但到20世纪90年代中后期，在中国的许多地区和城市，已经形成了明显的富人区。从全国范围来说，中国的富人区主要集中在北京、上海、广州、深圳等城市。在北京，则主要集中在亚运村、中关村、燕莎附近。郊外的富人区集中在亚运村北部、西山地区、京顺路、顺义、机场沿线。广州著名的富人区主要有三个，早期的富人集中在珠江二沙岛，后来的主要集中在天河北，新起的富人很多选择住在番禺。而在其他的大城市，

---

① 毛丹：《赋权、互动与认同：角色视角中的城郊农民市民化问题》，《社会学研究》2009年第4期。

② Douglas S. Massey, Jonathan Rothwell and Thurston Domina, The Changing Bases of Segregation in the United States, *Ann American Academic Political Social Sciences*, Vol. 626, No. 1, November 2009.

不同程度地存在类似情形。

事实上，即便是流动人口群体自身，也明显表现出居住空间的分化。笔者曾经在另外一项研究中发现，在上海市陆家嘴等中心城区，聚居了大量的所谓"高端"流动人口，他们普遍具有大学本科以上学历、从事IT互联网及其他相关的技能型行业。尽管这部分流动人口群体同样人户分离，但其在职业竞争、社会保障、工资收入、子女教育等方面却明显优于所谓的"底层"流动人口。这些优势将有助于其更好地融入当地社区，很少产生前述流动人口的那种受歧视感。然而，在大场镇、华漕镇等城郊区域，流动人口融入社区情况并不乐观，经常出现流动人口受到排斥的现象。① 而在本研究的样本社区之一的W市金浦村，居民的居住空间隔离更加明显。如前文所描述典型案例"聚群而居：金浦村的打工者"中所介绍，大多数流动人口和家境贫困的原住居民（且大部分是老年人）主要居住在金浦老村，而经济条件较好的原住居民则搬迁到金浦新村或市区中心居住。在新村和老村之间，不仅有着空间和地理的区隔（它们中间横贯一条小溪流），而且居住环境、设施也差异显著。金浦老村属于典型的村居混杂社区，地势低洼、人员混杂、低收入人群集中，不仅社区设施简陋，同时，治安环境也十分复杂。这些集中居住在该类型社区的流动人口，往往是收入水平较低、处于城市或社区边缘的群体，其受歧视感也应更为强烈。

为了证实上述假设，笔者按照社区的流动性和开放程度大致分为七种类型，依次为传统农村社区、传统单位社区、老居民社区、新型住宅小区、村居混杂社区、城中村社区、城郊接合部社区，并分别对其进行赋值为1—7分，分值越高，流动性越高，流动人口越集中。研究发现，在控制人口学变量的基础上，上述社区类型与流动人口的受歧视感具有显著相关。从模型2可以看出，社区类型与受歧视感呈正相关关系，虽然系数仅为0.004，但是不难看出，随着社区类型分值的增加，流动人口的受歧视感呈上升趋势，即流动性越高的社区中流动人口的受歧视感越强烈。（参见表2—2：流动人口受歧视感多元回归模型）

---

① 资料源于笔者与肖唐镖教授合作撰写的《流动人口在地参与村社和基层政权选举的政策报告》，2012年民政部特别委托项目。

而对居住邻里的进一步分析也证实了上述结论。在问卷设计时，笔者将流动人口的居住邻里情形分为三种类型：第一类是租住在本地房东家；第二类是居住在工厂提供的集体宿舍；第三类是居住在自购商品房。上述三种居住邻里类型划分一定程度上反映了流动人口的职业和收入差异。一般地，租住在本地房东家的流动人口，其大多属于工作不稳定、工资收入低且缺乏社会保障的群体，而由工厂提供集体宿舍的流动人口，由于工厂颇具规模和实力，因此也相对稳定有保障、工资收入也相对较高。而与第一种和第二种流动人口群体相比，有能力自购住房的流动人口则往往更具经济实力，职业一般也更为自由和体面，其在当地的社会地位和影响力通常也比较高。

如果经济地位与受歧视感呈负相关，即个体的经济地位越高，其受歧视感越弱，反之，其受歧视感强烈。为了证实这个假设，我们分别给予上述三种居住邻里类型1—3分的赋值并进行多元回归分析，即租住在本地房东家=1分、居住在工厂集体宿舍=2分、居住在自购商品房=3分。研究发现，在控制人口学变量的基础上，不同的居住邻里类型与流动人口的受歧视感具有显著相关性。从模型3可以看到，随着分值的增加，流动人口的受歧视感呈下降趋势，也就是说，租住在房东家的这部分流动人口群体有着最为强烈的受歧视感，其次为居住在工厂集体宿舍的流动人口群体，而在本地购买了商品房的流动人口的受歧视感则最弱（参见表2—2：流动人口受歧视感多元回归模型）。此外，数据统计也进一步佐证了上述判断。其中，租住在房东家的流动人口群体中，约有35.4%的受访者认为自己曾经或正在遭受歧视，居住在工厂集体宿舍的流动人口群体中，约有30%的受访者感觉受歧视。而在本地买了商品房的流动人口，受歧视感表现最弱，仅有11.3%的受访者认为自己曾经或正在遭受歧视。

四 小结

通过上述分析，可以形成以下几个方面的判断或结论。

一是区域之间和城乡之间的经济水平差距形成叠加效应，更加拉大发达地区社区的流动农民工与原住居民之间的经济地位差距。新中国成立后的工农业"剪刀差"政策和改革开放初期的"让一部分地区先富起来"的政策客观上造成了城乡和区域之间的巨大经济发展差距。而户籍制度的相对松绑,则在推动内地农村人口向发达地区城市转移、释放了大量人口红利的同时,也使得原本宏观上的城乡和区域之间的经济水平差距在社区层面凸显出来,表现为发达地区社区流动人口与原住居民之间的社会经济地位分化。

二是流动人口的受歧视感不仅表现出地区差异,还在流动人口内部形成分化特征。在经济越发达、人口流动性越大的地区,流动人口的受歧视感越强烈,而在经济欠发达、人口流动性不大的地区,流动人口的受歧视感却相对较弱。这种受歧视感在流动人口内部也表现出群体分化现象,并表现为个体的身份意识,本质上是对自身所处社会阶层的一种认同或观念上反映。大多数来自欠发达地区的流动农民工,一般从事着工资收入较低、不稳定、无保障的工作,其工作和居住环境恶劣。这部分低收入流动人口群体受教育水平和社会经济地位普遍较低,属于"底层"流动人口。此外,还有一类流动人口,尽管也是人户分离,但其受教育水平高、工作较稳定、工资收入较高,同时,其居住和生活环境较好。

三是流动人口的分化本质上是一种阶层分化,表现为居住隔离现象。如前所述,在经济发达地区,流动农民工不仅与原住居民存在巨大的经济收入差距,也与所谓"高端"流动人口存在明显的经济地位差别。低收入流动人口群体大多集中居住在房租较为低廉、居住环境较为恶劣的村居混杂社区、城中村社区或者城郊接合部社区,而许多原住居民或高收入流动人口群体则会远离这些区域,从而造成低收入流动人口的集中隔离现象。因此,上述社区的低收入流动人口普遍具有较强烈的受歧视感。而这个判断也在对流动人口居住邻里类型的回归分析中进一步得到证实。其中,与居住在自购商品房或工厂集体宿舍的流动人口相比较,租住在本地房东家的流动人口(通常也是工资收入较低、缺乏保障的流动人口群体)受歧视感最为强烈,而居住在自购商品房的流动人口群体受歧视感则明显弱化。

第三章 体制与权威：社区融合的主导力量

促进中国城乡社区的融合，需要积极调动各方面因素，其中，组织力量是极为重要的一环。从本质上讲，社区融合和治理问题是国家与社会之间的关系问题。在社区建设中，需要代表国家的行政组织和代表社会的社区组织在明确权力边界的基础上，形成一种良性互动的局面。这里所谈到的组织，既指政府组织（主要是基层政府组织），也包括社区党组织及居（村）委会、社会中介组织等。本章主要探讨和分析上述组织的内部架构、外部边界、互动关系及其在社区融合中的作用。

第一节 社区治理体制与实践

一 社区治理体制的历史演变

中华人民共和国成立以后，中国社区居民自治制度逐步确立。为了迅速巩固新生政权，国家开始不断向基层社会渗透，将广大人民群众组织和动员起来，在单位体制外建立了以街道办事处、居民委员会为核心的城市基层政权。因此，新中国成立以后的城市基层政权是以"单位制—街居制"为治理框架，其中，"单位制"是主体，而"街居制"是补充。"街居制"是将一些单位体制外的城市居民、未就业人员以及其他体制外的人员纳入一定的治理框架内，以维护城市社会的稳定。早在1949年12月，杭州市人民政府正式发布了《关于取消保甲制度建立居民委员会的指示》（以下简称《指示》）。该《指示》明确提出，要立即废除国民党伪政权的保甲制度，建立新的居民组织居委会，在城市基层实行居民自治，建立人民民主管理城市的基础。同时，《指示》还进一步明确了居委会的性质,指出它不是一级政权机构,而是人民群众联合的组织。继杭州之后,其他一些城市也陆续建立居委会。1950年,天津市开始在公安派出所的辖区内设立了具有一定政权性质的居委会。居委会正、副主任由区公所和派出所委派的专职干部担任,其他委员则在居民中聘任。1952年,天津市在开展"民主建政"运动中,国家政权组织开始撤出城市社会基层,实行基层群众性自治。此后,上海、武汉等地也纷纷设立基层委员会。

为了进一步规范居民委员会的组织,1954年12月31日第一届全国人大常委会第四次会议通过了《城市居民委员会组织条例》(以下简称《条例》)。该《条例》首次以法律的形式明确规定了居民委员会的性质、地位、作用、任务、组织机构、与有关部门和单位的关系、工作方法以及经费来源。《条例》的颁布和实施,推动了城市居民自治制度在全国范围内快速发展,并逐渐成为中国民主政治生活的一项重要内容。然而,1955年12月21日,内务部和财政部联合发文,对居民委员会委员的生活补助费做出具体规定,并进一步明确了经费来源:"居民委员会的经费,由省、自治区、直辖市人民政府统一拨发,在地方预算的行政管理费支出乡镇行政经费项下列支。"可见,尽管在立法上认可了居民委员会的"自治"属性,但其经费来源的具体规定,使得居民委员会实际上带有"行政"色彩。不过,这一时期居委会的自治程度总体较高,体现了社区组织的自治性,也赢得了社区居民的广泛认同和信赖,干群关系十分融洽。下面记录了当时上海市浦东新区潍坊街道办事处社区居委会的有关情况:

> 解放初期到1958年,居民委员会是典型的自我教育、自我管理、自我服务和自治型群众组织。居民委员会干部由居民直接选举产生,居委会主任、副主任和治保主任、妇女主任、福利主任都不拿津贴,义务劳动。不少在职职工、在校学生,业余时间也爱往居委会跑,有的尽义务帮居委会干点事,有的是到居委会去"白相"(笔者注:上海等地方言,意思为"玩耍"),大家将居委会当成家。居委会缺少什么纸、笔、桌子、椅子,居委会干部会从自己家里拿来,放在居委会让大家使用,居委会办公室周围的居民也会主动提供居委

办公所要用的文具等用品。

　　当时，工厂、商店等招工机会很多，居委会干部宁可不拿一分钱，整天在居委会尽义务，任劳任怨地工作，却不愿进工厂、商店去干有固定收入的工作，其原因是居委会干部的光荣感。解放前，妇女在家没有政治地位，在社会上更是没有地位。在居委会被广大居民选举为干部，当时称为干部，有一种强烈光荣感、翻身感……

　　解放初期的居委会还没有建立党支部，居委会工作主要是接受街道办事处的指导，办事处的干部三天两头在居委会，与居委会干部一起工作，当时居委会的工作大多根据居委会辖区内居民意见、要求来确定，组织居民义务劳动、填臭水浜、改善居住环境等。

　　该时期，居委会主任和其他居委会干部在居民群众中有很高的威信。由于居委会干部长年累月与居民群众在一起，所以每家每户，不论是在家的家庭妇女，还是在职职工，都认识居委会主任，都与居委会主任打过招呼，有的年高的居委会主任几乎成了居民群众的"老长辈"，家里事、邻里事、弄内事，都会找居委会主任反映，请示居委会主任帮助解决，居委会干部与居民群众关系融洽，因此，居委会换届改选，推荐候选人等选举工作开展也比较顺利。①

　　然而，1958年"大跃进"、人民公社化运动及"文化大革命"在全国的广泛开展，很快将城市基层群众性自治组织变成了革命性的群众组织。1958年12月10日，中共八届六中全会通过了《关于人民公社若干问题的决议》，指出可以在城市进行人民公社的试验。1960年3月9日，中共中央下发了《关于城市人民公社问题的批示》，认为应当积极对待城市人民公社的组织试验和推广工作。由此，城市基层政权及居委会逐渐被"政社合一"的人民公社所取代。在这段时期，居民委员会基本上背离了其"自治"属性，在一定程度上演变成为具有基层政权性质的组织，

---

①　上海市浦东新区潍坊街道办事处：《居委会自身组织体制与运作机制》。参见王邦佐《居委会与社区治理——城市社区居民委员会组织研究》，上海人民出版社2003年版，第4—6页。

成为国家全面控制基层社会的触角。

党的十一届三中全会以后，各项工作逐渐转入正轨。1981年，中共中央通过《关于建国以来党的若干历史问题的决议》，指出"必须根据民主集中制的原则加强各级国家机关的建设，使各级人民代表大会及其常设机构成为有权威的人民权力机关，在基层政权和基层社会生活中逐步实现人民的直接民主"。根据上述《决议》的指导思想，1982年通过的《宪法》第111条规定："城市和农村按居民居住地区设立的居民委员会或者村民委员会是基层群众性自治组织。居民委员会、村民委员会的主任、副主任和委员由居民选举。""居民委员会、村民委员会设人民调解、治安保卫、公共卫生等委员会，办理本居住地区的公共事务和公益事业，调解民间纠纷，协助维护社会治安，并且向人民政府反映群众的意见、要求和提出建议。"这是中国首次以根本大法的形式明确居委会的性质、组成方式、组织架构、基本功能和职责以及居委会与基层政府之间的关系等问题，确立了居民自治的原则和方向。1989年12月26日，七届人大常委会第十一次会议通过并颁布了《中华人民共和国城市居民委员会组织法》，对中国居民自治和居民委员会组织进行了全面界定，涉及居委会性质、任务、组成及其与基层政府关系等若干重大问题，是中国居民自治发展的重要里程碑。需要指出的是，尽管城市基层群众自治确立较早且有法律依据，"但是真正作为一种基层民主制度来运作，到了90年代末才开始。城市基层群众自治最终得以发展，与农村基层群众自治蓬勃发展所带来的影响不无关系"[①]。

二 社区治理的制度建构与绩效

从社区管理到社区服务是当前社区治理体制的发展方向。据民政部统计，截至1997年年底，全国已建成区级社区服务中心745个，街道社区服务中心3385个（街道总数是5678个），居委会社区服务站（分中心）435427个；全国有专职服务人员575130人，其中专业技术人员和专业管理人员203716人；兼职服务人员604560人；社区服务志愿者

[①] 王邦佐：《居委会与社区治理——城市社区居民委员会组织研究》，上海人民出版社2003年版，第14页。

5476790人。① 各地在社区治理过程中不断创新治理模式，比较典型的有沈阳模式、青岛模式、江汉模式及朝阳模式等。为了进一步加强基层社会治理，一些社区还纷纷采用了"网格化"的治理模式。当然，各地采用的"网格化"治理模式，在组织框架、社会基础、治理方式等方面却不尽相同。下面将分别介绍和比较C市、W市和Y市等三地的"网格化"社区治理模式。

（一）三地"网格化"社区治理模式

1. 群众参与：C市的网格化治理

为进一步推进社区服务管理工作，C市以"社会治理网格化、网格管理清单化、清单管理制度化"为总体设计，大力推进网格化社会治理，推动解决联系、服务群众"最后一公里"的问题，打造一支"熟民情、知民心、顺民意"的社区工作队伍，提升社区公共服务水平。社区网格化治理，是在辖区行政体制不变的情况下，依托统一的信息化平台，将社区按照"地域相邻、构成相似、规模适度、方便管理"的原则，因地制宜划分为若干基础网格，每个基础网格配备相应的网格长、轮值网格长、网格督导员、网格管理人员、网格巡查员、网格调解员、网格帮扶员，通过加强对基础网格的部件和事件巡查，实现对"人、地、事、物、组织"等要素信息全面掌握，建成集应急管理、城市管理、社会治理和志愿者服务等功能于一体的基层社会治理体系。

总体来说，C市网格化治理遵循四个基本原则。一是坚持"以人为本、服务为先"的原则。以群众平安需求为出发点和落脚点，寓管理于服务之中，实现管理与服务的有机统一，切实提高居民安全感和社区文明程度。二是坚持"党政主导、统筹规划"的原则。在党工委、办事处的领导下，统一规划、分步实施，有力、有序、有效地推进社区网格化治理工作。三是坚持"资源整合、多方参与"的原则。整合综治、信访、公安、市政、应急、消防、社会事务、社会保障、文体等部门和社区党组织、居民自治组织、社会组织、企事业单位和居民群众等资源和力量，构建条块结合、专群结合、社会协同、多方

---

① 参见华伟《单位制向社区制的回归：中国城市基层管理体制50年变迁》，《战略与管理》2000年第1期。

参与、共同治理的格局。四是坚持"因地制宜、注重实效"的原则。针对社区不同类型构成和社区居民需求，因地制宜地划分网格、落实人员、明确职责、健全管理制度、落实工作保障。有针对性地开展服务管理工作，增强服务管理效能。

根据 C 市的统一要求，原则上社区网格的划分按"300—500 户/网格"的标准，并充分考虑辖区物业小区、商务商业区、企事业单位、公共场所以及治安安全状况、居民生活习惯等因素划分基础网格，做到横向到边、纵向到底、不留空白、避免重叠、避免人为分割。每个基础网格设置网格长 1 名，轮值网格长每季度 1 名，网格督导员 1 名，专职网格员 1 名，网格巡查员 2—3 名，网格调解员 2—3 名，网格帮扶员 5—10 名。在网格人员配备上，充分注重发动群众参与社区治理：除网格长由社区"两委"干部担任外（"一格一长"或"多格一长"），其他成员如轮值网格长、专职管理员、调解员、巡查员则由自治意识强、群众基础好、威信较高的退休干部或社区热心居民等担任。同时，还聘请社区内居住的人大代表、企事业单位干部等充当志愿者，担任网格帮扶员（参见图 3—1）。

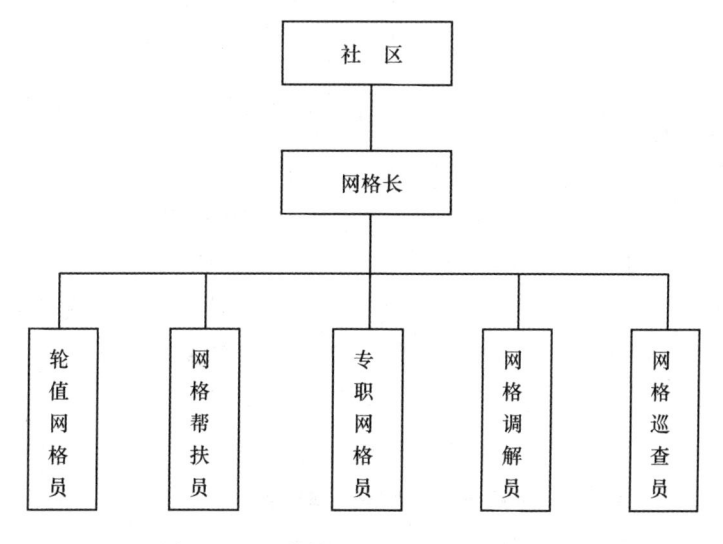

图 3—1 C 市社区网格化治理结构示意

各基础网格的工作范围主要包括应急管理、城市管理、社会治理、志愿服务等四个方面。一是应急管理方面，要及时发现并报告各种突发事件相关信息，排除隐患，做好突发事件事前隐患排查、应对预案，及时搜集隐患信息并对有关部门报告，协助解决；二是城市管理方面，主要涉及市容、绿化、违法经营、违法建设、市政设施、施工工地、道路交通、居民小区市政设施等方面的内容；三是社会治理方面，主要涉及治安巡防、矛盾排查、消防安全、信访维稳、生产安全、流动人口服务和管理等方面的内容；四是志愿服务方面，包括敬老、爱幼、助残、帮贫扶贫志愿服务，以及普及文明礼仪知识、公共场所文明引导志愿服务、普及环保知识、爱绿护绿志愿服务等方面内容。为了做好上述工作，需要做好社区网格走访工作。为此，C市规定了走访群众"3个1"责任制度和网格走访"6个1"的原则。根据走访群众"3个1"制度，专职网格员要保证每天早上、中午、晚上各1小时在网格内巡逻，每天入户走访网格群众不少于3次，并由网格长对其入户走访情况做好考勤记录。在走访中，对突发事件、居民诉求、邻里矛盾纠纷，以及困难家庭、出租房屋、空巢老人、社区矫正对象、不稳定因素、安全隐患、外来人员动态、公共设施损坏等及时掌握并报告。在网格走访中，要认真坚持"6个1"原则，即走一走、看一看、闻一闻、听一听、劝一劝、记一记，切实将网格走访工作落到实处。

与其他一些地区不同，C市的网格化管理在不改变原来工作模式的情况下，注重发动居民担任专职网格员参与社区的治理工作，深入群众中间，调动群众参与社区治理的积极性。一旦发现问题，及时通过社区和公安、市容、执法等相关部门进行互动，将问题遏制在萌芽状态。由于专职网格员是由能力较强且热心的居民担任，其通常与居民比较熟悉，入户走访或采集信息更为方便。因此，在实行网格化治理后，社区干部能够更为及时、全面地了解社区动态。

2. 行政主导：W市的网格化治理

2015年，W市改变先前由社区两委联合治理的模式，推行"1+1+3"的社区大网格治理，即由社区两委、街道下派干部与三个相关职能部门合作。在这种社区治理框架下，由街道办下派干部担任专职网格长，在社区全职工作，但依然纳入街道编制，其职位相当于街道办的中层干部；社区支部书记、居委会主任担任副网格长，其他原社区干部担任网格员；与之合作的 3 个职能部门分别为公安派出所、城市执法和市监所（由原工商所、食药监合并）。其中，公安派出所社区民警兼任副网格长，城市执法和市监所的社区负责人担任网格员。但实际上，除了街道办下派的干部专职担任网格长外，其他如社区民警、城管执法和市监所的社区负责人并不专职在社区坐班。由于人员紧张，他们甚至需要负责附近几个社区，只是社区有事需要执法时才会出面处理。此外，在人事编制和隶属关系上，三个职能部门的人员虽然名义上接受街道下派的网格长领导，但他们的主要精力还是放在职能部门，仍以各自职能部门领导为主。按照大网格管理制度的要求，三个职能部门下派到社区的人员，需要在社区辖区内进行日常巡查。由于他们拥有其他网格员所缺乏的执法权，他们下派是为了加大社区的力量，在网格内及时地将问题解决。因此，相对于社区干部而言，具有执法权的网格员（或副网格长）是占主导地位的（参见图 3—2）。

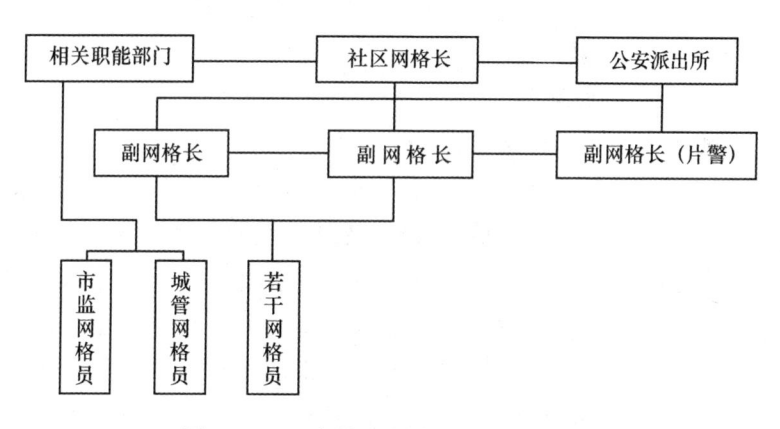

图 3—2 W 市社区网格化治理结构示意

实行大网格化管理以后，社区工作模式发生了较大变化。在这之前，社区工作人员主要在社区整理材料或者接待来访居民，只将少部分精力用于入户走访。而实行大网格管理模式之后，社区工作人员的主要精力将投入入户走访方面，然而，整理材料和接待来访居民的工作却并未有明显减少。因此，一些社区工作人员并不适应这种变化，甚至带有一定

的工作情绪。一位受访社区工作人员抱怨道:

> 现在的大网格和以前社区居委会最大的区别是整个区域都扩大了,原来的居委会可能就几栋楼,主要任务就是在社区服务中心为居民提供服务。现在网格员要花一半时间上街入户,巡查商铺经营状况、有无占道经营,以及出租房的安全隐患情况。这对我们而言,无疑造成了时间和精力的极大浪费。另外,现在大网格是由原来好几个社区合并而成,辖区面积增加了数倍,对居民的接触、了解程度都降低了,工作量大为增加。

在这种全新的治理模式下,不仅社区干部要适应之,街道下派的网格长和社区党支部书记及居委会主任之间也需要不断磨合。在实行大网格化管理模式之前,社区两委班子各司其职,互相配合;而现在管理模式发生变化,网格长与社区党支部书记及居委会主任的权责尚未完全厘清,容易造成两者之间的矛盾。但从大网格制的初衷而言,其主要目的是将社区打造成小版的街道办,为居民办事提供方便,一些事情可以直接在社区层面便获得解决。

3. 责任分片:Y市的网格化治理

在Y市部分社区,正尝试推行"网格化"管理工作模式,其基本要求和特点如下:(1)划分网格,落实责任。按照片区为标准划分网格,以"网格互助"组成网格团队,负责在包干网格内主动上门收集信息,"网格化管理、组团式服务",达到"责任到人、服务到家"的目的。(2)统一身份,强化训练。对社区居委会各类人员统一身份,统称居委会工作人员,实行统一管理。对所有居委会工作人员进行业务轮训,轮训合格后才能上岗工作,确保实现"一岗多责、一专多能"的目标。(3)制定流程,规范程序。按照"出门一把抓、回来再分家"的工作模式,网格团队负责本区域内所有住户信息采集和问题收集,并且在职责范围内第一时间给予办理,不能及时办理的带回居委会,由居委会办公室统一分类梳理后,协调区政府有关部门给予解决,居委会工作人员必须对问题的处理结果进行跟踪回访。(4)制定标准,统一规范。所有居委会工作人员着装应符合要求,服装有领有袖,色调一致,整齐统一。

入户调查和服务要使用文明用语。(5) 强化功能，服务升级。为强化信息联通、处置快速、资源配置、便民服务、社会保障等功能，更好地服务于居民。网格包干责任人督促检查网格内的村委会党建、综治维稳、劳动社保、计划生育、卫生服务、文明创建、民政事务、环境卫生、违建巡查等各项工作的落实，确保居委会服务24小时全覆盖。(6) 按绩论奖，奖优罚劣。根据街道办制定的科学有效的考核奖惩办法。完善信息掌握、问题处理、效果考评之间相互制约配套的管理机制，及时兑现奖惩。对长期不能适应工作要求的网格责任人，按居委会干部管理办法等有关规定予以转岗、辞退。自觉接受上级监督、内部监督、社会监督、群众监督（参见图3—3）。

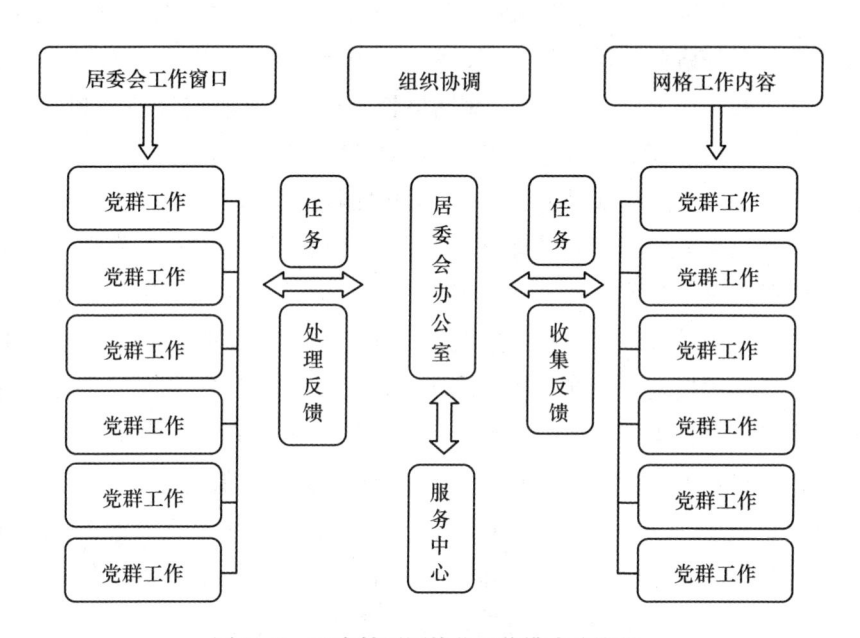

图3—3　Y市社区网格化工作模式及流程

(二) 三地"网格化"治理的共性与差异

在社区治理中，社区治理的主体、对象、方式及绩效是必须认真考量的几大因素，而在这些因素中，绩效是最核心的目标。从本书的角度看，社区治理的绩效就是要促进社区融合、维护社会的安定有序。前述三地"网格化"社区治理模式，尽管各不相同，但均被称为"网格化"

的社区治理，即按照一定标准将社区细分为若干网格，旨在促进社区治理有效。"网格化"治理模式，实质是"化整为零"，将大社区分为若干小单元，从而实现精细化管理的目标。这是三地"网格化"管理模式的共性。然而，无论在治理主体、组织架构或治理绩效等方面，三地"网格化"治理模式却存在诸多差异。

1. 一元或多元：治理主体的包容性

当前，社区治理转型的一个主要目标就是要实现综合治理，表现在治理主体方面就是要鼓励居民参与社区治理，将原先作为治理对象的居民也纳入治理主体范畴，由一元化的治理主体转变为多元化的治理主体。从三地"网格化"治理实践看，不同程度的行政主导是共性特征，但在动员居民参与治理及社会组织介入等方面还是存在明显差异。在 W 市行政主导型"网格化"治理模式下，网格长由乡镇（街道）一级下派，社区党支部书记及居委会主任担任副网格长，有关职能部门（市监和公安）分别派员担任兼职副网格长。其他社区干部则担任网格员，分片巡逻、走巷入户做工作。Y 市属于责任分片型"网格化"治理模式，其主要特征表现为社区干部的分片管理，即将社区管辖范围分成若干片区，由社区干部根据自身对片区的熟悉程度来选择对应的片区进行包干管理。在这种模式下，乡镇（街道）基层政府对社区具体工作的介入并不如 W 市深入，但各种报表、检查、任务落实等却仍在一定程度上体现了政府的行政主导性。相比之下，C 市的"网格化"治理模式在动员多种力量参与方面做得更好。比如，一些社会组织对社区工作积极介入。在 C 市，某社会组织在社区居委会拥有相对独立的办公区，承担着由市、区政府剥离和分派的社会服务工作，即由政府出钱向社会组织购买服务，并由社会组织入社区输送服务。另外，在 C 市的社区治理中，更为注重调动社区居民参与社区治理过程，即将一些热心居民纳入治理体系，进一步强化社区的综合治理。显然，这种治理模式有利于提高社区居民的信任感和融合度。

2. 组织架构的冲突与协调

对于社会治理而言，组织架构是否科学合理至关重要。科学合理的组织架构，可以有效地防止力量内耗，有利于整合治理力量，进而实现治理有效。W 市行政主导型治理的组织架构，具体而言是由乡镇（街道办）下派的网格长全面负责，相关职能部门配合，社区干部具体执行。这种组织架构进一步强化了乡镇（街道办）基层政府对社区治理的主导地位，一定程度上削弱了社区自治性。Y市在组织架构上与传统社区居委会或村委会并无明显变化，其社区工作虽然也具有一定的行政主导性，但并不像W市那样由行政介入具体事务。相反，Y市社区的大量工作均由社区干部分工合作完成。相对于W市和Y市而言，C市在组织架构上则更加注重居民的参与和社区组织介入，从而形成相对多元化的综合治理。

综合来看，由于Y市仍然主要沿袭传统的组织架构，因此基本不存在组织磨合问题，而W市和C市则由于在组织架构中注入了新的因素，故而需要多方积极沟通和磨合。对于W市而言，原有的社区干部不仅要适应乡镇（街道）下派的网格长，也要与市监、公安等职能部门加以磨合，才能发挥"网格化"组织的整体合力。而C市的组织磨合则主要在于两个方面：一是社区干部要积极转变观念，理顺与社会组织的关系，将社区原有的部分服务职能转接给更为专业的社会组织来做；二是积极转变工作方法，要善于发动群众做好社区服务和管理工作。

3. 社区治理绩效的多元评价

评价一个社区的治理绩效，其实是一项综合考量，它不仅要考察"效率"指标，还要看其所付出的经济成本和获得的社会效益，任何单一标准评价体系都是不尽合理的。诚然，W市的"网格化"治理模式整合了基层政府、相关职能部门和社区等多方面的力量和资源，做大做强社区，使得不少问题在社区层面就能获得解决。可见，W市的"网格化"治理模式其实是一种"大社区"治理，从理论上讲它应该是高效率的。然而，如果从其他方面尤其是以"民主政治"标准去衡量，这种社区治理模式其实会带来不少诟病。一个很重要的问题就是，无论在组织架构上或是治理方式上，其行政性色彩均非常浓厚，社区自治性则明显不足。不仅如此，由于过于强调行政性而忽略了居民主动参与，因而并不利于促进社区居民信任和融合。

在促进居民信任和融合方面，C市的"网格化"治理模式明显做得更好。在这种模式下，由专职网格员（由热心居民担任）每天准确无误、及时录入本网格范围内的人、地、事、物、组织等基础信息及其他有关重点信息，然后由社区内各个网格的网格长（由社区干部担任）汇总。显然，C市的这种"网格化"治理模式有利于社区干部及时掌握人口动态，尤其对于一些重点问题和突出难题，可以做到及时了解、处理和解决。同时，社区干部还可以通过这些专职网格员进一步加强了社区与居民的联系。随着社区转型及社区类型多样化，原先依靠社区干部个人魅力和关系网络进行社区治理的方式，越来越难以适应新兴社区治理的要求。然而，专职网格员的出现，使得新兴社区业已割裂的关系网络得以重构，能够有效地促进社区信任和融合。

当然，这种将社区分为若干网格，并通过专职网格员推行的社区细化管理有利于增强社区治理绩效，也符合民主政治的要求。然而，其高昂的经济成本却令基层政府不堪重负。如前所述，在这种"网格化"治理模式下，网格长由社区干部担任，而包括信息收集在内的大量基础性工作则由专职网格员承担。鉴于专职网格员的工作压力大、事情繁杂，故而专职网格员均由街道聘请并发放相应报酬。另外，在约300—500户的大网格下，还以30—50户为单位设立小网格，每个小网格另设有一个兼职网格员，并给予其一定的经济补助。由于实施小网格化管理，工作做得更加细化了，居民信息采集和沟通工作也更为扎实。但同时，无形中给基层政府财政增加了负担。一些财政较弱的基层政府早已不堪重负，便陆续取消了兼职网格员制度，仅保留专职网格员管理制度。但如此一来，专职网格员的工作量变得非常大，网格管理无法做到更加细化。

综上所述，社区治理绩效的评价其实是一件较为复杂的事情，任何一种社区治理模式都或多或少有其不足和缺憾。尽管如此，但或许仍可从中发现两点改进思路：一是要将促进社区信任和融合作为社区治理的首要目标。在社区治理过程中，尽管要综合考虑各种因素和影响，但促进社区信任和融合、维护社区的安定有序理应是社区治理的首要目标。为此，一方面要努力恢复和充分利用传统社会网络，加强社区和居民之间以及居民相互之间的各种联系；另一方面要动员热心居民参与社区治理，并将这种参与制度化、规范化，从而实现新兴社区的社会网络重构。

二是积极转变观念和创新治理体制机制。无论是从W市的社区干部抱怨声中或是C市基层财政的不堪重负中，其实不难体会到社区工作的艰辛和复杂。同时，通过深入访谈也发现，社区工作的艰辛主要体现在入户工作这一块,社区干部的大量工作时间耗费在重复上门收集和核查人口信息。这无形中压缩了社区干部为社区居民提供服务的时间,势必影响社区服务质量。其实,社区干部的入户工作之所以复杂,主要原因在于社区人口的多元化和流动性。对于常住户籍人口,社区能够较好地掌握其人口信息,但对于流动人口,在社区层面上通常难以完全掌握其基本信息。一方面,这是因为流动人口信息缺乏共享机制;另一方面,是因为在面对流动人口时,社区的管理和服务两方面职能并不对等,大多数情况下,流动人口通常被作为管理而非服务的对象。因此,要促进社区信任和融合、维护社区的安定秩序,应在改革转移支付机制的前提下,将流动人口纳入社区一体化服务体系,切实做好包括流动人口在内的社区居民的服务工作,真正实现以服务促管理、以改革促效益的社区治理目标。

第二节 社区权威与多元秩序的建构

一 权威的概念界定及功能分析

权威作为人类社会客观存在的一种特殊的社会关系,是维系社会秩序和谐稳定的必要机制。关于权威的界定,观点各异。最为典型的当属马克思主义权威理论,它将"权威"视为一种强制和服从关系。恩格斯在《论权威(1872)》一文中批判了无政府主义者,并指出:"这里所说的权威,是指把别人的意志强加于我们;另一方面,权威又是以服从为前提的。"[①] 同时,恩格斯对权威和自治做了进一步的辩证说明,"把权威原则说成是绝对坏的东西,而把自治原则说成是绝对好的东西,这是荒谬的。权威与自治是相对的东西,它们的应用范围是随着社会发展阶段的不同而改变的"[②]。恩格斯关于权威的论述包含两个层面的意思:第一,权威不仅是必需的,而且它是以服从为前提的,没有服从就无所谓权威;第二,正如自治一样,权威也并非绝对的。随着社会的发展,权威和自治范围的边界在不断变化。即便是在国家消亡后,权威也有存在的必要

---

① 《马克思恩格斯选集》第 2 卷,人民出版社 1972 年版,第 551 页。
② 同上。

性，此时的权威便由政治权威转变为社会权威，主要承担其社会管理职能。对于马克思主义关于权威的界定，王沪宁进一步解释说："在马克思和恩格斯这里，权威就是权力的代名词，二者凭借的物质基础、作用方式、产生的效果都是一样的。"① 在国内学界，还有不少学者持类似观点。如杨章明、臧晓君把权威定义为使人们信服、响应、遵守和服从的一种能力，并指出权威主要由意志的强加和服从两个要素构成。同时，还将权威划分为个人权威和职能权威两种形式，并提出了民主权威概念。

从马克思主义权威观来看，权威不仅意味着强制，还意味着服从。那么，在阶级社会里，人们服从的权威是什么样的权威？恩格斯在《共产主义原理》中指出："首先无产阶级革命将建立民主制度，从而直接或间接地建立无产阶级的政治统治。"② 在这里，恩格斯将民主制度与政治统治（权威）联系了起来，表明了无产阶级国家的政治权威源于民主政治，人们服从的权威是人民自己的意志。

从这个层面看，马克思主义权威观与资产阶级思想家关于权威的论述似乎有相通之处。文艺复兴运动以后，资产阶级启蒙思想家普遍将个人理性作为政治统治合法性的基础。如法国思想家卢梭指出："（社会公约可以简化为）我们每个人都以其自身及其全部的力量共同置于公意的最高指导之下，并且我们在共同体中接纳每一个成员作为全体之不可分割的一部分。"不难理解，卢梭提到的"公意"正是代表着民众的共同意志，是"由全体个人的结合所形成的公共人格"。这种"公意"不是个人意志的简单叠加，而是一种"统一性"，是"公共的大我"，而至于共同体成员，"他们集体地就称为人民；个别地，作为主权权威的参与者，就叫做公民，作为国家法律的服从者，就叫做臣民。"③ 尽管卢梭并未明确界定"权威"的概念，但不难理解其所论述的"公意"正是一种民主权威。而另一方面，一旦"公意"的权威形成，个体就应服从之，而且这种对权威的服从并非完全屈服于外在强制，而主要是建立在高度认同基

---

① 王沪宁：《政治的逻辑——马克思主义政治学原理》，上海人民出版社2004年版，第179页。
② 《马克思恩格斯选集》第1卷，人民出版社1972年版，第272页。
③ ［法］卢梭：《社会契约论》，何兆武译，商务印书馆2003年版，第20—21页。

础上的自愿服从。可见，权威的确与权力相联系，具有一定的强制性，是以服从为目标，但其却不完全等同于权力。

值得一提的是，马克斯·韦伯对权威的经典论述影响深远。马克斯·韦伯从权威的合法性视角讨论了权威问题，并将权威划分为传统型权威、个人魅力型权威和法理型权威。他认为，传统型权威是建立在由传统授命实施权威的统治者的合法性之上，魅力型权威则建立在个人非凡的贡献、英雄气概等个人魅力的合法性基础上，法理型权威则是建立在一定的法律制度及相应的指令权力的合法性之上。这里所说的"合法性"，其实就是公众对政治权威或社会权威的认同，正是公众赋予了这种认同，国家（或政治权力）才得以拥有合法的强制。然而，正如艾伦·沃尔夫所指出："政府徒有其表而无力达到自己宣称的目标，决策者们远离公众，理性被蚀，代之以幻象和虚假，传统政治思维破产，异化政治取代了真正的政治，国民性出现了精神分裂，调停机制崩溃，以及统治阶级乌托邦化——所有这些一起发生作用，使得晚期资本主义国家严重瘫痪。"① 事实上，一旦政治权力发生异化现象，其合法性便遭到破坏，权威则无从产生。

基于上述有关权威的论述，笔者认为，权威与权力有着十分密切的联系，权威尤其是政治性权威以权力为基础，正是权力赋予了权威的强制性特征。然而，权威和权力却并非同一个概念，两者的区别关键在于"合法性"。在权力获得公众的认同时，该权力便被赋予了合法性基础，此时公众对权力的服从即为一种自愿的而非强制的服从，继而形成一定的政治权威。

需要指出的是，倡导权威并非是要赞成权威主义，更不是倡导极权主义。如前所述，权威的关键性因素是"合法性"或"公众认同"。缺乏"合法性"的权力仅意味着强制性，是不可能同时拥有"自愿"服从的，因而也无法形成真正权威。然而，在权威主义体制下，"权力由一个小团体行使，很少有大众输入。这个团体可能是一个家庭，在这种情况下，权威政权是一个专断的君主政体。它可能是一个社会阶层，就像在君主制里由国王或女王在贵族的帮助下进行统治，或者在技术专家治国体制

---

① ［美］艾伦·沃尔夫：《合法性的限度》，沈汉等译，商务印书馆2005年版，第461页。

里权力掌握在高级官僚手里……公民被要求毫无异议地遵守法律和缴纳税收。虽然权威主义国家也可能存在民主的因素，但它几乎没有实际的作用。"① 诚然，极端的权威——权威主义无疑会破坏自由主义的理念，并侵犯个人的权利。只有服从真正的、自我的权威，人们才可能获得自由。权威的存在，是以保护和捍卫公民自由和权利为目的，而非以限制公民自由和权利为目的。规则也是权威的一种表现。社会之所以形成规则，对公民自由和权利进行限制，其目的正是为了保护其他公民能够真正实现其自由和权利。权威也可以表现为国家（政府）。在西方古典自由主义思想家看来，人性是"恶"的，政府也可能是"恶"的，只有控制国家（政府）的权力，才能更好地保护公民自由和权利。可见，为了更好地保护公民自由和权利，我们不仅需要对一般个体的行为进行限制，而且还应对包括国家（政府）在内的各种权威进行限制。只有将权威控制在一定范围内，才不会形成极端的权威主义，才能有效地保证人们对权威的自愿服从。

正是因为权威意味着自愿服从，才使之能够有效地维护社会秩序的稳定。在一个缺乏权威、充斥着自由主义的社会，很难想象会有一个良好的社会或政治秩序。尤其是在复杂分工的现代社会，没有权威，将会使社会秩序变得更加混乱。正如恩格斯指出的："作为现代资产阶级社会基础的那些经济关系，即工业关系和农业关系，就会发现，它们有一种使各个分散的活动越来越为人们的联合活动所代替的趋势。……联合活动、互相依赖的工作过程的错综复杂化，正在到处取代各个人的独立活动。但是，联合活动就是组织起来，而没有权威能够组织起来吗？"② 一旦丧失了权威，国家将会陷入无政府主义状态，不仅不能有效地保护个人权利，反而使社会变得动荡不安。

二 宗族、单位与国家：社区权威的形式嬗变

不论是在古代社会或是存在复杂分工的现代社会，没有权威，社会秩序将会变得混乱，国家甚至陷入无政府主义状态。这种社会状

---

① ［美］迈克尔·罗斯金等：《政治科学》，林震等译，华夏出版社 2001 年版，第 76 页。
② 《马克思恩格斯全集》第 18 卷，人民出版社 1972 年版，第 224 页。

态，暗合了霍布斯或洛克等人提出的"自然状态"。在霍布斯的"自然状态"中，整个社会遵循自然界的丛林法则，每个人都无法摆脱不安全感。为了满足个体安全的需要，人们聚在一起、达成契约，组成强大的、超脱于所有个体之上的国家力量，旨在维护个体的安全及其他需要。在这里，国家必须是有权威的。与霍布斯、洛克等人为代表的古典自由主义思想家倡导的"契约论"不同，西方古代先哲柏拉图则从其人性论出发，认为国家的权威应该是具有理性的、追求智慧、善于把政治权力与聪明才智结合起来的哲学王，在历史上开创了权威研究的先河。中世纪的宗教神学及宗教改革后的新教，都强调以信仰为基础的宗教权威。启蒙运动否认除理性之外的一切权威，只承认理性的权威，一切都必须在理性的法庭上进行审判。由此可见，尽管在不同历史阶段权威的表现形式不同，但不可否认，权威的存在及其在不同时期所发挥的作用。

长期以来，中国社会处于城乡分割状态，权威的形式也表现为"宗族"与"国家"二元共存。在普天之下，国家（皇帝）处于至高无上的地位，享有崇高的权威。但由于受各种因素的影响，国家权威对乡村社会的影响有限，而是通常依赖宗族权威来实现其对广大乡村社会的统治。自西周至清末，宗法制度总体上经历了"贵族性宗族—士族性宗族——平民性宗族"的演变过程。在周朝，君主既是一国之君，同时也是宗主，宗族制度与君主政治融为一体，国君兼有至高无上的君权和宗族权力。正是通过这种宗族权威和国家（君主）权威的高度合一，构建起了完整的治理网络，共同维护国家（君主）权威对乡村社会的控制。

秦汉以后，宗族祭祀权力逐渐扩展到其他社会阶层。如在隋唐时期，士族阶层也可以祭祀祖先，及至宋元时期，甚至民众也开始关心宗族建设，如大规模编撰族谱、修缮宗族祠堂，不断扩大宗族权威的影响。此时，宗族组织在中国南方地区大量出现，宗族祠堂、族谱等宗族标志也陆续建立和修缮，甚至不少宗族还设立义庄，用于资助和接济族人，并开始广泛参与社区管理。传统宗族之所以能够形成权威并发挥巨大影响力，很大程度上有赖于其强大的社会功能。随着宗族平民化趋势的加强，宗族的政治功能不仅没有弱化，相反它通过各种民间仪式和标志，逐渐渗入民众的日常生活，对广大民众产生了深远影响，使之形成根深蒂固的宗族观念。宗族本身所蕴含的族人互助、相恤的内容也得以彰显和扩展。宗族所拥有的族田和其他族产，也确保其得以开展如修祠堂、赈济贫穷族人、资助后辈求学等各项活动。正是通过各种形式的宗族互济，加上本身因血缘而缔结的天然联系，强大的宗族凝聚力和相对治理空间得以最终形成，并成为主导乡村社会秩序的权威。

及至清末年间，为便于攫取乡村社会资源，国家开始进一步加强对农村社会的控制，试图突破"国家"与"宗族"的权力边界，积极推动政权力量的"内卷化"。与此同时，虽仍有一些农村精英领袖坚守"保护型"经纪人角色，但不少宗族头人开始强化自身与国家政权之间的联系，甘做国家在乡村社会的"代理人"。正如杜赞奇在《文化、权力与国家》一书中介绍说："随着国家权力的深入，战乱以及经济状况恶化等因素联合作用下，有声望的乡村精英不是逃离村庄，便是由富变穷，那种名副其实的保护人在逐渐减少。到了20世纪30年代，富有而有声望的人在经济中的作用日渐减弱，其在政治中的作用更是如此。"[①] 这种情况表明，在国家权威的渗透压力下，不少农村精英不得不放弃保护型经纪人角色，转而与国家政权一道，并成为国家政权在农村社会的"代理人"。尽管仍有不少农村精英坚守宗族权威，并在乡村社会赢得了声望，但其在经济和政治中的作用却在下降。可见，国家政权"内卷化"实质是农村社会中宗族权威弱化、国家权威强化的"换位"过程。

事实上，清末以来的国家政权"内卷化"终究是有限的，其对农村社会的渗透并不彻底。张乐天曾经对浙北农村考察认为，"解放前夕，浙北农村按区划分为甲、保、区、乡，但行政组织不健全，行政权力对自然村落的渗透十分有限。农民习惯于把农村政府的职能归结为抽壮丁、征钱粮两项……证明旧政府对散漫的农民和各自为政的村落毫无办法"[②]。这表明，受历史惯性及其他因素的影响，乡绅及宗族头人在农村社会仍具有较强影响力，农村社会的治理格局并未发生根本变化。

然而，中华人民共和国成立，农村宗族权威开始逐渐遭到削弱。它

---

① ［美］杜赞奇：《文化、权力与国家——1900—1942年的华北农村》，王福明译，江苏人民出版社2003年版，第135—136页。

② 张乐天：《人民公社制度研究》，上海人民出版社2005年版，第87—88页。

突出表现为两大变化：一是为巩固新生政权、进行土地改革而建立起来的农民协会组织，颠覆了内生性的宗族权威；二是为进一步强化对农村社会整合和吸纳而确立起来的人民公社体制，从社会结构上瓦解了宗族组织。根据有关规定，这一时期的"农民协会"组织具有发展经济、保障民生、维护社会治安等多项职能，并实际上行使着基层民主政权的主要职能，是一级比较完备的基层民主政权。此时的农民协会组织完全是由上而下建立起来的，具有一级政权性质的农村组织。1950年1月24日，中共中央发出指示，开始在新解放区实行土改运动的准备工作。1950年6月，中共七届三中全会讨论了新解放区土地制度改革，通过并施行了《中华人民共和国土地改革法》。这一法案规定，"乡村农民大会，农民代表会及其选出的农民协会委员会，区、县、省各级农民代表大会及其选出的农民协会委员会，为改革土地制度的合法执行机关"。1950年7月，政务院通过并公布了《农民协会组织通则》，在肯定农民协会是农民自愿结合的群众组织的同时，又规定"根据中华人民共和国的土地改革法，农民协会是农村中改革土地制度的合法执行机关"。可见，此时的农民协会组织虽被定性为农民群众组织，但在很大程度上具有政权机关的职能。通过各级农民协会组织，不仅基本实现了新解放区土改目标，巩固了新生政权，而且削弱了宗族权威。

1958年8月29日，中共中央发布了《关于在农村建立人民公社问题的决议》（以下简称"决议"）。该决议指出，"……在农田基本建设和争取丰收的斗争中，打破社界、乡界、县界的大协作，组织军事化、行动战斗化、生活集体化成为群众性的行动，进一步提高了五亿农民的共产主义觉悟……社的组织规模，就目前说，一般以一乡一社、两千户左右较为合适"。在国家从上而下推动下，人民公社制度开始得以广泛确立，进一步强化了国家政权对农村社会的控制，确保国家各项政策的贯彻落实。在整个体制结构中，生产队及生产大队发挥了重要作用，其各项活动则主要接受公社党委及管委会的领导。通过实行人民公社体制，并结合当时"生产集体化""经济计划化"和"教育标准化"等具体政策措施的推行，颠覆了以家族为标志的传统社会结构，构建起了以"三级所有、队为基础"的社会结构，集政治、经济和社会功能于一体。同时，它打破了传统村落的界限，以政治动员和经济合作等手段建立起了跨村落的横向联系，以期达到削弱宗族权威、确立政治权威的目的。上述表明，新中国成立以后，国家通过采取农民协会和人民公社体制等农村基层政权形式，不仅成功地塑造了新的农村政治权威，而且实现了其对农村社会结构的改造和调整，使国家政权"内卷化"更加深入。

而在城市社会，尽管采取了与农村人民公社体制完全不同的"单位制"或"街居制"，但其本质上是一致的。它们都是在国家政权力量支配下，将农民或市民"组织起来"的一种方式。有研究者在比较城市和农村社会的结构特征时指出，"'单位制度'不仅存在于城市，也存在于农村，'单位社会'不仅是改革之前城市社会的特征，也是改革前农村社会的特征。人民公社时期，人民公社及其生产队本身就是一种'生产单位'、'生活单位'和'管理单位'"。① 可见，在计划经济时代，无论城市或农村均处于国家力量的严格控制之下，国家试图通过各种方式将农村和城市纳入体制内。在这一时期，无论是城市或农村，其社会自治空间均十分有限。

改革开放以来，国家开始逐渐赋予基层社会一定的自治空间，具体体现为《村民委员会组织法》《居民委员会组织法》等相关法律法规的制定。在社区层面上，集中反映了多重力量的博弈：既有基层政府组织、村级组织、民间力量，也有相关社会中介组织。这种博弈的存在，表明了相对于人民公社时期而言，改革开放后的社会力量已经获得一定程度上的恢复。但基层自治的实践也表明，如何整合各种力量，共促社区建设，确实是一个值得关注的问题。

2017年6月12日，中共中央、国务院发布了《关于加强和完善城乡社区治理的意见》（以下简称"意见"），指出必须"坚持以基层党组织建设为关键、政府治理为主导、居民需求为导向、改革创新为动力，健全体系、整合资源、增强能力，完善城乡社区治理体制"。健全完善城乡社区治理体系，应当充分发挥基层党组织领导核心作用及有效发挥基层政府的主导作用，注重发挥基层群众性自治组织基础作用，统筹发挥社会力量协同作用。

需要指出的是，不论是基层党组织的领导核心作用或是基层政府的

---

① 项继权：《农村社区建设：社会融合和治理转型》，《社会主义研究》2008年第2期。

```
                  ┌─ 基层党组织（核心）
社区治理体系 ─────┼─ 基层政府（主导）
                  ├─ 自治组织（基础）
                  └─ 社会力量（协同）
```

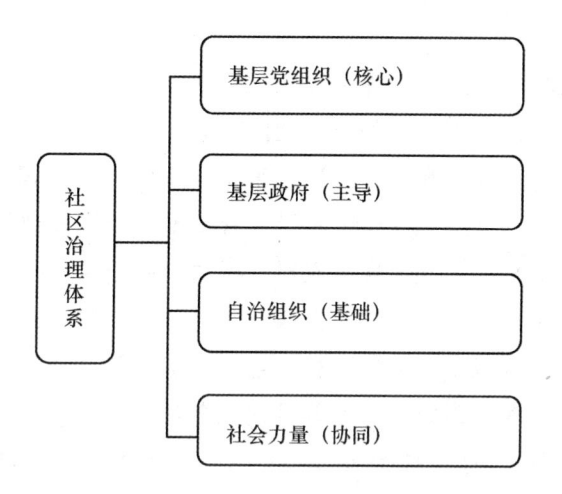

图3—4　城乡社区治理体系结构示意

主导作用，均以社区组织为基础，丝毫不能忽略群众性自治力量的存在。从上述《意见》来看，整个社区治理体系由四种力量组合而成，要统筹好四大因素，共同推动社区建设。相对于之前《村民委员会组织法》《居民委员会组织法》等相关法律规定，新的《意见》更加强调基层党组织的领导核心作用及社会力量的协同作用。尽管如此，上述四种力量的协调和博弈，比之前基层政府（国家）和自治组织（社会）的简单二元结构显得更为复杂，但其实质上仍是国家和社会的二元博弈。因此，要重新确立社区治理权威，就要统筹和协调各种力量之间的关系，确保基层党组织的领导核心作用及基层政府的主导作用建立在自治组织的基础作用之上，使社区权威建立在社区民意认同之上。从已有对社区的界定来看，社区是在一定地域范围内建立起来的命运共同体，社区本身蕴含着居民认同和共性特征。作为国家在社区的代表——基层党组织和基层政府要充分发挥其核心作用或主导作用，但其核心作用或主导作用是以居民认同为前提的。社区权威并非只是强调基层党组织的核心作用或基层政府的主导作用，更应强调居民自治组织的基础作用，社区权威必须是多元力量的协调和统一。需要指出的是，在社区多元力量整合过程中，应当注重发挥社会组织的协同作用，将社会组织打造成为协调基层党组织、基层政府（国家）与社区居民之间关系的纽带。

三 权威与多元：社区秩序建构的困境

与传统型社区不同，一些新兴社区不仅缺乏有效的组织权威，而且社区异质性较为凸显。在这类社区内部，居民成分通常较为复杂，其职业背景、来源、社会阶层各异，他们有着并不一致，甚至相互冲突的利益需求。由于新兴社区既无传统农村社区的血缘或亲缘纽带等社会性力量，也缺乏单位社区的组织权威，因此，对于新兴社区的治理，显然不能像传统农村社区或单位社区那样，通过塑造传统型权威或组织权威来实现社区治理。相反，应当协调好社区内各治理主体的关系，即要促进基层党组织、基层政府、自治组织及社区居民等多种力量的协作和平衡。但事实上，往往会陷入某种困境之中。

（一）科层体制的固有弊端导致基层政府的"梗阻"现象

韦伯在提出科层制时，忽略了人的非理性因素，将科层制的统治形式想象为"没有憎恨和激情"的非人格化的统治，"官员们倾向于在实质上功利主义地对待他们的行政管理任务，以报效需要取悦的被统治者"[①]。但实际上，科层制无法消除所有的非理性因素，许多官僚在执行公务时难免受到各种非理性因素和情绪性因素的影响，科层制所设想的"严格执行"带有浓厚的理想化色彩。在当代中国政治层级体系中，乡镇（街道）政府作为国家最基层的政权机关，代表国家力量与社会力量接触，是国家政权在基层社会的代言人。然而，乡镇（街道）政府在实际面对民间社会力量时，却并不总是代表国家的意志和利益，而是掺杂着自身的特殊利益。

根据中国相关法律规定，乡镇（街道）政府被纳入国家政权体系，而村（居）民委员会则属于群众性自治组织，两者在法律上不再是行政隶属关系，而是"指导—协助"的关系。而事实上，实践中的乡村关系则要更为复杂。有学者根据村级组织的自主程度以及协助乡镇政府完成任务的情况，把乡村关系的现状分为三种类型，即健康型的乡村关系、行政化的乡村关系以及放任型的乡村关系。[②] 就行政化的乡村关系而言，

---

① ［德］马克斯·韦伯：《经济与社会》，林荣远译，商务印书馆1997年版，第251页。
② 程同顺：《村民自治中的乡村关系及其出路》，《调研世界》2001年第7期。

法律赋予村级组织的自治权利基本缺失，其功能很大程度上类似于人民公社体制下的生产大队。然而，村级组织毕竟是法律意义上的"农民自己的组织"，因而乡镇政权在贯彻落实国家涉农政策时离不开村政精英的配合与支持。这无疑使村政精英在与乡镇政权"博弈"中能够获得更多"筹码"。另一方面，由于村政精英的"合法性"实际上来自"上面"而非"下面"，村政精英也迫切需要与乡镇组织建立密切关系，以便稳固自己在村庄权力结构中的地位。乡村两级组织的这种关系实质是一种"利益共享"关系，并易在"国家"与"民众"之间形成"结构阻力"，不仅不利于国家政策的有效推行，还将持续弱化公社体制下确立的政治权威。而要破除这种"结构阻力"，使国家政策能够顺利下达、民众意见能及时上传，就需要建立民众意见的正常表达机制。

那么，在社区治理过程中，社区居民的意见能否通过相应的途径得到有效表达呢？另外，居民意见的有效表达是否与其经济或社会地位的高低有关联呢？通过表3—1中的模型1可以看到，不同经济地位的受访主体对"政府是否重视群众意见"这一回答并不具有显著关系，P值不显著。通过表3—1中的模型2同样也可以看到，不同社会地位的主体对"政府是否重视群众意见"这一回答并不具有显著关系，P值不显著。上述模型1和模型2表明，经济或社会地位不同的主体在有关"政府决策是否民主化"的认同方面，差异并不显著。

表3—1 不同经济、社会地位的主体受政府重视感的 Logit 回归模型①

变量	模型1		模型2	
	政府是否重视群众意见	OR	政府是否重视群众意见	OR
性别	−0.0525 (0.190)	0.949	−0.000557 (0.192)	0.999

---

① 在问卷中，对政府是否重视群众意见和社区是否重视群众意见分别用题目"您觉得社区在决定重大事情的时候，是否会重视群众的意见？"和您觉得政府在制定政策时，是否会重视群众的意见？"（1＝十分重视、2＝比较重视、3＝不太重视、4＝完全不重视）来测量，为方便分析，将"十分重视"和"比较重视"记为重视（1＝是），"不太重视"和"完全不重视"记为不重视（0＝否）。本解释同样适用于表3—4的回归模型。

续表

变量	模型 1		模型 2	
	政府是否重视群众意见	OR	政府是否重视群众意见	OR
年龄	0.0236 ***	1.024	0.0246 ***	1.025
	(0.00755)		(0.00772)	
文化程度	0.239 ***	1.270	0.287 ***	1.332
	(0.103)		(0.104)	
政治面貌	0.286 *	1.332	0.264 *	1.302
	(0.159)		(0.159)	
宗教信仰	0.104 ***	1.110	0.0898 ***	1.094
	(0.0451)		(0.0453)	
经济状况	0.165	1.180		
	(0.123)			
社会地位			0.0779	1.081
			(0.129)	
CONSTANT	-2.556 ***	0.078	-2.471 ***	0.085
	(0.697)		(0.708)	
OBSERVATIONS	522		507	

注：*** $p<0.01$，** $p<0.05$，* $p<0.1$。

通过交叉表表3—2和表3—3也可以观察到，不同经济状况或社会地位的主体对"政府是否重视群众意见"的这一描述虽然存在略微差异，但是数据的相似性很强。这进一步表明，不同经济状况或社会地位的主体对政府决策是否民主化的感受差异不显著。需要说明的是，从交叉表表3—2和表3—3还可以发现，本研究个体样本总量为681个，而在该选项的样本分别为553个和536个，缺失值分别为128个和145个。根据对上述存在缺失值的问卷进行排查后发现，这些存在缺失值的问卷绝大多数来自流动人口，他们在该问题上，要么是不作出选择，或者是选择"不回答"选项。在做技术处理时，把这些不作出选择的和选择"不回答"的问卷，全部作为"缺失值"进行剔除处理。然而，根据问卷调查后的信息反馈，尽管调查员不断强调本研究的独立性和保密性，但仍有不少接受问卷调查的流动人口在回答有关对政府和社区问题时存在一定的顾虑情绪。因此，对于依据上述数据得出的判断，笔者表示持谨慎怀疑态度。

表3—2　　　经济地位与政府是否重视群众意见交叉表

政府是否重视群众意见	经济状况					
	下等	中下等	中等	中上等	上等	总计
否	22	48	110	19	3	202
	10.89	23.76	54.46	9.41	1.49	100.00
	44.00	45.71	30.56	57.58	60.00	36.53
是	28	57	250	14	2	351
	7.98	16.24	71.23	3.99	0.57	100.00
	56.00	54.29	69.44	42.42	40.00	63.47
总计	50	105	360	33	5	553
	9.04	18.99	65.10	5.97	0.90	100.00
	100.00	100.00	100.00	100.00	100.00	100.00

PEARSON CHI2 (4) = 18.0579　PR = 0.001

表3—3　　　社会地位与政府是否重视群众意见交叉表

政府是否重视群众意见	社会地位					
	下等	中下等	中等	中上等	上等	总计
否	15	42	123	17	2	199
	7.54	21.11	61.81	8.54	1.01	100.00
	37.50	46.67	33.79	45.95	40.00	37.13
是	25	48	241	20	3	337
	7.42	14.24	71.51	5.93	0.89	100.00
	62.50	53.33	66.21	54.05	60.00	62.87
总计	40	90	364	37	5	536
	7.46	16.79	67.91	6.90	0.93	100.00
	100.00	100.00	100.00	100.00	100.00	100.00

PEARSON CHI2 (4) = 6.4968　PR = 0.165

值得注意的是，无论从表3—1的模型1或模型2均可发现，政府决策民主化与文化程度有着显著相关，即文化程度较高的受访者更倾向于认同政府决策民主化程度。一般地，文化程度即受教育水平越高，其相应社会地位也就越高，两个变量与对政府决策民主化的认同感本应趋同。但表3—1的模型1和模型2却显示，文化程度与对政府决策民主化的认同两个变量之间呈正相关，而社会地位与政府决策民主化的认同却未见有显著相关。导致这种结果的一个可能的干扰因素依然是流动人口。这是因为，"文化程度"是一个客观变量，流动人口的文化程度普遍为高中甚至初中毕业以下，而"经济社会地位"是一个较为主观的变量，由于流动人口的社会网络主要并不在打工所在地，他们倾向于将自己与处于同一社会网络的原籍农民相比较。因此，尽管相对于本地原住居民而言，流动人口的文化程度及经济社会地位均总体较低，但反映出来的却可能是其文化程度较低、经济社会地位却较高。从这个层面看，相对于"经济社会地位"变量而言，"文化程度"与"政府决策民主化的认同"的显著相关性是更具有说服力的。由此可表明，在政府决策民主化程序中，大多数文化程度较低的流动人口甚至原住居民缺乏意见表达的渠道。

（二）村社自治组织的"异化"与"自治"悖论

在传统社会，国家和社会的二元结构突出表现为城乡结构的二元性，即代表国家力量所在的城市社会和代表社会力量的农村社会相对独立、互为依存。然而，自清末以来，为了转嫁外来压力，国家开始加强对农村社会的控制，并试图改变原有城乡社会结构。但实际上，国家力量并未真正摧毁乡村文化网络。杜赞奇在考察20世纪上半叶华北农村社会时指出："国家政权在竭尽全力放弃甚至摧毁文化网络之时，其建立新的沟通乡村社会的渠道又进展甚微，这只能削弱国家政权本身的力量。"[①] 可见，即便国家政权强力渗透，但依旧无法实现对乡村社会的全面控制。为此，清政府尝试推行新政，新政内容既包括"富国强兵"的一些内容，如建立新式学校、实行财政革新、创建警察和新军、划分行政区域，也包括改变乡村治理体制，试图通过建立乡村"自治组织"以实现对乡村社会的控制和掠夺。这种在国家和社会博弈中最终倒向国家力量的"赢利型"的经纪人，势必不会成为乡村社会利益的"代言人"，最终将蜕变

---

① ［美］杜赞奇：《文化、权力与国家：1900—1942年的华北农村》，王福明译，江苏人民出版社2003年版，第24页。

为一种"异化"的力量。

当前，作为宪法层面上的村社自治组织的社区居委会，应居间协调好国家意志和社会利益之间的关系，一方面协助基层政府做好社区的服务工作、维护社区秩序的稳定；另一方面更应植根社会网络之中，代表社区居民的合理利益和诉求，才能真正获得社区居民的普遍认同。但在实践中，一些社区组织并不能较好地履行宪法所赋予的自治组织的职能，忽略了社区居民的正常意见表达。

通过表3—4中的模型1可以看到，不同经济状况的主体对"社区是否重视群众意见"这一回答并不具有显著关系，P值不显著，也就是说不同经济状况的主体感受到的"社区是否重视群众意见"差异不大。但通过表3—4中的模型2却可以看到，不同社会地位的主体对"社区是否重视群众意见"这一回答有着显著差异性，呈正相关关系，P值在5%水平上显著，系数为0.259，也就是说随着受访主体的社会地位的不断提高，其感受到社区对自己意见的重视程度越高。另外，通过表3—4中的模型2还可以看到，社会地位与"社区是否重视群众意见"的回归模型中的优势比（OR）值为1.295。换言之，受访者社会地位每升高一个等级，那么该主体的意见受到社区重视（因变量值为1）的可能性增加0.295倍（1.295 - 1）。这表明，社会地位越高的主体，社区重视其意见的可能性就越大，其在社区的存在感越强。

表3—4 不同经济、社会地位主体受社区重视感的 Logit 回归模型

变量	模型1		模型2	
	社区是否重视群众意见	OR	社区是否重视群众意见	OR
性别	-0.233 (0.188)	0.792	-0.203 (0.192)	0.816
年龄	0.0165*** (0.00751)	1.017	0.0175*** (0.00772)	1.018
文化程度	0.202*** (0.100)	1.224	0.252*** (0.102)	1.290
政治面貌	0.438*** (0.159)	1.550	0.420*** (0.160)	1.521

续表

变量	模型1		模型2	
	社区是否重视群众意见	OR	社区是否重视群众意见	OR
宗教信仰	0.135*** (0.0447)	1.144	0.139*** (0.0454)	1.149
经济状况	0.168 (0.119)	1.183		
社会地位			0.259*** (0.128)	1.295
CONSTANT	-2.444*** (0.685)	0.087	-2.919*** (0.715)	0.540
OBSERVATIONS	531		516	

注：*** $p<0.01$，** $p<0.05$，* $p<0.1$。

（三）新兴社区多元化与社区居民的融合

伴随着城镇化的持续推进，城乡社区格局发生了深刻变化，逐渐形成了"多梯度、差异化"的多类型社区格局。尽管城乡社区交融是大势所趋，但其过程是曲折而漫长的。在城乡社区融合过程中，出现了包括城中村社区、村居混杂社区、新型住宅小区社区等各种新兴社区。与传统农村社区不同，上述新兴社区的流动性明显增大，许多具有不同职业背景、思想观念和行为方式的居民聚居在一起，形成了主体多元化的社区格局。其主要特征在于：一是有着不同利益诉求、观念及生活方式的个体聚居在同一社区内，将会导致社区异质性明显增强；二是社会流动频繁，社区的半熟人社会的特征更加突出；三是社区居民的传统宗族观念逐渐淡化，但同时，人们对现代社区的归属与认同感却并未随之增强。

在第二章第一节的典型案例中，金浦老村和果园村就属于这种新兴社区。金浦老村和果园村居民成分不同，前者是流动人口聚居社区，后者是城郊农民的安置社区。尽管如此，它们在社区的异质性、半熟人社会特征以及社区居民的归属感等方面却非常相似，在很大程度上区别于传统农村社区。在传统农村社区，社区组织可以凭借宪法赋予的"法理权威"或者依赖建立在一定的亲缘关系基础上的宗族权威，进而实现有效的社区治理目标。但面对类似金浦老村或者果园村这类社区，传统的社区治理方式显然行不通，而现代社区治理理念和规则又未必为居民所接纳。可以说，这种困境是许多转型中的社区普遍面临的治理难题。为了应对这种治理困境，不少新兴社区尝试在社区干部结构上作出针对性的调整，既配备具有现代社区治理理念的年轻化干部，又从社区中选择有经验的热心居民。前者勇于尝试、敢于突破陈规，推动社区快速转型，而后者则植根于居民的社会网络，具有广泛的群众基础，是转型中社区治理的不可或缺的力量。

　　社区多元化符合社会发展的必然趋势，是传统社区向现代社区转型的重要标志。面对快速发生的社区多元化趋势，不论是老市民或是由流动人口或城郊农民转型而来的新市民，均缺乏足够的思想准备。对于这类新市民而言，不少人属于被动卷入城市化浪潮，尽管其身份、职业均已转型或正在转型中，但其社会网络及小农意识却难以获得根本转变。而另一方面，一些老市民却仍沉浸在"城市中心"或"区域中心"的优越感之中，拒绝和排斥农民融入城市的愿望。无论是在流动人口聚居区或是城郊农民的集中安置区，均不难发现这样一种困境：一方面城乡社区的相互融合需要个体在城乡之间持续的、自由的流动，以消除或淡化农村社区的集中贫困和隔离；但另一方面，这些通过各种形式由农村向城市方向流动的个体却又聚居在一起，形成各种新兴社区内部新的集中隔离和贫困。

第三节　包容性治理：社区融合的向度与路径

一　包容性治理：弥合社区裂痕的向度

　　面对前述困境，政府应作出怎样的价值判断和政策选择，才能弥合社区的"裂痕"，避免社区走向对立与冲突呢？由于中国正处于社会转型的关键时期，利益主体趋于多元、文化观念更加冲突、社会结构持续变化，整个社会处在一种不确定、不安全以及不信任的状态。而在社区层面上，一方面，随着社区权威的不断弱化，尤其是一些新兴社区变得更加多元化甚至碎片化，社区隔离现象普遍存在；另一方面，基层政府和社区组织试图恢复社区权威，通过各种途径进一步强化对社区的控制。

然而，来自社区外部的控制性与社区自身的多元性之间的矛盾，不仅不利于社区组织权威的恢复，也在客观上造成社区内各主体之间更加隔离与冲突。在本书第二章中已提到，阶层意识和族群边界意识是造成社区隔离的两个重要因素，因而设法淡化阶层和族群之间的界限是促进社区融合的基本方向。它需要从根本上加强社会治理的有效性，努力促进社会公平。而只有形成真正公平的社会环境，社区居民之间才会有平等和互相尊重，信任感才能建立起来，社区才会变得更加融洽。因此，仅依靠由政府自上而下的"官僚制"，的确难以适应社区的多元化趋势，而亟须变革和创新社会治理体制和机制。

诚然，官僚制确实有其一定的优势。正如韦伯所指出的："纯粹的官僚体制的行政管理，即官僚体制集权主义的、采用档案制度的行政管理，精确、稳定、有纪律、严肃紧张和可靠，也就是说，对于统治者和有关的人员来说，言而有信，劳动效益强度大和范围广，形式上可以应用于一切任务，纯粹从技术上看可以达到最高的完善程度，在所有这些意义上是实施统治形式上最合理的形式。"[①] 然而，官僚制不可避免会受到一些因素的干扰，其中，官僚制要求的"形式主义的非人格化的统治"在现实中一般难以实现。整个官僚体系也并非如形式上那样属于机械执行命令的机构，而是由众多受感情、智慧及私欲等情感因素干扰的个体去操作和控制。显然，官僚体制内的官员难免受到人格化因素的影响，从而使其管辖带有较强的个人主观色彩，甚至掺杂着官员个人或小集团的私欲。实际上，这些处于官僚体制中的官员，并不必然根据其职位的需要及上级要求，或者根据知识经验进行统治（治理）。有研究者直言不讳地指出，理想的科层制管理模式消灭了非理性和情绪性的因素，使之本身成了一种意识形态和神话，它对指导成员为组织的目标而努力提供了有力工具，同时也大大强化了对组织的责任感并加强了组织的活力和效率。[②] 因此，尽管应当尊重人类理性，但也要正视其客观上存在的局限性。"理性只是一种超乎人类决策能力的理想"，现实生活中的许多事情

---

① ［德］马克斯·韦伯：《经济与社会》，林荣远译，商务印书馆1997年版，第248页。
② ［美］彼得·布劳、马歇尔·梅耶：《现代社会中的科层制》，马戎等译，学林出版社2001年版，第57—58页。

往往超出了人类理性所能掌控的范围。尤其是转型社会的诸多不确定因素，会使得人类理性更加难以覆盖各种可能性。

从苏维埃集体化到坦桑尼亚的强制村庄化，这些已然发生的事实充分表明，过于强调国家意志（很大程度上是领袖个人的意志）的极端现代主义，结果往往以失败而告终。"如果说这样的项目在一些国家给人类和自然带来巨大损失，原因一定是不受代议制制约的国家权力可以消除所有的反对而推行的项目"①。美国学者德隆·阿西莫克鲁和詹姆斯·A.罗宾逊也在《国家为什么会失败》一书中提出了"包容性制度"（inclusive institutions）和"汲取性制度"（extractive institutions）的分析框架，用以诠释为什么有些国家成功了，而另外一些国家却失败了。在作者看来，经济领域和政治领域均存在包容性制度和汲取性制度，只有包容性政治制度和包容性经济制度组合才构成完美的制度设计，从而带来经济和社会发展。可见，在社会治理过程中过于彰显国家意志或行政意志，未能意识到这种意志的局限性，结果将会非常失败。需要指出的是，许多对社会发展有益的探索及成就，往往都是民众创造性的结果，比较成功的案例包括堪称"农村改革典范"的小岗村及开启民营经济先河的"温州模式"。由此可见，面对各种新兴社区的治理及其隐藏的诸多不确定性，基层政府和社区组织应彰显社区治理的包容性，切实尊重包括流动人口在内的全体社区居民的意志和创造性。这既是转型时期各种新兴社区治理的基本要求，也是未来社区治理的重要向度。

二 善治与包容：包容性治理的内涵与特征

论及社区治理的包容性问题，不能不提到"善治"概念。有学者将"善治"概括为"使公共利益最大化的社会管理过程"，并指出其本质特征在于"它是政府与公民对公共生活的合作管理，是政治国家与市民社会的一种新颖关系，是两者的最佳状态"。② 不难发现，"善治"与科层制管理模式具有明显差异。相对于科层制而言，"善治"更加凸显了"市

---

① ［美］詹姆斯·C. 斯科特：《国家的视角》，王晓毅译，社会科学文献出版社2004年版，第472页。

② 俞可平：《民主与陀螺》，北京大学出版社2006年版，第84页。

民社会"的作用,主张政府和公民的合作治理。而"科层制"管理模式则更为强调官僚体系的作用,而忽视了"市民社会"的力量。具体而言,"善治"包含了若干基本要素,这些要素构成了"善治"的基本内容,包括合法性、法治、透明性、责任性、回应、有效、参与、稳定、廉洁及公正等。[①] 在这里,"善治"成了现代社会治理的标准和范本,具有哲学思维层面的特征,与基于实践层面的社会治理模式属于两个层面的概念。由于"善治"概念的复杂性,一项社会治理行为是否"善治",其实并不容易形成判断。有学者采取了三个标准衡量是否"善治",即包容、民主、效能,"其中,民主指治理应向人民负责的、公民可参与的、为了公共利益的、公开透明的治理;效能指治理应该是经济的(成本节约)、有效果的、有效率的治理。"[②] 在这个概念解释中,该研究将"包容"作为善治的一个重要向度。

　　事实上,作为一种治理形式,"包容性治理"与"善治"具有明显相通之处,但两者绝非同一个概念。"善治"是政治哲学层面的概念,是衡量一切治理模式优劣的最高标准;"包容性治理"属于治理实践的范畴,它强调合作治理的价值,主张在体系、程序、行为及成果分享等方面实现公平、公正和合作的价值理念。威尔逊曾在《行政学研究》中指出,行政的职责在于"使得一切单位都既能彼此独立又互相合作,把独立和互相帮助结合起来,这是一个足以使最优秀的人物都向往的伟大而又重要的任务"。这表明,随着社会变得更加多元化,合作治理在公共行政中将会变得越来越重要,而这恰恰是包容性治理的基本特征。关于包容性治理的具体内涵,学界近年来已颇有论述。如有学者将"发展"和"共享"视为"包容性治理"的两大核心指标,它不仅指包括弱势群体在内的所有人参与决策和治理过程,也强调为不同群体提供均等公共服务的机会。[③] 也有学者从主体参与、合作治理及利益共享等三个维度讨论了包容性治理的基本特征和内容,[④] 或者从政策过程、权力运行、程序实施、

[①] 俞可平:《民主与陀螺》,北京大学出版社2006年版,第85—86页。
[②] 李春成:《包容性治理:善治的一个重要向度》,《领导科学》2011年7月(上)。
[③] 刘述良:《中国"包容性治理"顶层政治制度设计》,《学海》2013年第1期。
[④] 徐倩:《包容性治理:社会治理的新思路》,《江苏社会科学》2015年第4期。

行动方式等角度论述了包容性治理的基本要素。① 上述有关"包容性治理"的概念表述从要素、特征及内容等方面做出了不同解释,有一些是共性的东西,但也存在不少差异。如有的概念关注了"发展"这个"包容性"的原初内涵,却忽略了"包容性治理"的核心——"合作治理";而有的概念在要素分解上存在逻辑、标准不一的现象,这对于理解"包容性治理"的概念容易产生误导。

从学界现有文献对"包容性治理"概念的理解,可以归纳出两个基本的核心要素,一是"多元共治",二是"利益共享"。首先,从"多元共治"角度看,"包容性治理"适应了当前多元化社会的治理需要。这是因为,在工业化或后工业化时代,社会分工愈加复杂,原有社会管理体制不适应社会转型的需要。在该背景下,社会管理体制亟须创新,以适应社会治理主体多元化的迫切要求,促使行政主导型治理模式向多元合作型治理模式转变。其次,从"利益共享"角度看,"包容性治理"注重构建利益分享机制,扭转原先单一治理主体的利益垄断格局,从而调动各主体参与社区治理的积极性,集思广益,实现社区有效治理。具而言之,"包容性治理"需要通过四个环节得到进一步体现,即治理主体构成、治理政策规范、治理行为监督、治理成果分享等。其中,治理主体、治理程序、治理行为等三方面体现了"多元共治"的理念,而治理成果分享则体现了"利益共享"的理念。据此,社区包容性治理的"包容性"特征主要体现在治理主体、政策规范、行为监督、成果分享等四个方面。

一是主体构成的包容性。当前,社区治理模式主要有行政主导型、合作治理型及社区自治型三种。其中,行政主导型是一种非常普遍的社区治理模式。在这种模式下,社区在某种程度上成为政府职能部门的延伸,承担了许多行政性事务,丧失了作为自治组织的相对独立性。社区不仅缺乏应有的自治空间,且治理体系变得更加封闭,拒绝和排斥社会力量参与到社区治理中来。而在采取合作治理型模式的社区,社区不仅拥有相当程度的自治权,而且通过有效途径和形式,将包括流动人口在内的社区居民纳入治理主体的范围内,形成基层政府、社区组织、居民

---

① 尹利民、万立超:《"包容性治理"何以可能——对中国基层信访治理形态嬗变的分析》,《学习论坛》2017 年第 1 期。

及其他社会组织的多元共治机制。在这种模式下，流动人口不再被当作防治对象，而是积极参与到社区治理过程中来，成为社区治理的主体之一。

二是政策规范的包容性。政策规范的包容性是指，在制定公共政策过程中，应注意听取各方不同意见，保障公众知情权、参与权，及时向社会公布有关政策信息。它包括两个层面的含义，一是政策规范应坚持公正、公平原则，切实保障包括流动人口在内的社区各方合法权益。对于在子女受教育、社会保障及就业机会等方面区别对待的政策和做法，均违背了政策规范的包容性。二是公共政策的包容性还要求保障公众对政策过程的参与权及知情权。一项好的政策，既离不开政策制定者的理性规划，也离不开政策对象的积极参与。因此，在制定涉及社区层面的政策时，要切实做到政策信息通畅，确保政策制定者和政策对象充分互动，尤其要充分尊重流动人口等弱势群体的利益和呼声。

三是治理责任的包容性。在公共治理过程中，权力和责任是相对应的，政策执行者在行使治理公权的同时，也应承担相应的责任。为了确保公共治理的有效性，应当建立起相应的责任评估和追究制度。在社区治理过程中，无论是基层政府部门或社区组织，均应合理合法地履行其职能及义务，并贯彻公开透明原则，全程置于社区居民及公众媒体的民主监督之下。这种民主监督包含两个层面：一是社区居民及居委会对政府及其职能部门的工作和社会服务机构的服务情况实施监督。尤其是对涉及民生的一些公用事业及社会服务情况，理应成为民主监督的重中之重。二是包括流动人口在内的社区居民对社区居委会的工作情况进行监督。

四是成果享有的包容性。根据包容性治理的要求，社会发展成果应该惠及全体民众，在资源分配中尤其要向弱势群体实行政策倾斜。在社区层面上，相对于本地原住居民而言，流动人口无疑属于弱势群体，理应获得更多的政策关怀。在流动人口当中，绝大部分是来自欠发达地区的"农民工"，他们与城市产业工人所从事的工作并无本质不同。尽管农民工在城镇就业和居住，有的甚至举家迁移到城市，但由于其户口仍然是农业户口，因而在就业和福利待遇等方面与"市民"有着天壤之别。大多数农民工长期处于城市社会的边缘地位，所从事的职业不仅收入偏低且缺乏保障。显然,这种状况并不符合社区治理包容性的要求,不利于有效推进社区融合。为适应社会转型的要求,政府和社区组织应采取包容性的社会分配政策,在公平原则的前提下,尽可能保障流动人口享有与原住居民同等的社会经济权利。

三 社区包容性治理的路径与措施

从本质上讲,社区包容性治理就是要做到社区政策的公平、自由和开放,即对于具有不同背景、职业的居民,应从政策上赋予其同等的社会经济权利。同时,建立和健全居民利益表达机制及弱势群体或阶层的帮扶机制。具体主要有以下四个方面:

(一) 实行教育和就业的机会均等政策

如前所述,阶层差异是导致一些新兴社区形成隔离的一个主要因素,因此,缓解社区隔离、促进社区信任和融合,就是要着眼于不断缩小社区居民的经济社会地位差距。改革开放以来,城乡和区域经济发展不平衡以及个体经济收入差异的持续扩大,短期内改变这种状况并不现实。但从长期来看,却可以通过调整相关政策,以不断弥合由社区居民经济社会地位差异所致的隔离。这种隔离突出表现在原住居民与流动人口之间。有研究发现,当地居民与移民有着很不相同的社会网络和活动场所,"前者更倾向于与当地居民更加内向地交往,并更多地访问邻里设施如酒吧、体育馆和公立幼儿园。相比之下,移民往往更多地参加当地的路边小吃摊、户外娱乐设施、小诊所商店、杂货商场和私人(民办)幼儿园。"[①] 本研究通过对本地原住居民和流动人口的支持对象交叉表分析,也可以清楚地看到两者之间的网络隔离。从表3—5不难发现,尽管在"谁对听谁的"这一选项上两者有着很强的相似性,但是原住居民和流动人口在维护的对象上,仍存在巨大差异,两大群体维护各自群体内成员的倾向显而易见。

[①] Miaoxi Zhao and Yiming Wang, "measuring segregation between rural migrants and local residents in urban China: An integrated spatio-social network analysis of Kecun in Guangzhou", *Environment and Planning B*, Vol. 45, Issue 3, 2018, pp. 417–433.

表3—5　　　　　　　原住居民与流动人口的维护对象交叉表

	本地居民	流动人口	谁对就维护谁	总计
本地居民维护谁	153	8	429	590
	25.93%	1.36%	72.71%	
流动人口维护谁	11	112	392	515
	2.14%	21.75%	76.12%	

缓解和消除流动人口与原住居民之间的网络隔离的一个重要措施，就是在社区实行普遍公平的教育和就业政策。众所周知，职业与工资收入高低在很大程度上决定了个体的经济社会地位，而个体的受教育水平越高，则意味着其在未来的职业竞争中具有更强大的竞争力。因此，应从政策上保障居民平等的受教育权利和就业机会。在实践中，一些地方将受教育权与房产所有权挂钩，而对于许多流动人口而言，拥有一套房价日渐高涨的房产很不容易。因此，他们在子女受教育权利方面往往没有更多的选择，许多农民工子女集中在农民工子弟学校就读，与当地原住居民的子女隔离开来，从而形成了事实上的"隔离继承"。可见，教育机会的不平等不仅会导致工资收入和经济社会地位差异，还会使得这种差异在代际之间传递下去。此外，在就业机会方面，外来流动人员也明显处于劣势。一些工资收入较高、稳定有保障的工作岗位通常会优先考虑录用原住居民，而大量流动人口就业则集中在技术含量较低、劳动强度高的一线制造业岗位。① 流动人口在择业方面遭遇的差别对待，无形中在其与原住居民之间形成隔离状态，并不利于流动人口融入居住地社区。

有鉴于此，一些地方开始采取措施，试图缓和这种矛盾，尽可能保障流动人口的平等受教育权益。如广东等一些地方政府陆续出台"租售同权"的政策，肯定了租房者享有与业主同等的社会权利，并逐步实现受教育权与房产所有权脱钩。虽然，"租售同权"政策所产生的效应，距离真正实现平等的受教育权仍有较大距离，但该政策的出台，对于保护

---

① 城市里建筑工地、货物搬运等劳动强度大、条件差的、危险性大的工种或行业几乎都由外来务工者来做，百姓生活中，最苦、最脏、最累的活几乎全由外来务工者承揽。参见《温州年鉴（2003）》，中华书局2003年版，第551页。

流动人口等弱势群体无疑是一个积极信号。当然，要完全实现受教育权和就业机会的平等，就应当从根本上摒弃"户籍身份"的思路，实现国民的机会均等政策。

（二）采取针对低收入群体或阶层的扶持政策

在传统农村社区或单位社区，居民的同质性很强，不仅职业、文化背景相似，且经济收入差距也不明显。这种单一的社区人口结构有利于促进社区的融合。因此，尽管在宏观上存在城乡社会结构的矛盾，但在社区层面上，社会总体上表现得甚为融洽。然而，随着人们收入差距的逐步扩大，再加上不同社区之间的自由流动，使得不同经济社会层次的个体聚居在同一社区，使社区逐渐变得富有异质性。而在另一些情况下，许多低收入群体或阶层则集中居住在同一社区，形成所谓的"集中贫困"和"集中隔离"。

不难发现，中国社会正在经历着由宏观的城乡社会隔离向微观的社区隔离的转变。虽然，目前尚无证据表明，这种隔离性质的变化是社会现代化过程的伴生物，但一些国家在社会进步过程中，却也发生了类似的情形。有研究指出，20世纪60—70年代以前，美国的社会隔离主要表现为宏观层面的州和县之间的种族隔离，但在民权运动之后，这种种族之间的宏观层面空间隔离开始转变为社区邻里之间的微观隔离。并由此认为，这种微观层面的社区和邻里隔离，根源在于种族和阶级的互动。[①]由于非西班牙裔白人不愿与黑人尤其是贫穷黑人居住在一起，因而在美国许多地区都可以发现集中隔离现象。在中国，大多数情形下社区隔离不受种族因素的影响，但长期以来形成的城乡社会二元化格局，使得农民和市民之间形成了身份认同和经济地位的巨大差异。而在20世纪80年代以来社会流动的大背景下，这一巨大差异最终成为导致社区隔离的主要因素。

为了缓解社区的"集中隔离"，一方面要积极创造条件，引导流动人口和原住居民居住在混合社区，避免形成"集中隔离"叠加"集中贫困"

---

① Douglas S. Massey, Jonathan Rothwell and Thurston Domina, "The Changing Bases of Segregation in the United States", *Ann American Academic Political Social Science*, Vol. 626, No. 1, November 2009.

现象。相比较而言，混合社区能够提供较好的教育质量、更完善的基础设施和居住环境，这对于改善流动人口的生存状况、增强其社区归属感和认同感具有重要意义。另一方面，要针对现有的"集中隔离"叠加"集中贫困"的社区，采取有效的帮扶措施。在对其贫困的规模、程度进行全面评估后，确定是否可以纳入国家相关扶贫专项计划之列。对于未能纳入的社区，则可以对居民的居住偏好进行合理引导，以缓解集中贫困和集中隔离程度。

（三）有序推动流动人口参与社区公共事务

尽管流动人口对当地经济发展做出了重大贡献，但似乎对于自身的地位和处境并不满意。根据有关研究机构对外来人员调查显示，原住居民和外来人员对"公共事务参与机会""个人诉求表达机会"的感受均差，满意度不足三成；其中，外来人员的不满更突出，两项指标的不满意度均高出本地居民近10个百分点。另外，有65%的受访者认为"没有"分享本地经济发展的成果，而回答"有"分享者比例只有32%。[①]事实上，由于各主体行为方式差异、原住居民的偏见等种种原因，原住居民对流动人口的态度最初并不友好，其对农民工的称谓先后经历了由"盲流"—"外来务工者"—"新居民"的转变。2000年以前，温州市对流动人口以实行管制为主，逐步建立外来人口集中居住点，对外来人员实行"公寓式"的集中居住管理，试图彻底解决外来人员管理混乱状况。2002年，温州市政府在《政府工作报告》中首次提出要"善待外来务工人员"，2005年，"新居民"的称谓已开始取代了"外地人"称谓。上述对流动人口称谓的系列变化，反映了地方政府在对待流动人口的态度上已然发生转变。根据调查，在众多称谓中，来温州务工者最喜欢的两个称谓是"城市建设者""新温州人"，各占29.9%和29.5%的比重，其后依次为"外来务工者"（19.5%）、"打工仔"（10.9%），最不喜欢的称谓是"农民工"（6.8%）。[②]可见，大多数流动人口是希望能够获得当地社区认同，并能够融入当地社会、为其经济社会建设服务。

[①] 广州市社情民意研究中心：《共享发展："北上广"外来人员的生活与工作感受》，《民调报告》2012年第5期。

[②] 参见《温州年鉴（2009）》，中华书局2009年版，第480页。

显然，温州市的流动人口政策导向是较为明确的，那就是温州市的经济社会发展离不开这些流动人口的贡献，因而鼓励后者积极融入当地社会。温州市的这种政策导向无疑向社会传递了一个积极信号，对于增强流动人口社区认同和归属感具有积极意义。然而，从政府倡导到社会共识，依然有较长的一段距离，称谓的变化并不能自动消除"新""老"居民的隔阂。事实上，有序推动流动人口的政治参与、使其积极参与到社区公共事务中来，才能从根本上改变流动人口备受歧视的状况。同时，这也是促使流动人口安居乐业、适应和融入社区的基本路径。为此，一方面，要从顶层设计出发，破除户籍制度对选举权的羁绊，将居住权与选举权结合起来，切实保障流动人口的居住权和选举权；另一方面，要因地制宜、采取措施，着力清理和规范租房市场，将租房市场纳入监管范围。

当然，赋予流动人口选举权也要有序推进。为了使流动人口的选举权落到实处，则要设法消除原住居民的顾虑，同时，也要与中国当前基层民主政治现实相适应。这就要求处理好以下三个方面的关系：

一是村社选举权与乡镇人大选举之间的关系。乡镇人大选举与村社选举是基层民主选举的两项重要内容，前者属于政治民主的范畴，后者属于社会民主的范畴。社会民主是政治民主的基础，政治民主是社会民主的保障。只有将村社选举与乡镇人大选举有机结合起来，才能更好地实现流动人口的民主权利及其在地融入。在短期内可以赋予流动人口村社选举权和被选举权，并逐渐过渡到参与乡镇人大选举。

二是村社层面的选举权与其他民主权利之间的关系。赋予流动人口在地参加村社选举，不仅有利于促进社会融合和进步，而且对于实现公民权利、推动民主政治进程具有重要意义。然而，仅有选举权利而无其他政治权利，实质只是一项残缺的政治权利。民主选举与民主决策、民主管理、民主监督一道，构成人民民主权利的重要内容。《中共中央关于加强党的执政能力建设的决定》明确提出："推进社会主义民主的制度化、规范化和程序化，保证人民当家作主。健全民主制度，丰富民主形式，扩大公民有序的政治参与，保证人民依法实行民主选举、民主决策、民主管理、民主监督。"党关于人民民主权利四个方面内容的概括，反映了党对人民民主的深刻把握，体现了中国特色，拓展了人民民主的实践空间。事实上，只有真正参与村社决策、管理、监督等活动，流动人口在地参加村社选举的重要意义才能彰显。①

三是村社选举权与集体经济权利之间的关系。流动人口要真正享有村社选举权与被选举权，不仅要从法律层面予以赋权和保障，还要对集体资产进行固化，彻底消除社区原住居民的顾虑。在一些集体经济较为发达的村社区，原住居民对于赋予流动人口村社选举权与被选举权的做法普遍表示警惕。他们担心，一旦流动人口拥有选举权与被选举权，将可能染指村社集体资产，损害原住居民的既得利益。因此，为了消除原住居民的这种顾虑，应对原有集体资产进行固化，以股份的形式分配给原住居民。流动人口的公共参与范围主要限于社区的其他公共事务，不涉及集体资产的收益和处分。

（四）松绑户籍制度的福利待遇，实现社会福利政策一体化

改革开放以来，国家开始鼓励人口跨区域流动，为沿海经济发达地区输送劳动力，促进了沿海地区经济的快速发展。然而，无论是从中央还是地方政府层面，均未能及时出台稳定流动人口的有效措施，相反，流动人口需要像"候鸟"般地在两地迁徙。之所以造成这种状况，其根本原因在于流动人口的经济社会权利几乎均与户籍挂钩，不能形成普遍性的社会福利政策。例如，中央转移支付拨付款便是按照户籍人口下拨给地方，即便该户籍人口不在原籍工作和生活，也只能享受原籍的相关社会福利待遇，而对于人口流入地而言，则自认为没有义务额外为流动人口提供社会福利。不难理解，这种由户籍制度所引发的，原住居民与流动人口在社会福利方面的差异，暗示着两者分属不同的群体。显然这并不利于原住居民与流动人口之间的社区融合。

一旦取消户籍制度与社会福利挂钩，那么应根据何种标准对社会福利进行分配呢？笔者认为，社会福利的分配最重要的是必须遵循权利义务对等和社会福利一体化两大原则。首先，权利义务对等原则，是指流动人口享受社会福利的同时，也应承担相应的纳税义务。只要流动人口满足居住登记、合法纳税期满一定时间，便可享有与原住居民同等的社

---

① 参见肖唐镖、邱国良《关于流动人口在地参与村社和基层政权选举的研究报告》，民政部政策咨询报告，2012 年 5 月。

会福利待遇。其次,社会福利一体化原则,是指在全国范围内形成社会福利的协调和统一。当前,中国的社会福利政策总体上是区域性的,各省市之间并未形成有机的协调和统一,中央的转移支付也是按区域层层下拨。这种区域性的社会福利政策,在一定程度上限制了人口的自由流动。为此,要打破区域的限制,将中央转移支付及其他拨付款与户籍剥离,改由以流动人口网上居住登记为主。健全和规范租房市场登记,将租房市场登记制度与社会福利政策结合起来,推动人口信息的动态化管理。

第四章　空间与网络：社区融合的公共场域

第一节　公共空间与关系网络概述

一　概念厘定：公共空间与关系网络

早在20世纪50年代末，美国政治哲学家汉娜·阿伦特在著作《人的境况》(*The Human Condition*，又译《人的条件》) 中提出了"公共空间"(public space) 的概念。在阿伦特看来，"公共"一词意味着最大程度的公开性，对所有人来说是共同的，"作为共同世界的公共领域既把我们聚拢在一起，又防止我们倾倒在彼此身上"。阿伦特认为应侧重于从主体"之间"去理解公共空间，据此可将公共空间分为有形的物质空间和无形的社会空间。正如其在《人的境况》中指出："许多言说和行动都关涉到这个'之间'，这个因人群而异的'之间'，以至于言行除了言说者和行动者的彰显之外，还关系到客观的世界现实。但既然对主体的彰显是所有言行不可缺少的部分，那么哪怕最'客观的'交往，携带着利益以物理形态在世的'之间'，也无法掩盖和超越另一种完全不同的'之间'——以言和行组成的、完全来源于人们的言说和行动，并直接指向他们的'之间'。"① 在这里，阿伦特将人们生活和工作的空间视为物理性的公共空间（物质空间），而将另外一种无形的、人们相互交往的"实际存在"称为人际关系网络。这种人际关系网络实际上是一种反映人际交往的"社会空间"。

在阿伦特提出"公共空间"概念之后，西方学界围绕"公共空间"

---

① ［美］汉娜·阿伦特：《人的境况》，王寅丽译，上海世纪出版集团2009年版，第143页。

展开了一场大讨论，重点关注"公共空间"的价值取向，而不仅仅局限于"公共空间"的物质形态。在这场讨论中，研究者对"公共空间"概念的理解形成了两个不同视角。

一是将"公共空间"视为人们工作和生活交往的空间场域。雅各布在《美国大城市的生与死》中认为，现代城市规划破坏了空间应有的社会价值，而公共空间的价值恰恰在于促进城市不同社会阶层或团体的人们进行交流、融合，进而形成多元而包容的社会。卡尔也在《城市空间——公共空间》中指出，"公共空间"是"人们进行功能性或仪式性活动的共同场所，无论是在日常生活或周期性的节日中，它使人们联合成社会"。

二是将"公共空间"作为公共政治参与的重要平台。哈贝马斯曾在其《交往行动理论》一书中用"生活世界"概念解释了公共领域的相关问题，认为"生活世界"包含了文化、社会和人格三个层次，而"制度"限制了"生活世界"整合世界的功能，从而造成公共世界的不断衰落。而在《公共领域的结构转型》一书中，哈贝马斯更是明确提出"公共领域"的概念，认为它是一个超越家庭且不受国家干涉的、公民参与公共事务的领域。哈贝马斯在进一步解释"公共领域"（公共空间）的概念时指出，公共领域是一个历史性概念，"正是在这一历史背景构成的语境中，公共领域才具有特殊的重要性。公共领域将经济市民变为国家公民，均衡了他们的利益，使他们的利益获得普遍有效性，于是，国家消解成为社会自我组织的媒介。只有在这个时候，公共领域才获得了政治功能。"[①] 从哈贝马斯对"公共领域"概念解释中不难发现，这是一个介于私人和国家的"第三领域"，在这里，人们可以自由平等地讨论和参与公共事务活动，而不受国家力量的控制。

需要指出的是，"公共空间"概念不仅指有形的物质空间和无形的社会或政治空间，也包括精神空间，即指哈贝马斯在《公共领域的结构转型》中提到的"公众舆论"（也称"公共精神"）。为了阐述"公众舆论"，哈贝马斯区分了两种不同的政治交往领域：一个是非正式的、个人

---

① ［德］哈贝马斯：《公共领域的结构转型》，曹卫东等译，学林出版社1990年版，第11页。

的、非公共的意见系统,另一个是正式的、机制化的权威意见系统。两种意见系统的范围是相对应的,前者属于私人领域的交往,后者则在相对狭窄的范围流通,"这些意见略过了大众,处于大型政治出版机构和具有政治功能的咨询机构、权力机构和决策机构之间",属于准公众舆论。虽然这种权威意见也面向公众,但它总是具有特权,与广大民众并无实质性沟通。事实上,"准公众舆论"与"公众舆论"具有本质的区别,尽管其同样具有公共性,但并不符合"公众舆论"的基本要件。针对"公众舆论"的概念,米尔斯给出了四个标准,即(1)有表达意见和接受意见的主体,两者人数大致均衡;(2)公众交往有严密的组织,这种意见能获得有效回应;(3)这种意见可以随时可以找到一条发泄途径,不受制于权威机构人士;(4)权威机构并不对公众进行渗透,公众在其行动中具有相对自主性。可见,在属于"公众舆论"的表达中,不难发现它具有公共批判性、自主性、组织性等基本特征。

在国内学界,有关公共空间的研究也并不少见。笔者在知网以"公共空间"为篇名进行期刊文献检索,结果发现从1986—2017年约30年时间内(截至2017年9月),相关论文共计2871篇。在这些期刊文献中,涉及"建筑学"领域的论文占相当比例,高达1820篇,而"社会学及统计学""政治与行政学"等两个领域的论文分别只有113篇和60篇。不仅如此,在20世纪90年代前后,涉及"公共空间"的期刊文献非常少,其中,1986—1995年,相关期刊文献总计只有5篇,且全部为"建筑学"领域的论文。从1996年起,以"公共空间"为篇名的期刊论文开始由"建筑学"领域转向其他领域,但整个20世纪90年代,非"建筑学"领域的文献极少,而涉及"公共空间"的社会或政治价值取向的论文更是凤毛麟角。其中,1996年只有1篇涉及"公共空间"的论文《张园:晚清上海一个公共空间研究》,是从史料角度介绍了"张园"——这个当时上海最大的公共活动场所;1998年共有2篇相关非"建筑学"论文,其中一篇主题仍围绕"晚清上海公共空间"继续研究,另一篇名为《公共空间与公民团体——对希腊城邦的一项宗教文化学的分析》的论文,则从宗教文化学视角详细考察了古希腊城邦这一"公共空间"内的社会生活和人际关系。严格来讲,上述两篇期刊文献均从历史学角度讨论"公共空间"问题,但毫无疑问却赋予了"公共空间"的社会或政治价值。

2000年以后，随着一篇介绍海外（加拿大）公共空间研究论文《公共精神、公共空间和公民社会——渥太华报告之六》发表后，国内学界从社会或政治价值视角研究"公共空间"的研究成果逐渐增多。

通过简单梳理国内学界关于"公共空间"的文献，不难发现国内学界关于公共空间的研究主要涉及建筑学、美术学、社会学、政治与行政学等领域。在这些文献中，有的将"公共空间"定义为人们生活和工作的物质空间，也有的赋予其更多的社会或政治价值，认为"公共空间"是人们社会交往的场所和纽带，或者是公共参与的基本条件。

值得注意的是，在中国社会转型和人口迁徙的大背景下，越来越多的社会科学研究者开始关注流动人口的聚居空间问题。其中，较为典型的是有关"浙江村"的研究。"浙江村"不同于大多数以农民工为主的聚居社区，它是以来京经营生意的"温州人"聚居社区。或许正是因为"浙江村"流动人口的特殊性，所以引发了学界的关注。早在20世纪末，王汉生等人就开始关注"浙江村"的流动人口，指出"浙江村"流动人口大多从事着相同的产业或相关产业，因而"创造"出一个"产业基地"，并将由此形成的人口流动称为"产业—社区型流动"。[①] 张鹏也以北京"浙江村"为个案，详细考察了国家权力与流动人口的公共空间及社会网络的互动过程，回应了国家权力是怎样试图转变流动人口、流动人口如何结成新的社会网络并塑造自身的社会空间和精英领导层，以及流动人口空间的变化将对国家政治和治理带来怎样的影响等问题，强调要从更为复杂的日常实践和持续的变迁中去理解当代中国的"国家—社会"关系。[②]

然而，更多有关流动人口聚居空间的研究则集中在仅拥有"劳动力"资源的农民工。由于绝大多数农民工手中掌控的资源甚为有限，收入相对较低，通常只能选择在城乡接合部社区租赁房屋，形成自发型集中居

[①] 王汉生、刘世定、孙立平、项飙：《"浙江村"：中国农民进入城市的一种独特方式》，《社会学研究》1997年第1期。

[②] ［美］张鹏：《城市里的陌生人——中国流动人口的空间、权力与社会网络的重构》，袁长庚译，江苏人民出版社2014年版。

住的"边缘社区"。① 蓝宇蕴密切关注了流动人口聚居空间，发现城中村流动人口聚居区类似于国外城市贫民窟的所谓"类贫民窟"现象，并指出这种非正式流动人口聚居区，主要是城市化与市场化的结果。为此，政府有必要通过制定相关公共政策，推动社区自我演化中的去"自发性与非正式性"过程，最终抑制"类贫民窟"现象。② 尽管大多数农民工在城市边缘或城中村形成聚居区，但也有与市民混居而形成混合社区。相对于农民工聚居区而言，混合社区的空间通常被认为有利于促进人际关系的融合。T. 波士顿对亚特兰大公共住宅的研究也进一步证实之。③ 然而，江立华对湖北省混合社区的比较研究却表明，混合社区只是提供了农民工与市民实现在场交往的空间场域，并不必然实现农民工与市民的融合。在促进混合社区融合方面，公共政策、组织架构及社区治理等方面的因素也不容忽视。④ 从上述研究发现，有关"公共空间"概念的研究已然由个别学科转向多学科的研究，引起了包括社会学和政治学在内的学科领域研究者的浓厚兴趣。然而，国内外学界在有关"公共空间"概念界定上并不明晰，有必要进一步商榷和探讨。

　　从阿伦特提出"公共空间"概念之时起，注定这个概念会引起广泛的争执与讨论。阿伦特认为，公共空间应关注"主体之间"，包括有形的物质空间和无形的社会空间。这里所指的无形的社会空间，实质上就是个体或群体之间的关系网络。然而，随着现代科技的发展，将公共空间简单地分为有形和无形两种，的确不够严谨。不仅如此，阿伦特还未能就公共空间的功能做出进一步阐述。对此，哈贝马斯明确提出，公共空间（或公共领域）是介于私人领域和国家政治领域之间的"第三领域"，是公共政治参与的重要平台。与哈贝马斯不同，雅各布和卡尔等其他一些研究者将"公共空间"视为人们工作和生活交往的空间场域。而在国

---

　　① 吴晓：《"边缘社区"探察——我国流动人口聚居区的现状特征透析》，《城市规划》2003年第7期。
　　② 蓝宇蕴：《我国"类贫民窟"的形成逻辑——关于城中村流动人口聚居区的研究》，《吉林大学社会科学学报》2007年第5期。
　　③ 参见康少邦、张宁《城市社会学》，浙江人民出版社1987年版，第240页。
　　④ 江立华、谷玉良：《"混合社区"与农民工的城市融合——基于湖北省两个混合社区的比较研究》，《学习与实践》2013年第11期。

内,有关"公共空间"的研究,也基本是沿着上述公共空间的"政治性"和"社会性"两个方向展开研究和讨论。然而,需要指出的是,上述有关"公共空间"概念的讨论至少存在两点不足,一是对"公共空间"概念缺乏明确界定,容易混淆"公共空间"和"关系网络"。阿伦特在对"公共空间"概念的阐述中所提到的"无形的公共空间",其实质是指"社团"之类的活动空间。如果用我们熟悉的话语来表达,使用"关系网络"更为贴切。二是对于"有形"或"无形"的公共空间的区分,不够严谨。在阿伦特看来,"有形的公共空间"是指物质形态的公共空间,它又区别于文化的或精神的公共空间,是"主体之间"相互联系的空间场域。然而,随着互联网技术的发展,主体之间的相互联系已不再局限于物理公共空间,也存在于无形的网络空间。

在本书中,笔者将明确界定"公共空间"与"关系网络"这两个概念。所谓"公共空间",是指个体或群体相互联系的空间场域或平台,既包括有形的地理公共空间,也包括无形的互联网平台。在社区层面上,有形的公共空间包括社区广场、社区图书馆、社区活动中心等;而无形的公共空间有微信群、QQ 群以及其他具有评论或留言功能的公众平台等。而"关系网络"则是指个体或群体所拥有的各种社会关系的总和,既包括社区内部居民之间的关系结构,也包括社区内部居民与外部成员之间的关系网络。在社会网络结构中,每个个体都能找到自己的位置,并同其他个体发生各种联系,从而形成网状的关系结构。

二 社区类型与空间差异

伴随着社会的持续流动,长期形成的城乡"二元结构"将趋于瓦解,城乡之间的界限也会逐渐模糊,并最终走向城乡一体化。但这一过程却是相对漫长的,城乡社会结构的"多梯度差异化"① 状态将在短时期内继续存在。在这种背景下,社区类型变得复杂多样,主要有传统农村社区、城乡接合部社区、城中村社区、老居民社区、新型住宅小区社区和单位型社区等。但如果按照"二分法",则可将各类型社区大致划分为传统社

---

① 张鸿雁:《论当代中国城乡多梯度社会文化类型与社会结构变迁——依据"社会事实"对"二元结构"的重新认知》,《南京社会科学》2007 年第 11 期。

区和新兴社区，前者是指受城镇化影响少、社会结构相对稳定的社区，主要包括传统农村社区和传统单位社区；而后者是在城镇化背景下逐渐形成的社区，主要包括新型住宅小区、城中村社区、城乡接合部社区等。相比传统社区而言，新型社区流动性大、居民成分更加复杂，其在社区空间边界、开放性及表现形式等诸多方面，均有显著差异。

（一）社区空间的边界

在社区研究领域中，社区边界是值得探讨的一个概念。社区边界，有地域边界和心理边界之分，通常所讨论的社区边界概念是指社区的地域边界。那么，应如何确定社区的地域边界呢？最早提出"社区"这个词语的是德国社会学家菲迪南·滕尼斯，他在《共同体与社会》中对社区（共同体）与社会做了区分，认为社区（共同体）是由具有共同价值观念的同质人口组成的关系密切、守望相助、富有人情味的社会团体。可见，从社区概念的内涵来看，社区地域边界是确定的，而且强调社区居民拥有"共同的价值观"，注重个体与社区组织之间的内在联系。从这种意义上讲，社区的地域边界与居民的心理边界是相对吻合的。

在传统农村社区，社区的边界通常是自然形成的。人们在长期共同生产和生活过程中，形成了一定的社会联系。在非流动性的社会里，传统农村社区的社会联系将会固化为一定的村庄社会结构，而在家族性社区，社区成员相互之间的亲缘或类亲缘关系更是强化了村庄社会结构。此时，社区的地域边界与居民的心理边界表现出高度契合。在这种类型的社区，居民通过血缘、宗亲等纽带聚群而居，宗族网络和宗亲观念深刻影响着居民的日常生活和行为方式（如祭祀等），进而形成清晰的心理边界，使之能够在"同我"和"异我"之间进行区分。这是因为，个体深受文化网络的影响，其本身并非孤立的行动者，"从出生到死亡，人们就一直嵌入在文化的背景当中，这种文化背景为他提供了信仰体系，帮助指导他们的行动，并向他们灌输意义和提供领悟力"①。可见，在自然形成的社区共同体中，遵循着共同的社区规则，社区的物质边界和心理边界是高度吻合的，形成融洽的社区氛围。

---

① ［美］艾尔东·D. 莫里斯：《政治意识和集体行动》，载艾尔东·莫里斯、卡洛尔·麦克拉吉·缪勒《社会运动理论的前沿领域》，刘能译，北京大学出版社2002年版，第399页。

在新中国成立初期，宗族社会结构逐步瓦解，取而代之的是人民公社体制。在新的体制下，农村社区不再以亲缘或类亲缘关系为基础单位，而完全由行政主导下新的社会结构所取代，即通常所说的"三级所有，队为基础"的社会结构。尽管在人民公社体制下，并未完全抹掉宗族性因素，但此时的宗族力量却在很大程度上遭到打压。① 在重新"组织"起来以后，自然形成的农村社区边界普遍遭到调整，原本没有血缘或亲缘关系的个体和村落开始被整合成新的集合。这些原本缺乏纽带的个体或群体，在外在行政力量作用下聚合在一起，并不会自然形成社区所应有的"共同价值观念"及守望相助的社会网络。从本质上讲，人民公社体制下的社会单位只是为实现政策目标而存在的众多个体的聚合体，缺乏相应的社会网络基础，因而不会形成真正意义的社区。在城市，老居民社区的形成也经历了相似的情形。新中国成立初期，虽然大多数城市市民被纳入了单位体制内，但仍有部分人口游离在单位体制外。1953年，彭真向中共中央递交了《城市应建立街道办事处和居民委员会》的报告。该报告建议："街道的居民委员会必须建立，它是群众自治组织，不是政权组织，也不是政权组织在下面的腿；城市街道不属于一级政权，但为了把很多不属于工厂、企业、机关、学校的无组织的街道居民组织起来，为了减轻区政府和公安派出所的负担，还需要设立市或区政府的派出机关——街道办事处。"可见，成立街道办事处的初衷是为了将不属于城市单位的居民"组织起来"，形成"类单位社区"。

尽管新中国成立后，农村和城市社区在不同程度上是由政权力量基于"国家视角"改造而成，但由于其社区成员的阶层成分、利益和需求等方面趋于一致，因此两类社区均具有高度的同质性。与此同时，在国家政治力量的介入下，各项社会和经济资源几乎都集中在组织上，因此，社区居民对组织具有很强的依赖性，组织对社区居民也形成了高度权威和凝聚力。这种个体与组织之间的依赖和支配的互动关系，替代了传统的亲缘或类亲缘关系，以此将社区居民重新集结起来，形成相对稳定的社会联系。此时，社区的地域边界与居民的心理边界也逐渐趋于一致。

然而，对于许多新型社区而言，其地域边界和心理边界并不一致。

---

① 邱国良：《宗族认同、政治信任与公共参与》，《国家行政学院学报》2011年第3期。

与传统农村社区及单位社区的高度同质性不同，新型住宅小区等类型的社区成分则较为复杂，居民在职业背景、受教育水平甚至文化网络等方面有着显著差异，进而造成了居民结构的"原子化"状态。同时，政权力量从基层社会的收缩，使得社区两委组织所能掌控的资源愈加有限，其权威性也随之减弱。因而，社区组织通常难以有效地整合资源，以达到其将居民凝聚起来的目的。而在外来流动人口较多的混合社区（如城郊接合部社区，城中村社区），即便地域边界业已确定，但居民的心理边界却各异。尽管流动人口也租住在社区，却没有被原住居民真正接纳。而大多数流动人口也只是将所在社区视为暂时栖身之地，并未对社区产生归属感。可见，尽管原住居民和流动人口均生活在共同的社区，社区的地域边界相同，但两者的心理边界却大相径庭。

（二）社区空间的包容性

从包容性的词义解释看，它通常是指社会个体或社会主体对社会客体能够包容的特征。根据社区空间是否具有包容性，可以将社区划分为封闭型社区、半封闭型社区与开放型社区。所谓封闭型社区，是指特定社区不仅在形式（即物理空间）上与其他社区形成显著的区隔，且社区居民对外来流动人口或其他社区居民表现出一种强烈的排他性，主要包括传统农村社区、单位社区和新型住宅小区社区。封闭型社区的"封闭性"，主要表现为社区居民对外部的心理排斥。从外在形式上看，传统农村社区并不像新型住宅小区或单位社区那样有着相对独立的、与外界截然分割的场域，也没有那种显著区分社区内外的物理标志。然而，传统农村社区居民的天然联系及特殊社会结构使之与其他社区有着明显区别，居民对社区内部的认同感及对外的排斥性十分凸显。而在许多单位社区或新型住宅小区等封闭型社区，围墙或篱笆是将本社区与其他社区分割的有形界限，即社区边界。这种有形的、外在的社区边界，在不断强化居民对社区心理认同的同时，实际上也在暗示居民对外部的排斥心理。而在传统单位体制内，人们还可以享受各项政策上的优惠待遇，社会和政治地位普遍较高，生老病死均与单位密切相关。因此，对于身处体制外的个体而言，单位体制具有较为强烈的吸引力。然而，由于在特定历史时期进入单位体制内的途径极为有限，传统单位社区几乎是呈封闭状态，体制外的人一般很难进入。可见，传统单位社区从形式到体制，对外都呈封闭性。

而半封闭型社区虽则介于封闭型社区与开放型社区之间，对外来人口具有一定的防范性，同时也有一定包容性。在城镇化进程中，一些近郊农村社区变得更加开放，在这一过程中形成了半封闭型社区，如城中村社区、城郊接合部社区、村居混杂社区等。相对于传统农村社区而言，半封闭型社区的人口流动性较大，社区居民对外更具有包容性。尽管在社区居民的观念中，仍然有"同我"与"异我"之分，甚至一些居民还会将外来者贴上"入侵者"的社会标签。但显然，这些"半封闭型"社区不会像传统农村社区那样，形成显著的物理空间边界。当然，由于半封闭型社区大都处于城市和乡村之间的边缘地带，社会流动性大、居民成分复杂多样，社区居民对流动人口信任感明显不足。不论是原住居民或是流动人口，原有社会网络仍持续发挥作用，两者的社会融合遭遇制度、利益或文化等方面障碍。

开放型社区不仅在社区空间上未设有显著隔断性标志（如栅栏、围墙等），且社区居民能够互相认同和融合，外来流动人口对社区具有高度的认同感和归属感。相对于其他类型社区而言，开放型社区最具包容性，是社区建设的基本目标。开放型社区的形成，意味着社会不再处于分割状态，一个个独立的社区作为社会的一个个基本"细胞"，嵌入整个社会有机体，与其他"细胞"紧密相连，形成完整的社会系统。构建开放型社区，一方面要消除社区内部居民的防范心理、增强社区居民的确定性和安全感；另一方面要减少社区内部与外部的差异及分歧，逐渐弥合社区内外居民之间的利益、价值取向等方面的裂痕。

（三）社区空间的表现形式

各类型社区公共空间的表现形式也不尽相同。在远离城市的传统农村社区及部分受城镇化影响较少的近郊社区，居民来源单一，主要以原住居民为主。由于社区居民长期居住于斯，因而社区属于典型的熟人社会，宗亲及地缘关系对于维系社区公共空间发挥了重要作用。除了宗族祠堂外，平时居民歇脚的弄堂、小卖铺也逐渐成为居民的聚散地，而在有的地区，茶馆、酒肆也能够成为居民活动和交流的公共空间。尤其是改革开放以来，中国农村社区的祠堂、庙宇、茶馆、市场等公共空间呈现复兴趋势。传统农村社区及部分近郊社区的公共空间形式表现出多样化特征。

随着城镇化的推进，传统农村社会逐步被湮没、包围，社区空间发展呈现多样形态。随着城市的不断扩张，一些近郊社区逐渐被城市包围或半包围，变成了城中村社区。由于城中村社区地处市区地带，地理位置较好，房租较新型住宅小区更为便宜，吸引了大量流动人口和一些年轻白领来此租住。因此，城中村社区居民成分变得复杂起来，社区公共空间非常有限。在城中村社区，原住居民大多有着宗亲或地缘关系，拥有稳定的、成熟的社会网络，街坊和邻里之间知根知底，他们通过原有的公共空间（如祠堂、小卖铺等）保持沟通、交流，继续维系着相互关系网络。不过，由于这种公共空间建立在相应的宗族或地缘关系上，外来流动人口和新入住的年轻白领通常很难介入，难以真正融入原住居民的公共空间。

新型住宅小区社区的公共空间也十分缺乏。这是因为，一方面，社区居民来源、职业背景、文化程度等均有显著差异，他们缺乏足够的共性以支撑起社会网络的自我建构；另一方面，社区所拥有的资源整合能力有限，无法为居民提供足够的空间平台。大多数社区建设主要依靠政府投入，相对于社区建设的需要，政府投入是极为有限的。有些社区还会通过其他渠道筹集社区建设所需资金，但依然不能从根本上解决社区公共空间缺乏的问题。因此，在许多新型住宅小区社区，由于公共空间的缺乏，许多居民的业余时间主要是在私人空间度过，或在网络等虚拟公共空间与他人进行沟通和交流。

第二节　社区公共空间变迁与人际网络

一　从伦理到政治：传统农村公共空间的变迁与萎缩

（一）儒家伦理及其支配下的公共空间

传统中国社会是一个儒家伦理占支配地位的社会，儒家伦理反映的是中国宗法等级制度，从本质上代表了封建地主阶级利益的一种道德伦理。根据儒家伦理，人们结成以血缘、宗法、等级为核心内容的人际关系网络，其本质是血缘关系为起点而形成的"亲亲"伦理秩序。儒家学说主张"性相近、习相远"，强调后天环境教育对于一个人的道德品性的培育非常重要。为此，历代封建统治者均十分注重国民的道德感化，使之符合封建统治秩序的需要，以此实现"家国同构"的目的。由此不难发现，儒家伦理实质上是以"仁爱"为原则，通过加强对社会的伦理纲常教育，实现其维护"封建统治秩序"的目的。

儒家伦理对乡村社会的影响突出表现在家族组织发展和观念塑造上。在儒家伦理中，共有五种人伦关系，即"君臣""父子""兄弟""夫妇"及"朋友"等五种关系，其中，君臣、父子、夫妇关系是最基本的社会关系。《孟子·滕文公上》有云："使契为司徒，教以人伦：父子有亲，君臣有义，夫妇有别，长幼有序，朋友有信。"此即为人伦中的双方均要遵守的"规矩"，后孟子进一步将之概括为"五伦十教"，即君惠臣忠、父慈子孝、兄友弟恭、夫义妇顺、朋友有信。在中国古代封建社会，"五伦十教"可以说是维护封建社会秩序的基本道德规范和标准。这种维护作用主要表现在"家"和"国"两个层面上。首先，通过父子和夫妇的伦理纲常，维护着家族层面的秩序。《周易》有云，"有夫妇然后有父子，有父子然后有君臣，有君臣然后有上下，有上下然后礼义有所措"。它表明，在儒家伦理中，除了君臣关系外，最基本的伦理关系还有父子及夫妇关系。夫妇及父子关系是君臣关系的基础。因此，为了维护封建统治，统治者会极力推崇以"父子""夫妇"关系为核心的宗法制度。在父子关系中，最为强调的无疑是"孝道"，它要求为人子者，应修身养性、克己复礼，遵从为父者的意志。而在夫妻关系中，则强调为人妻者应守"妇道"，即遵从"三从四德"的规范。其次，通过君臣伦理进一步规范和维护国家秩序。"普天之下，莫非王土，率土之滨，莫非王臣"，君主拥有至高无上的权威，凌驾于整个社会之上。可见，在儒家伦理规范下的宗法秩序中，人与人之间实际上是不平等的：妇女要服从丈夫，子女服从父亲，所有天下子民则服从君主。

这种等级制的儒家伦理秩序直接反映在农村社会的公共空间。在传统农村社会，家族内部的正式公共空间主要是指宗族祠堂，而这通常只有本族男丁可以进入，妇女则被拒绝入内。即便是一些非正式公共空间，尽管没有明确排斥妇女，但由于古代妇女没有社会地位，其职责主要是在家"相夫教子"，通常并不介入公共政治生活。不仅如此，在宗族祠堂等公共空间，即使有资格参与其中的人也并非拥有平等的发言权。根据哈贝马斯等人对公共空间的理解,公共空间应是一个介于私人和国家的"第三领域",在公共空间的人们可以自由、平等参与公共事务,享有自主权利、不受外部力量干涉。然而,在宗族祠堂这种村庄公共空间,人们事实上是不平等的。其中,宗族头人拥有非常高的权威,对宗族事务通常具有决定权。当然,这并非是说宗族祠堂不是公共空间,它只是表明了中西方具有不同的政治文化。在西方文化伦理中,神是支配一切的权威,所有的人都应服从神,在神面前,人与人是平等的,"都是上帝的子民"。而中国儒家伦理则强调"君君臣臣、父父子子、夫夫妻妻",构成有严格等级的社会和政治秩序,这种秩序也必然反映在公共空间。

(二) 兴起与衰落:乡村公共空间的政治性

尽管近代以来,这种由伦理支配的传统公共空间经历了清末及民国初年的社会变革,但真正彻底改变它的却是始于20世纪50年代前后的一系列政治运动,其中就包括土改运动。土改运动实质上是对旧的宗族社会结构的一场彻底颠覆,它彻底改变了传统宗族社会赖以生存的经济基础。与许多传统村落一样,杨家村①也经历了这场急剧的农村经济社会变革。

> 杨家村是南方的一个典型宗族性村落,村子里几乎清一色的杨姓,杨家村在土改期间,总共打倒了6个地主,其中就包括杨文宗。文宗是杨家村的宗族头人,相传其父年轻时有胆识、敢仗义执言,被前辈宗族头人点名继任宗族头人。其父死后,文宗便成了杨家村新的宗族头人,坐拥60多亩田地,同时还担任了国民党的伪保长。因此,解放初期的土改运动中,文宗被重点整治,最后被烟熏而死。杨家村还有一个地主名叫杨锦水,其妻子为了和他划清界限,甚至还参与了农会对其的剧烈斗争。杨锦水的儿子杨雨任出生于1934年,七岁入学,念了几年书,在当地也算是少有的几个文化人之一。1952年,政府提倡识字扫盲,需要他这样的文化人。但在征求村里农会同意时,却遇到了麻烦。当时农会的负责人毫不客气地对杨雨任说:"什么?你还想教书?你三代没有种田,那把锄头棍子抓紧

---

① 资料源于笔者2009年7—9月对Y市杨家村的调研记录。

些，老老实实种田，哪儿也别想去。"之后，杨雨任的几次人生机会也都因出身不好而失去。

经历了"土改运动"之后，整个村庄秩序发生了根本性变革，原先旧秩序的宗族头人纷纷被打倒，而解放前生活艰辛的贫下中农则纷纷翻身做了主人。由于旧的社会秩序遭到颠覆，村落的公共空间也随之发生了深刻变化。除了族谱等宗族标志被彻底摧毁之外，象征旧秩序权威的宗族祠堂也被改造成了大礼堂，祠堂里残存的宗族痕迹也一并被彻底抹掉，取而代之的是领袖挂像和各种政治标语。尽管新落成的大礼堂在房屋结构上并没有做太大改动，但在空间功能及对妇女的包容性等方面却与过去明显不同。在传统社会，杨家村的祠堂是其宗族头人决定宗族事务或者村民祭祀祖先的地方，而人民公社前后，这里却变成了群众聚会的场所，生产队或者所在大队的一些大型活动（如村民大会、吃大锅饭）几乎都在这儿举行。在大礼堂这种正式的公共空间，发挥主导作用的通常是村庄政治精英，也不再像过去的祠堂那样是妇女的禁区，而变得更加具有包容性。透过祠堂的变迁，不难发现村落社会结构也发生了深刻变化，即由原先的以房支为单位、以宗族头人为精英的村庄宗族结构向以生产队为单位、以村干部为精英的村庄政治结构转变。所不同的是，村庄政治结构主要是在国家政权强力推动下形成的，具有较强的政治性，村庄宗族结构则是基于血缘关系自然形成的。

20世纪70年代末，政治性的公共空间对村民逐渐失去吸引力，社区凝聚力日渐弱化，村庄政治结构开始走向衰落。之所以造成这种结果，不仅有其社会权利或产权制度方面的原因，也有深层文化的因素。中国农村社会聚群而居的基础是血缘或亲缘关系，后者正是维系村落共同体的纽带，因此，传统村落共同体不仅具有物质上相互帮扶的功能，也有寄托家族情感的功能。人民公社体制下村庄结构的深刻变化，在很大程度上削弱了村落共同体的情感功能。更重要的是，人民公社体制下的一些极端做法，破坏了体制下的物质供求与人际关系的平衡，最终导致人民公社体制的瓦解和政治性公共空间的萎缩。与此同时，村庄各种非正式空间开始兴起，并大有超越村庄正式公共空间之势头。在杨家村，村庄大礼堂仍在原址，每逢重大节日或大型活动，村民仍会聚集于此进行欢庆，但在平时，村民则几乎不会聚集在大礼堂。沿着大礼堂的南大门，有一条不宽不窄的巷子，巷子两边是居民住宅区。每当农闲时，一些上了年纪的妇女三五成群地聚坐在这条巷子里，聊些家长里短，其话题偶尔也会涉及村庄公共事务。她们经常通过这种独特的方式和途径，形成一定的村庄公共舆论，对村庄公共事务施加影响力。而其他一些人则聚集在村里的几个小卖铺，聊天、消遣等。杨家村共有六个小卖铺，主要经营日常生活必需品，烟酒、油盐、酱醋等。为了招揽顾客，这些小卖铺会在铺子里摆设一些桌椅，供村民聚集在一起歇脚、聊天。

这些小卖铺的设立，实际上是挺有讲究的，它除了考虑"码头"（即"地理位置"）因素外，还要权衡宗族关系的平衡。杨家村分为四房支，分别是社公房、炉公房、堂公房和熙公房，每个房支都由一个共同祖先繁衍，因而同一房支的村民之间在情感上自然会更加亲密。小卖铺的设立，虽然不完全按照房支均衡分布，但却与房支有着明显的关联。设在杨家老村的三个店铺的店主，其中一个是社公房的，另两个属于熙公房的；而新村的三个店主，其中一个是炉公房的，另外两个均属于堂公房。同时，村民聚集和购物地点的选择也带有较强的宗族房支倾向性。不考虑地理位置及特殊的私人关系等因素外，村民一般都会选择与自己同一房支店主开设的小卖铺购物。

在中国南方农村，杨家村的情况颇具代表性。透过杨家村的变化，不难发现传统村落公共空间的变迁特征。它主要表现为：一是村落正式公共空间不断萎缩，非正式公共空间开始兴起。随着人民公社体制的瓦解，政治性的村民集会几乎不再召开，取而代之的是小卖铺、弄堂等场所的各种非正式集合。一些学者的研究也支持这个判断。如曹海林在对苏北窑村的研究中也发现，集体化村庄共同体、行政性集会、乡村文艺活动等村落正式公共空间开始萎缩和消解，而与此同时，各种形式的非正式公共空间开始得到拓展。[1] 戴利朝也在对赣南地区的祠堂、茶馆等公共空间考察的基础上认为，鉴于村庄正式公共空间的萎缩，传统的公共空间开始复兴并试图对基层社会进行整合。[2] 村庄正式公共空间的衰落，

---

[1] 曹海林：《乡村社会变迁中的村落公共空间》，《中国农村观察》2005 年第 6 期。
[2] 戴利朝：《茶馆观察：农村公共空间的复兴与基层社会整合》，《社会》2006 年第 5 期。

不仅反映了村庄正式体制权威的持续弱化，同时也表明了当前农村社会渐趋多元化。

二是非正式公共空间的宗族伦理特征。尽管一些非正式公共空间未能以传统形式表现出来，但却也表现出一定的宗族伦理特征。在杨家村小卖铺的分布上，一方面要考虑到地理位置，另一方面还要权衡宗族房支关系。而对村民来说，小卖铺不仅是其购买日用品的地方，也是他们空闲时聚集的场所。同一片区域的两家小卖铺的店主，一般不会同属一个房支。因为一旦发生这种情况，将不仅影响两家小卖铺店主之间的关系，也会让同一房支的其他族人在选择购物点时陷入两难。在小卖铺里，大家或随意闲聊，或就村里公共事务发表看法。这就使得小卖铺事实上成为村庄非正式公共空间，各种信息往往从这里集中和发散。

二　混合性与整体性：居住隔离的两种形态

在城镇化背景下，人口的持续流动无疑会对社区居民构成及公共空间产生影响。其中，两类社区公共空间的变化尤为明显：一是在流动人口聚居社区（如城中村社区、城郊接合部社区及村居混杂社区等），容易形成隔离性的公共空间。在这类社区，流动人口与原住居民不仅在社会关系网络上几乎没有交集，而且往往在居住空间及公共活动空间上也处于隔离状态。二是城郊农民安置社区。在城市化进程中，一些城郊社区陆续转型为城市社区，原有的社区居民大部分会被就近集中安置。与流动人口不同的是，这些城郊农民在集中安置以后，其所处社区的地理位置一般不会发生较大变化。然而，所在社区的空间结构、人口构成却与转型前的城郊社区明显不同。在转型前，处于城市边缘地带的城郊社区，虽然或多或少受城市影响，但基本上保留传统村落的特征；在转型后，由于居民作为整体安置，其人口成分保持着相对完整性，但其与社区内其他群体的关系已然发生断裂或隔离。

（一）金浦村：混合性隔离

金浦村社区共有居民6000余人，其中80%以上为外来流动人口，是一个由鞋业带动起来的、本地与外地人口倒挂的混合社区。由于社区人口密度大，公共休闲空间极为有限。在位于金浦新村的社区居委会大楼前，有一块开阔的空地，旁边还建造了一个小亭子。一些当地人闲暇时间会在那里休闲娱乐，而居住在金浦老村的外来流动人口则很少光顾此地。社区居委会很少举行集体活动，即便原住居民偶有举行庙会，也是用方言进行表演的，外乡人根本听不懂。因此，租住在金浦老村的外来流动人口几乎是不参加庙会的。在金浦村，流动人口和本地原住居民几乎没有交集，他们只是在交房租和卫生费时，才偶尔会与房东或居委会的收费人员打交道。

从案例中可以发现，在金浦村，无论是居住空间或是公共活动空间，本地人和外来流动人口都是相互隔离的。之所以出现社会隔离，确实有社会网络、语言文化等方面的因素。一方面，不少打工者背井离乡，只身来此地打工，其基础关系网络主要在原籍农村。在金浦村，他们也逐渐形成了新的关系网络，但这种关系网络实际上是原有关系网络的延伸。该关系网络的亲疏远近很大程度上受亲缘、地缘关系影响，类似传统农村的"差序格局"。另一方面，他（她）们在当地语言不通，也不熟悉当地的风土人情，与本地人难以进行深入的沟通和交流。

金浦村的打工者几乎都来自欠发达地区的偏远农村。在这些偏远农村地区，很大程度上还保留着传统农村社区的特征，他（她）们所从事的农业经济活动没有细致的分工，人们以血缘或亲缘关系为纽带而形成了"机械整合"。这种"机械整合"是全方位的、系统性的，个体的经济活动植根于其传统社会网络，并与乡土社会规则和文化相契合。他们以家户为单位进行劳作，并在生产和生活中与邻里形成互相关爱、相互帮助的密切关系，其生产过程中的社会关系与乡土社会秩序是一致的，并深刻地嵌入其整体社会网络之中。人们从小生活在这种互嵌网络中，并成为该网络的一个"结"，自然产生一种强烈的归属感。一旦个体外出务工，个体经济活动便脱离了相应的社会网络，曾经完整的、互嵌性的系统网络开始出现分离状态。为了一定程度上弥补这种由系统分离状态所带来的漂泊感和孤独感，一些打工者选择距离家乡较近的地方打工，或者从事工作时间较为灵活的工作，以便可以经常返乡探亲。

柳雪琴（女，27岁，高中学历）：

柳雪琴老家是四川，在广东打工时，结识了她现在的丈夫（江西横峰人）。2006年，夫妻俩来到金浦村做鞋工。在来金浦村之前，他们先后去过广东、福建等地打工。他们之所以选择到金浦村做鞋工，并非工资高或条件好，而主要是有两个原因：一是几个家里的亲戚都在这里打工，大家在一起，可以相互照应；二是做鞋工，是按件计算工资，工作时间灵活，可以随时回家探望，请假非常方便。

在上面案例中，柳雪琴的处境和选择具有较广泛的代表性，其经济活动与其他系统相分离状态带给了他们强烈的漂泊感。这些打工者始终觉得，老家才是自己的根，那里的制度、文化格外熟悉，人与人之间也知根知底，还有割不断的亲缘关系。而在外地打工，个体的经济活动与社会、制度及文化不再是相互嵌入的，而是明显表现出"脱离嵌入"（disembedding）的状态。为了协调其经济系统与其他系统之间的关系，不少人会选择折中的办法，即放弃其他地方相对稳定、收入较高的工作，而甘愿从事收入较低却比较自由的工作。这样既不会耽误打工"赚钱"，又可一定程度上兼顾人际网络及情感需求。

然而，金浦村流动人口与原住居民的隔离过程，却展示了问题的另一面。早期的金浦村是一个典型的江浙农村，地处偏僻、经济落后。改革开放以后，金浦村村民开始响应政策，纷纷在村里投资办鞋厂，并逐渐由小作坊式的工作车间发展成为一个个具有一定规模的大厂。由于鞋厂会产生一定的噪声、空气污染等，再加上当地的基础设施和生活便利设施滞后，不少赚了钱的老板便陆续迁离金浦村。其中一些人在城市购置了住房，也有不少人搬迁到附近的金浦新村，而留在金浦老村的则是一些较为穷困的原住居民，其中绝大部分为老人。同时，居民搬迁金浦老村后所遗留下的老旧房屋，不仅没有被拆除，反而加搭了一些棚屋，一并出租给附近鞋厂的外来流动人口。

显然，金浦村的居民隔离展示了两点情形：一是原住居民与流动人口之间的分化与隔离。即最富裕的一部分人搬迁到市区，他们一方面享受着市区为之带来的各种便利设施，拥有较高的教育质量，居住在治安良好、相对密封的新型住宅小区或别墅区；而经济条件尚可的原住居民则集中搬迁到地势较高、靠近社区居委会的金浦新村。在金浦新村，一栋栋规划整齐的高楼和整洁、宽敞的街道，与金浦老村的老旧房屋、狭窄的通道、脏乱的居住环境形成了强烈的反差。二是流动人口之间的大杂居、小聚居的状态，形成了混合性隔离状态。尽管金浦老村超过80%的居民均为外来流动人口，但他们却来自不同省份和地区，其中以江西、安徽居多，四川、湖南、贵州、湖北次之，也有一些来自省内其他地区。来自不同省份和地区的流动人口，保持着以原籍地域为标准形成相对聚居的格局。比如，一些原籍为江西的流动人口，主要集中在毗邻金浦新村的村头，而原籍为湖南和四川的流动人口则主要居住在靠近公路的村尾。

（二）果园新村：整体性隔离

果园新村是C市在城镇化过程中由自然村落改造而成的新村，位于宝湖社区辖区内。除了果园新村，宝湖社区辖区内还有若干新型住宅小区，果园新村是属于整体性嵌入社区中。宝湖社区的居民成分较为复杂，除了一部分是原果园村的村民外，还有从老城区搬迁过来的老市民、租住在社区的外来流动人口以及学生群体。拆迁安置落实以后，原果园村的村民在失去土地的同时，也完成了从农民到市民的身份转型。在完成市民身份转型后，原果园村的村民不用再种地了。为了维持生计，除了个别村民拿着土地补偿款做一些小生意，更多的人则选择了去工厂务工或做保安保洁等工作。而村里的大多数老人则依靠土地补偿款和政府为其购买的养老保险过日子。

尽管转型前的金浦村和果园村均为传统农村社区，有着相似的居民结构网络和文化传统，但转型后的金浦村和果园村无论在居民结构、公共空间、关系网络等方面均显著不同。如果说金浦村的打工者是脱离了其本土社会网络并个别性嵌入新的社会网络，那么，果园新村却是整体性嵌入新的、更广大的城市网络。村民们也不像金浦村打工者那样背井离乡，而是依然生活在原有的地理空间。果园新村现有居民成分较为单一，主要由原果园村及部分邻村的原住居民组成，互相之间知根知底。

虽然相对于原果园村，果园新村的空间环境发生了明显变化，但在果园新村这个相对有限的空间内，原有关系网络及文化价值体系依然发挥一定的作用，并在一定程度上保持着熟人社会的特征。一些老年人经常会搬个小凳子到楼下空旷处，聊聊天、打个牌或喝个茶，老人们的那份悠闲并没有因为公共空间的转换而有所改变。可见，在果园村转型之后，其原有社会网络依然保持相对完整。

尽管果园新村的地理空间并未发生变化，其社会网络也保持着相对完整，但其居民在融入更大范围的城市网络中却遭遇阻碍。总体而言，城市社区属于陌生人社会，与具有熟人社会特征的传统农村社区显然不同。前者在社区公共空间和居民结构上分别表现出开放性、多元性的特征，而后者则相对较为封闭和单一。因此，面对社区公共空间和居民结构的变化，果园新村的居民很快便发现，其原有的价值观念遭到了强烈冲击，并普遍缺乏安全感。

> 张大爷（男，70岁，原大队干部，现社区专职网格员）：
> "20世纪90年代以前，这里还是一片农田，改造后就变成现在这个样子了。现在住宿条件比以前有了明显改善，以前村里不少人住的都是自己盖的平房或是廉租房，现在全都住上了楼房。社会关系没怎么变化，还是以前的老邻居嘛。大家一般都会在上午早饭后八点左右，聚在小区的广场上，聊聊天、打扑克牌或者打麻将。只是感觉现在不如以前安全了，原来大家接触范围小，思想单纯，不像现在人的思想变得更复杂了。所以，现在大家都没有安全感，基本上每家都安装了防盗网。"

不仅如此，果园新村居民的主要交往对象依然是原住居民，他们与社区内其他群体很少接触，形成了不同程度的社区隔离。对于大多数果园村的老年人而言，其行动不便及资源稀缺使得其接触范围原本就不大，主要局限在熟人社会中，因此，在转型后的果园新村，他们对于隔离的主观感受并未发生明显变化。然而，在一些面临职业转型的其他居民主观感受中，却有着较为强烈的遭受隔离的意识。事实上，无论在社区生活中或是在职业发展中，他们曾经或正在遭受不同程度的排斥。

三 脱离嵌入：居住隔离的共性逻辑

本书将金浦老村和果园新村作为两个典型案例加以剖析，是基于两者内在的逻辑联系。在传统中国社会，农民的隔离主要表现为宏观上的城乡隔离，农民聚群而居在广大的农村地区，而市民集中居住在城市。在这种宏观上的隔离形成过程中，正如第一章所描述的，相关制度无疑发挥了巨大作用。然而，随着导致城乡隔离的制度"藩篱"逐渐被打破，农民开始流向城市和发达地区。农民的这种流动性表现出两大特征：第一，这是水平流动而非垂直流动，甚至多发生地域上或空间上的变化，在社会地位上并未形成根本性变化；第二，农民的流动虽然一定程度上缓解了宏观上的隔离现象，但却引发了微观社区层面的主动或被动隔离。在金浦老村，在流动人口发生跨地域流动后，来自不同地区流动人口之间以及流动人口与原住居民之间形成了混合性隔离。而果园新村，原有村民则是在被动卷入城市后形成了整体性隔离。无论是金浦老村的流动人口，或是果园新村的原住居民，两者原本的职业和身份均是农民。两者的身份和职业转型路径，也恰恰是中国农民市民化的两种基本路径：就地城镇化和农民工市民化。两者的隔离现象表明，中国农民的隔离问题不仅始终存在，而且正在以多种形式表现：既仍有宏观层面的城乡隔离，也有微观层面的社区隔离，既有主动形成的流动人口混合性隔离，也有被动形成的城郊农民整体性隔离。与传统中国社会的城乡隔离不同，流动人口的隔离和城郊农民的隔离均是在社会流动下形成的，因而两者均可统称为"流动性隔离"。

那么，接下来要讨论的问题是，"流动性隔离"形成的内在机理和根源是什么？在学界关于居民隔离问题研究中，有两种基本的理论视角，即"空间同化"（Spatial assimilation theory）和"地方分层"（Place stratification perspectives）。[①] 根据"空间同化"理论，经济社会地位的不同及族群之间的文化适应，共同塑造了居住模式。即便居住选择不受偏见和

---

① Charles and Camille Z., "Dynamics of Racial Residential Segregation", *Annual Review of Sociology*, Vol. 29, 2003, pp. 167 – 207.

歧视的影响，经济社会地位的不同也将会导致族群之间的隔离。① 许多少数族群成员由于不能承担经济压力，而不得不远离富裕群体，选择居住在其工作场所附近的社区。② 与"空间同化"倾向于从阶级或阶层角度解释不同，"地方分层"理论强调偏见和歧视在塑造居住模式中的作用。较早提到偏见和歧视问题的是卡洛·斯特科和道格拉斯·C. 格拉斯哥。斯特科认为，黑人家庭不应该被视为弱者，相反，他们能够非常有韧性，并能在一个充满压迫和种族偏见的社会较好地生存下来。③ 格拉斯哥也认为，底层阶级的产生，其根源在于国家有关机构——特别是学校和经济组织，正是它们导致了黑人的贫穷和依赖。④ 而有关地方分层理论最具代表性的是道格拉斯·S. 梅西和南西·A. 登顿的研究。他们在 American Apartheid: Segregation and the Making of the Underclass 一书中直言，"族群隔离是导致美国黑人永久性贫穷的关键的结构性因素"，除非直面解决"贫民窟"的难题，"否则居住隔离的灾难性后果将会不断扩散，进而对整个社会造成严重伤害"。⑤ 上述两种基本的理论视角对于解释中国农民的"流动性隔离"具有不同程度的解释力。

在国内学界，相关问题研究主要聚焦流动人口群体，较少有关注城郊农民市民化后的隔离问题。而对于流动人口的隔离问题，则主要从文化差异、流动人口自身社会网络、市民偏见视角展开讨论。⑥ 公共政策、组织架构及社区治理等制度因素也不容忽视。⑦ 为促进流动人口和原住居

---

① John Iceland and Rima Wilkes, "Does Socioeconomics Stataus Matter? Race, Class and Residential Segregation", *Social Problems*, Vol. 53, Issue 2, May 2006, pp. 248 – 273.

② Clark and William A. V., "Residential Segregation in American Cities: A Review and interpretation", *Population Research and Policy Review*, Vol. 5, 1986, pp. 95 – 127.

③ Carol Stack, *All Our Kin: Strategies of Survival in a Black Community*, New York: Harper and Row, 1974.

④ Douglas C. Glasgow, *The Black Underclass: Poverty, Unemployment, and Entrapment of Ghetto Youth*, New York: Vintage, 1981, p. 11.

⑤ Douglas S. Massey and Nancy A. Denton, *American Apartheid: Segregation and the Making of the Underclass*, Harvard University Press, 1993, pp. 9, 236.

⑥ 王春光：《农村流动人口的"半城市化"问题研究》，《社会学研究》2006 年第 5 期；郭星华、杨杰丽：《城市农民工群体的自愿性隔离》，《江苏行政学院学报》2005 年第 1 期。

⑦ 江立华、谷玉良：《"混合社区"与农民工的社区融合——基于湖北省两个混合社区的比较研究》，《学习与实践》2013 年第 11 期。

民之间的融合，一些地方还修建了社区休闲空间，但其效果未必理想。[1]其实，文化差异、社会网络和市民偏见等理论观点，从不同角度上看，其反映的恰恰是导致隔离问题的族群因素。诚然，从族群因素角度解释中国农民的"流动性隔离"问题，无疑具有一定的解释力，因为个体往往更加倾向于对内群体而非外群体的认同和接纳。然而，中国农民的"流动性隔离"毕竟主要发生在同一种族内部，其族群分歧与美国社会的种族隔离问题本质上是不同的。而制度因素只是造成中国农民宏观隔离的历史因素，或是新的社会环境下社会隔离的催化因素，它本身并非是促成"流动性隔离"的根本性因素。

也有研究者从职业结构来理解流动人口的空间分布[2]，或是将流动人口聚居区看成是自发城市化与市场化的结果[3]。这类观点大体上是从"经济"的视角来讨论"流动性隔离"问题，其实质上是沿袭了前述"空间同化"的理论路径。社会学家威廉·J.威尔逊主张在理解隔离问题时，应充分注意到阶级或阶层的重要性正在逐渐超越族群。他在 *The Truly Disadvantaged: The Inner City, the Underclass, and Public Policy* 一书中对自由主义传统发起了挑战，强调持续的城市贫困根源于城市中心经济的结构性转变。在城市中心区域，制造业的衰退、工作郊区化以及低工资职业的增长等因素导致了少数群体较高的失业率。这些经济变化往往伴随着黑人社区的集中贫困和隔离。[4] 在中国社会，"流动性隔离"往往也与就业市场结构密切相关，尤其是主动性的流动人口隔离更是如此。在前文金浦村案例中，流动人口之所以大量集中在金浦村，正是因为金浦村所在的云周工业园区设有大片的鞋业厂房。这种流动人口在工厂附近大量"聚居"的现象在以制造业为主的发达地区普遍存在，也引起了学界从多个视角予以关注。

---

① 刘望保、谢丽娟、张争胜：《城中村休闲空间建设与本、外地人口之间的社区融合》，《世界地理研究》2013年第3期。

② 李若建：《广州市外来人口的空间分布分析》，《中山大学学报》（自然科学版）2003年第3期。

③ 蓝宇蕴：《我国"类贫民窟"的形成逻辑——关于城中村流动人口聚居区的研究》，《吉林大学社会科学学报》2007年第5期。

④ William Julius Wilson, *The Truly Disadvantaged: The Inner City, the Underclass, and Public Policy*, Chicago: University of Chicago Press, 1987, pp. 1 – 108.

虽然职业在一定程度上解释了流动人口的空间布局和居住选择，但却未能更加深刻地揭示其背后的经济社会联系，也不能解释城郊农民市民化后的隔离现象。实际上，按照卡尔·波兰尼的理解，"经济的社会嵌入"是系统性的整合，包括职业活动在内的个体所有的经济活动从来不是孤立的，而是制度化的社会过程。因此，要理解个体的社会网络，不仅要将其置于制度及文化背景下考察，也应联系个体的经济系统。只有从经济、社会、制度与文化等系统的相互嵌入的角度，才能够更好地理解流动人口的社会网络及其社区隔离现象。

早在 20 世纪 50 年代后期，卡尔·波兰尼在《大转折》型中便提出了"嵌入"这一概念。"嵌入"一词原本指一个系统有机结合进另一个系统之中或者一事物内生于其他事物之中的客观现象，卡尔·博兰尼将之引入经济理论分析并提出"经济的社会嵌入"的观点，强调经济活动是一个制度化的社会过程。格兰诺维特则将社会嵌入进一步细分为关系嵌入与结构嵌入两个层面，并指出，微观层面的关系嵌入是指单个行为主体的经济行为嵌入与他人互动所形成的关系网络，其具有人际社会二元关系的结构和特征（包括关系疏密程度、关系质量等）；中观层面的结构嵌入是指行为主体所在网络与其他社会网络相联系，并整体性嵌入整个社会的网络结构，它描述了行为主体多维度嵌入关系构成的各种网络的总体结构、功能以及行为主体在网络中的位置。行为主体及其所在的网络都嵌入由其构成的社会结构，并受来自社会结构的文化、价值因素的影响。[①]约翰尼逊和帕西拉斯则将社会嵌入分为本质性嵌入和系统性嵌入，并认为系统性嵌入系指经济主体与处于更大空间中的主体之间的整体关系结构，它包括关系嵌入和结构嵌入。在系统性嵌入过程中，有的行为主体占据网络中心位置，有利于其吸引网络中其他主体与自己形成密切联系。[②] 其实，本书使用"社会嵌入"的概念主要是借助于格兰诺维特关于"关系嵌入"与"结构嵌入"的划分，以及约翰尼逊和帕西拉斯的系

[①] Granovetter and Swedber G, *The sociology of economic life*, Boulder: West View, 1992, pp. 36–45.

[②] Johannisson and Pasillas, The institutional embeddedness of local inter-firm networks: A leverage for business creation, *Entrepreneurship & Regional Development*, Vol. 14, No. 4, 2002, pp. 297–315.

统性嵌入的概念，以此分析流动人口的经济行为及其所形成的社会网络，并通过其社会网络去观察其所处的社会阶层，以及这种社会网络和社会阶层因素对其融入社区将会产生怎样的影响。下面分别以金浦村和果园村为例具体阐述：

在前述金浦村和果园村两个案例中，其公共空间和社会网络有着较大差异，前者公共空间是隔离的、社会网络是支离破碎的，而后者公共空间虽发生了转换，但空间位置并无变化，而且其社会网络相对完整。然而，两者都发生个体经济活动与社会网络系统的"脱离嵌入"现象，并均在融入社区时遇到阻碍。上述表明，公共空间和社会网络因素在解释流动人口或城郊农民融入城市问题具有一定的局限性。那么，是什么原因导致个体的经济活动与社会网络系统的"脱离嵌入"，从而使之不能真正实现从身份、职业到网络的全面转型呢？

根据格兰诺维特的理解，社会嵌入包括微观层面的关系嵌入与中观层面的结构嵌入。其中，微观层面的关系嵌入指的是个体经济行为嵌入与他人互动所形成的关系网络，而中观层面的结构嵌入则是指行为主体所在的网络与其他社会网络相联系，并整体性嵌入整个社会的网络结构。在城市化潮流中，无论是金浦村的打工者还是果园村村民，其个体经济活动必然要嵌入新的关系网络中，然而，这种新的关系网络的疏密程度及关系质量与其建立在亲缘、血缘基础上的传统关系网络无法比拟。尤其是个体所在新的关系网络与其他社会网络因"结构嵌入"而形成的整体性网络结构，还要受到结构本身的价值、文化等影响。显然，无论是微观层面的"关系嵌入"或者在此基础上形成的"结构嵌入"，均难以满足金浦村流动人口或果园村原住居民的个体情感和网络需求。

不仅如此，在个体经济活动嵌入与他人互动所形成的关系网络，能否更大程度上扩展关系结构并形成整体性社会网络，不仅受到关系质量及关系网络的疏密程度影响，也与关系网络本身的层次及个体在关系网络所处的地位有关。一般地，关系网络的层次越高，其在更大的整体性社会网络中的影响越大。虽然农民工进城实现职业转型，嵌入新的关系网络中，但由于其受教育水平总体较低、技能不足，他们只能在城市"次级劳动力市场"实现就业，而难以进入城市主流劳动力市场。这就决定了其所嵌入的关系网络在整个社会结构中的低层次、边缘性的特点。

而另一方面，行为主体自身在微观关系网络中的位置也会影响其嵌入更大的系统性网络中。在行为主体系统性嵌入过程中，有的行为主体占据网络中心位置，有利于其吸引网络中其他主体与自己形成密切联系。[①] 实际上，无论是金浦村的流动人口或是果园村的原住居民，他们或许在原有社会关系网络中占据主体地位，但在各自新的网络结构中均处于低层次和边缘性地位，无法与更大的社会网络形成更加紧密的联系，最终阻碍了两者融入各自的主流社会网络。

第三节　空间再造的原则、路径与挑战

一　社区公共空间再造的基本原则

在社会转型和变革中，社区公共空间出现隔离和转换，人们在嵌入新的关系网络以及构建更大的整体性网络过程中，遭遇了重大障碍。这种障碍的形成，一方面是因为受制于个体原有关系网络的路径依赖；另一方面也与个体在新的社会关系网络及系统性网络中所处位置有关。因此，消除流动性隔离、促进社区融合，就是积极创造公平、包容的社区公共空间，增强流动性个体的社区归宿感，同时对于造成流动性隔离的阶层因素则可以通过调整相应的政策获得缓解，从而不断弥合社区居民的阶层差异。具体而言，在改造社区公共空间过程中，应遵循以下几点原则：

一是包容性原则。根据阿伦特关于"公共空间"概念的描述，公共空间应该是对所有人都是公开的、平等的，人们可以自由进入之。同时，每个人都是独立的、自主的，在特定的公共空间里，所有人都不应试图凌驾于他人之上，并将自身意志强加于其他人。每个人都可以根据自己独立的意志去参与公共空间的所有活动。因此，应侧重从主体"之间"去理解公共空间，不论是从物质性公共空间还是从无形的人际关系网络去理解，均是如此。对此，哈贝马斯在明确提出"公共领域"（也称"公

[①] Johannisson and Pasillas, The institutional embeddedness of local inter-firm networks: A leverage for business creation, *Entrepreneurship & Regional Development*, Vol.14, No.4, 2002, pp.297–315.

共空间"）的概念之后，也对之进一步解释和阐述。哈贝马斯认为，公共空间是一个超越家庭且不受国家干涉的、公民参与公共事务的领域，即它是介于私人和国家的"第三领域"。人们可以在所谓"第三领域"自由、平等地讨论和参与公共事务活动，而不受国家力量的控制。在阿伦特、哈贝马斯等提出"公共空间"概念之后，西方学界展开了一场大讨论，并就公共空间的包容性所蕴含的公开性、平等性和自主性等特征基本形成共识。在当前复杂而多样性的社会，包容性是社区和谐共存的基本前提，在新型社区的公共空间建设中，应该坚持包容性原则。

包容性原则首先要求社区居民平等、自主地参与社区公共活动。与遵循等级制的国家政治空间不同，在社区公共空间里，所有社区居民都应该是平等的。人们平等自由地参与社区公共空间的活动，大家所遵守的规则也是通过一定程序而形成的共同意志。在社区公共空间里，可能会有相应的分工，有组织者、策划者，也有普通参与者，但这不应该破坏平等自由的原则。在混合社区，农民工在关系网络中的地位一般处于边缘化，在公共事务中的话语权较弱。这显然不利于其尽快融入社区。因此，应当赋予社区所有个体自主表达意见的权利，人们除了遵从共同意志为内容的社区规则约束外，不受来自社区内外任何力量的干涉。不仅如此，包容性原则还要求社区公共空间须是一个开放性空间，其活动场所应对所有社区居民公开，不应设定准入门槛。这是因为，社区公共空间不同于隐秘的私人及家庭空间，其"公共性"本身就意味着社区公共空间的开放性。

二是多元团体性原则。在传统中国农村社会，农业将人们束缚在土地上，故而久之便形成聚族而居的村落格局。家族成了传统农村社会的中心，它通过举行包括祖先祭祀等在内的各种宗族仪式及共同应对外界风险，从而不断强化居民之间的联系。在长期共同生活过程中，人们逐渐产生了共同的价值观念，再加上本身所拥有的血缘关系网络，促使农村社区居民互相团结起来。杜尔凯姆认为，社会团结分为机械团结（mechanical solidarity）和有机团结（organic solidarity）。其中，机械团结是靠文化和习俗来维系，人们之所以能够形成机械团结是基于价值观相同，这是传统农村社区的特点；而有机团结则在社会分工的基础上形成，是个体之间互相依赖、相互支持而形成的团结，是现代社会团结的基本形式。

在传统村落，人们主要是依靠文化和习俗维系在一起，而宗族性村落则还有割不断的血缘或亲缘关系纽带将村民聚合起来。人们有着共同的价值观念和生活方式，过着日出而作、日落而息的田间生活。同时，由于其经济结构的单一农业化，个体或家庭之间的经济差别较小，不易形成农村社会的阶层化。然而，一旦农民工嵌入新的关系网络，进而嵌入更大的系统性网络结构中，那种血缘或亲缘关系纽带就不再发挥作用。与此同时，个体所嵌入的新的关系网络及系统性网络具有层级性特征，农民工个体则在这个层级性网络中处于边缘性位置。显然，这种层级性网络结构不利于农民工融入主流社会。

随着社会流动的频繁，社区居民成分变得更加多元性，不同文化、地域甚至不同阶层的人们居住在同一社区或邻近社区，难免会形成社区多元性隔离。为了消除这种流动性隔离，应在促进文化融合的同时，积极改变阻碍社区融合的阶层性社会结构。阶层性社会结构是根据人们的经济社会地位自然形成的，一旦个体经济社会地位差异显著，必然加深阶层之间的裂痕，不利于社区融合。相反，团体组织则是相对包容的，它是建立在居民共同的兴趣、志向基础上的，因而，即便是不同经济社会地位的社区居民，也可以成为同一团体组织的成员。因此，团体组织的存在，可以为不同经济社会地位的居民提供相互沟通和交流的平台。

三是现代性原则。当前，中国社会正处于转型关键时期，社会结构及价值观念等领域已发生或正在发生深刻变化。从社会结构看来，传统社会的一元性逐渐向多元性转变，空间场域也在发生变革。安东尼·吉登斯（Anthony Giddens）指出，在前现代社会，社会生活的空间维度一般都是受"在场"（presence）的支配。而在现代社会，"通过对'缺场'（absence）的各种其他要素的孕育，日益把空间从地点分离了出来，从位置上看，远离了任何给定的面对面的互动情势。"① 事实上，随着互联网的广泛普及，人们生活、生产和交往方式正在发生深刻变化，公共空间的"在场"形式已逐步向"缺场"转变。尽管历史上也有诸多变革，但

---

① ［英］安东尼·吉登斯：《现代性的后果》，田禾译，黄平校，凤凰出版传媒集团、译林出版社2011年版，第16页。

相比较而言，当下的这种由现代科技革命所引发的社会变革却是前所未有地深刻。与此同时，在社会变革大背景下，社会结构和生产方式的变化也进一步促进人们价值观念的转变。在传统农业社会，家族组织和观念之所以产生巨大影响力，一方面是因为个体可以通过其获得精神上的满足，另一方面，家族组织还能在个体社会生产、抵御各种风险等方面承担社会保障功能。而随着经济社会结构的变迁，家族的社会保障功能将会遭到削弱，传统公共空间也将随之式微。在社区公共空间的建设上，应顺应现代社会发展趋势，充分利用现代网络科技的力量。

二 社区公共空间再造的路径

共性是合作和信任的前提，也是公共空间弥合的社会基础。在传统农村社会，正是由于人们有着相同或相似的价值观念和生活方式，甚至还拥有共同的血脉，才能够形成和谐的公共空间。然而，一些新兴社区的形成，使得原本和谐的公共空间发生隔离或转换。由于这些新兴社区本身充满异质性，传统的公共空间已难以发挥作用，不能有效地促进社区融合。为此，亟须弥合新、老居民的空间裂痕，首先要将流动人口稳定下来，其后才可能适应和融入新的公共空间。①

（一）制定包容性的社区政策，促使流动人口稳定下来

从国家宏观政策层面上看，流动人口（主要是农民工）市民化一直是一项重要的政策目标，它彰显了"以人为本"和"社会公平"的发展理念。推动农民工为主的流动人口市民化，具有十分重要的现实意义。它能从根本上解决好长期困扰中国经济社会发展的"三农"问题，促进城乡经济社会协调发展；是推进城镇化健康发展的需要；是扩大内需、促进国民经济平稳较快发展的需要；是加快产业结构优化升级的需要，带动服务业发展；是促进社会和谐发展的需要，关系到改革发展稳定的全局。②

---

① 邵伟（Alfred Sauvy）认为，外国移民在接收国的融合要经历定居（settle-ment）、适应（adaptation）和完全同化（total assimilation）三个阶段。参见 Alfred Sauvy, *General Theory of Population*, New York: Basic Books, Inc., 1966, pp. 460–461.

② 国务院发展研究中心课题组：《农民工市民化：制度创新与顶层政策设计》，中国发展出版社2011年版，第11页。

推动流动人口市民化，需要从制度上不断完善，为流动人口市民化制定包容性的政策举措，尤其是要注重顶层设计。流动人口市民化是一个复杂的系统工程，需要多方面的宏观政策共促而成。首先，要推行公平的城乡教育政策。在沿海发达地区，许多流动人口主要从事保洁、保安、工厂工人等城市边缘化的职业，很少能满足城市高端职位的要求。流动人口的这种职业分布状况，在很大程度上制约了其进一步融入城市社会。而职业分布又与受教育水平有着密切关系，故其根本原因是流动人口受教育水平低下。以温州为例，截至 2013 年 6 月 30 日，流动人口中，初中及以下学历占 90.30%，高中学历占 7.70%，大专及以上学历占 2%。① 因此，推行公平的城乡教育政策，提高农村居民受教育水平，能够从根本上消除社区融入的障碍。其次，应推行普遍的国民待遇。由于新中国成立初期特殊的历史环境，国家在市民的待遇上一直存在政策倾斜，同时，控制农民向城市自由流动。20 世纪 80 年代以来，农民进城政策出现了松动，甚至鼓励农村剩余劳动力到沿海发达地区，充实其劳动力。但事实上，制约农民成为市民的制度藩篱一直未能从根本上消除，除了户籍制度以外，涉及产权、社会保障、基础教育等方面的制度亟须从根本上变革，以赋予农民无差别国民待遇。

（二）培育跨社区组织平台，促进流动人口融入社区

传统农村社区、老居民社区及单位社区等传统社区在共性方面各有优势，社区居民在语言文化、历史传统、受教育程度或职业背景等方面相同或相似，有助于增强社区的同质性。在上述传统社区，居民是自然"嵌入"或被动整合进入相应的组织框架内，接受共同的规范约束，因而居民行为是可以预期的，居民之间的交往风险也是可控的。与之不同，城中村、新型住宅小区等异质性较强的社区，居民成分复杂、背景各异，缺乏交流平台，社区"原子化"状态较为凸显，社会复杂性显著增加，社会交往风险偏高。这种社区"原子化"状态，反映了社区原有组织凝聚力的不断弱化，这也是传统社区向现代社区转型的社区多元化的表现。但由于未能形成强有力的社区权威，同时，也缺乏其他共同纽带将社区居民联系在一起，最终这种"原子化"状态可能制造社区不稳定因素，

---

① 《温州年鉴（2014）》，中华书局 2014 年版，第 396 页。

甚至导致社区走向"碎片化"。① 不仅如此，社区"原子化"状态还将对社区治理构成挑战。面对非组织化的个体，基层政府及社区干部无疑需要付出更多的时间和精力，无形中大大增加社区治理成本，影响了社区治理绩效。可见，社区居民团体化是解决多元化社区治理问题的基本路径，即将社区居民纳入一定的组织框架，进而在该框架内"编织"社区居民的共性纽带。

推行社区居民团体化，要求大力培育跨社区的社会组织，将居民共性纽带由传统社会的家族性、地域性联系向跨社区的社团联系转变。从社会结构上看，传统农村社区有着自身特征，家族是人们保持社会联系的重要纽带。其中，"家"是个体生活的中心，是其从事一切生产和社会活动的基础。"家"往外一层为"族"，进而为君（国），形成了"家""国"同构的社会秩序，而"族"则是连接"家"和"君（国）"的重要纽带。可见，"族"在整个传统社会结构中占有承接上下的重要地位，而族权，作为社会治理的一项重要权力，在传统农村社会治理中也发挥着无可替代的作用。然而，随着社会的不断流动，家族治理的社会基础逐步瓦解，来自不同家族背景的个体开始聚居在一起。在这种背景下，社区居民不再拥有传统的家族或地域性联系，亟须社会组织这种平台将不同职业和其他背景的社区居民联系起来，进而有效地促进社区融合。

推行社区居民团体化，还要求政府承担起对各类团体组织的监督、规范、管理和服务的责任，确保各类团体组织能够发挥正能量。当前，各类社团性组织良莠不齐，有些社团组织较为规范，也有些属于临时性的组织，后者组织形式较为涣散，规章制度不健全，甚至还有个别社团组织受到境外机构资助，丧失社团组织应有的独立性。因此，政府亟须承担起相应监管责任，加强对社团组织的规范和引导，将之打造成促进社区居民沟通交流的平台。同时，在实践中，也有一些嵌入性的社团组织是由居民自发形成的。但由于其缺乏外部力量的支持，其在资金、场所等方面明显不足。对此，政府和社区两委组织应设法创造条件，做好服务工作，促进社团组织的健康发展。推行社区居民团体化，规范和引

---

① 邱国良：《多元与权威：农村社区重建与居民信任》，《国家行政学院学报》2014年第6期。

导社团组织建设,为居民提供有效的沟通平台。

(三) 加强国家能力建设,大力推进社区同化战略

流动人口在安定下来并适应社区生活之后,距离他们形成社区认同尚有差距。在不同区域及社会发展阶段,社区认同的内涵及社区纽带均不相同。在传统中国农村社会,社区认同即是指对宗族的认同,血缘、亲缘关系是居民联系的重要纽带。这是一个有着许多共性因素的社区,居民的社区认同是自然形成的。城市老居民社区和单位社区虽然没有传统农村社区所拥有的天然血缘或亲缘纽带,但却也存在诸多社区共性,个体的经济系统与包括社会系统在内的其他系统均在很大程度上被国家力量整合在一起,形成了互嵌性的系统网络。尤其是强大的国家政治动员和宣传能力不仅改变了社会结构,也重塑了人们的价值观念。因此,若要在新型社区实施同化战略,强化流动人口的社区认同,需要形成足够强大的国家能力,确保中央政令通畅。需要指出的是,国家能力的强大并不以国家权力边界扩大为前提,相反,应注意保持国家和社会的合理边界,从内涵方面着手加强国家能力建设。

加强国家能力建设,就是要树立中央政府权威,确保国家政令通畅。这是国家有关社区政策能够顺利实施的重要保证。在塑造社区共性、强化居民的社区认同方面,美国的经验值得借鉴。美国是一个典型的移民国家,来自世界各地的移民为美国的经济社会发展做出了巨大贡献,但这些移民并未由此获得相应的政治地位和社会认同。为此,美国政府采取了"同化"政策,积极推动移民融入美国社会,使移民真正成为美国公民。主要措施是:一是美国移民委员会联同移民归化局,成立了"美国化运动日全国委员会";二是向全国发出通告,确定1915年7月4日为"美国化运动日";三是为了实现"百分之百的美国化"的目标,各州积极响应政府号召,不仅开办业余学校,教授移民英语、推崇"美国主义",还通过法律来强化美国化。尽管美国各州拥有较大的自主权,但在涉及移民问题上,美国联邦政府却能够凭借其强大权威推行移民的"同化"战略。

加强国家能力建设,就是要合理界定国家与社会的边界,强化国家能力的内涵建设。加强国家能力建设,应避免进入一个误区:加强国家能力就是要一味地扩大国家权力、压缩社会空间。不少国家的发展经验

表明，国家权力的过分膨胀不仅造成了自身政治秩序的混乱，也极大地束缚了社会本身的创造性和活力。① 因此，加强国家能力建设，需要在国家权力和社会权利之间找到一种平衡点，国家权力既不能侵犯主体的社会权利，同时也应加强对主体行为进行规范和引导。

界定国家和社会的边界，就社区层面而言，就是要合理地确定社区的边界，尊重社区的内在逻辑。关于社区边界问题，学界有一种代表性观点，即认为确定社区范围与边界有两种方式：一是基于农民共同利益、需求和认同基础而确定的"自发性社区"；二是根据管理和服务的效率、效益来划定，这是一种"规划性社区"。② "自发性社区"一般是居民在长期共同生产和生活中自然形成，它可能基于天然的血缘或宗亲关系及在此基础上形成的族群认同感（如"一村一社区"的传统农村社区），或者基于一定的地缘关系（如"多村一社区"的传统农村社区、老居民社区）；"规划性社区"则借助于行政手段或其他人为因素而划分，它既包括人民公社时期以"三级所有，队为基础"为特征的社区结构，也包括传统单位社区和新型住宅小区社区。由于"规划性社区"往往服从于某种政治目的或治理需求，因而其社区边界的确定难免忽略民众的利益诉求。社区边界的确定意味着社区公共空间的范围，它对居民生活及社区治理无疑将产生一定影响。在传统农村社会，族权之所以能成为社会治理的主要力量，是因为社区边界是基于族群网络而确定，属于一种封闭性社区。一旦这种族群网络结构被打破，族权的治理功能便受到限制。换言之，族权是一项排他性而非包容性权力，它无法对社区边界之外的其他族群发挥作用。与之相似，单位社区与新型住宅小区也属于封闭性社区，社区边界非常凸显，对社区外部缺乏包容性。对于现代社会而言，社区的开放和包容应是主流、是方向，不能人为地设定社区边界。因此，在构建现代新型住宅小区过程中，一方面，要规划和建设适宜的人居环境；另一方面，要弱化社区边界的物理标志，努力促使新型社区变得更加包容和开放，力避成为新的单位社区。

---

① 参见［美］詹姆斯·C.斯科特《国家的视角》，王晓毅译，社会科学文献出版社 2004 年版。
② 项继权：《论我国农村社区的边界和范围》，《中共福建省委党校学报》2009 年第 7 期。

三 再造社区公共空间所面临的挑战

从根本上讲，社区公共空间的再造就是要塑造社区共性，弥合多元化社区的空间裂痕，将处于"原子化"状态的社区居民重新聚合起来。然而，塑造社区共性、有效地整合社区，并非一蹴而就的事情，而将面临诸多挑战。

（一）政策公平性及系统性明显不足

在许多新型社区，公共空间均面临社区隔离问题，社区居民相互交流缺乏有效的途径和平台。诚然，正如许多学者所关注的，促进社区融合需要从城乡户籍、子女教育、社会保障等方面进一步优化制度设计，为流动人口市民化提供更加包容的制度保障。然而，从更深层面来看，造成社区公共空间隔离的一个重要原因却是结构性矛盾，即族群和阶层分化问题。大多数流动人口来源于欠发达地区的农村，其经济和社会地位明显低于发达地区的市民。在一些沿海发达地区，流动人口就业层次较低，主要从事制造业、建筑施工、服务场所服务员等边缘性、收入低的职业，此外，绝大多数清洁工、保姆等职业从业者为流动人口。不难理解，尽管流动人口的主体经济活动嵌入相应的社会网络，但由于其所从事的职业大都为边缘性或次级劳动市场，导致流动人口与主流社会网络只能形成松散的联系。

诚然，造成流动人口职业边缘性的因素固然有就业机会的差别性对待，但从根本上讲，是教育不平等而非就业不平等导致了结构性不平等。大多数流动人口受教育水平明显偏低，尤其是在温州这种以制造业为主的沿海发达地区，90%以上的流动人口受教育水平为初中及以下。流动人口受教育水平的低下，是长期城乡教育失衡的必然结果。尽管相对于过去，农村基础教育有了较大的改善，但从横向比较，无论从资金投入、软硬件设施还是师资水平等方面，农村基础教育均明显滞后于城镇基础教育。

在西方思想史上，柏拉图一直坚持主张"无差别"的教育原则，应对国民进行集中、统一培养，而后再根据个体的禀赋和学问做出相应的职业安排。在当下中国，"以人为本"是政府积极倡导的基本理念。坚持"以人为本"，就是要求更加关注人的生存和发展的空间，努力实现城乡居民的"无差别"的和谐教育目标。20世纪以来,美国政府十分注重自身在维护教育公平中的作用。1965年,美国政府通过了"初等和中等教育计划",确立了对教育系统最庞大的一笔单项援助,同时,美国总统约翰逊提出了"对贫困宣战"计划,旨在帮助弱势儿童顺利入学。这些措施有力地促进了美国基础教育的发展。[①] 当前,中国政府也进一步加大了对农村贫困地区和家庭的扶持力度,取得了明显成效。然而,促使这些贫困地区和家庭摆脱贫困,从根本上还得加大对其基础教育的投入力度,提高广大农村贫困地区居民的受教育水平。

此外,政策系统性不足也是导致公共空间隔离的重要原因,它主要表现为相关政策之间的矛盾以及政策制定与政策执行之间的矛盾。首先,相关政策之间的矛盾。流动人口融入社区是一个复杂的系统工程,需要多方面的宏观政策共促而成。20世纪80年代以来,城乡分割的户籍制度有所松动,但进展却甚为缓慢,而区域之间的人口流动也是典型的"人户分离"式的流动,并没有为流动人口融入城镇和发达地区从根本上扫除户籍障碍。此外,产权及社会保障等方面改革的滞后性更是制约了农业人口的自由流动,也阻碍了社区公共空间的融合。尤其要指出的是,国家一方面鼓励人口流动并促进社区融合,但另一方面却未能在人口管理方面形成全国性政策平台。由于种种原因,流动人口的信息管理存在内容不全面、更新不及时、数据相冲突等普遍性问题,其根本原因是未能构建与人口动态相适应的全国性人口管理平台,缺乏人口信息共享机制。

其次,政策制定和政策执行之间也存在矛盾。社区政策的包容性是促进流动人口融入、建构新型社区公共空间的基本前提,故应秉承"以人为本"的理念,制定和形成包容性政策。应当承认,国家比以前更加重视相关制度建设,并尝试从顶层设计入手做好制度建构工作,以便为地方政府和社区组织实施"包容性"治理提供依据。不少地区也正逐步推行流动人口市民化,在子女教育、社会保障等方面赋予流动人口市民待遇。然而,在操作层面上,仍有一些地方政府和社区组织不自觉地将

[①] [美]托马斯·R. 戴伊:《理解公共政策》,彭勃等译,华夏出版社2004年版,第116—117页。

流动人口与本地居民差别对待，其在加强管理和提升服务的同时，更多的是考虑如何防范流动人口。之所以造成这种现象，既与顶层制度设计在政策系统性方面不足有关，同时也在很大程度上受地方本位主义的影响。从本质上讲，政策制定和执行之间的矛盾，是中央和地方的权力分配问题，也是全局与偏隅的关系协调问题。一些地方政府在贯彻落实相关政策时，往往只是关注自身的利益，而缺乏全国一盘棋的大局意识。当然，这种问题与政策公平性问题一样，并非短时间就能获得解决的，而需要一段较长的时期，结合体制变革才能获得根本解决。

（二）超越社区的社会组织发展滞缓

在传统农村社区或者老居民社区，人们以亲缘或地缘关系为纽带，形成了相对稳定的社会结构和公共空间。然而，随着社会的持续流动，社区人口结构出现了变化，进而对传统公共空间形成一定冲击，即由原先单一的、封闭的公共空间转向多元的、隔离的公共空间。与传统农村社区或老居民社区不同，一些新兴社区居民不仅缺乏共同的社会网络和价值观念，甚至也缺乏经济联系。即便在日常生活中这些居民之间有所接触，也是非常表面而浅显的接触，缺乏更深入的沟通、交流。在传统农村社区，人们之间的沟通和交流是以亲缘关系为纽带，而在老居民社区或传统单位社区，则依赖相关政治组织的整合能力将居民聚合在一起。然而，许多新兴社区的居民之间既不存在亲缘关系，社区组织又较为涣散无力。因此，新兴社区的公共空间建设，需要积极发展能够塑造社区共性因素的公共平台——超越社区的社会组织。

改革开放以来，中国社会组织取得了长足发展。1988年，中国社会组织仅有4446个，而截至2013年，社会组织数量发展到54万多个，在经济社会发展中发挥了重要作用。尤其是在承接政府转移职能、提供社会服务方面的作用逐步得到发挥。全国共有6万多个行业协会商会和25万多个民办非企业单位，在教育、医疗、养老、文化、社会救助、社会工作、公益慈善等方面，为人民群众提供了大量多样化、专业化服务，成为政府基本公共服务的有益补充。[①] 然而，与一些发达国家的社会组织

---

① 中国现代国际关系研究院课题组：《外国非政府组织概况》，时事出版社2010年版，第90页。

相比，却仍然存在较大差距。在德国，非政府组织人口比例为1：75，不仅大大高于发展中国家，也高出许多其他发达国家。目前，德国人口8500万，拥有各类非政府组织约100万个，登记注册的有55万家，约55万家未经注册。德国的非政府组织在国内把触角伸向社会生活的各个领域，一方面，承担大量政府委托的公共职能，并接受大量来自政府的财政资助；另一方面，对各级政府和公共组织起到重要的监督和制衡作用，积极参与和影响公共政策的制定。① 不难发现，相比德国等发达国家，中国社会组织的数量相对于中国人口而言仍然偏少，而且，其对政府及公共组织的监督和制衡作用也较为有限。

不仅如此，中国社会组织主要承担政府职能转移，为社会提供基本公共服务，但在强化社会联系方面的作用并不突出。这主要是与中国社会组织的结构与功能有关。根据中国社会组织的分类标准，中国社会组织主要包括三种类型，即社会团体、民办非企业单位和基金会。截至2013年年底，中国的社会团体达28.9万个，比2012年增长6.6%。相对于2011年的4.1%和2012年的6.3%的年增长率，2013年的社会团体的年增长率进一步提高。但与其他两类社会组织相比，社会团体的增长率是三类社会组织中最低的。此外，根据民政部《2013年社会服务发展统计公报》，截至2013年，在社会团体的所有类别中，农业及农村发展类、社会服务类及工商服务业类比例均超过了10%，分别为20.35%、14.45%和10.74%。② 从上述资料可以发现，比重较高、发展较快的社会组织主要是承接政府职能、提供基本公共服务的组织以及经济领域的社会组织，而以促进社会发展或人居环境为宗旨的社会组织却很少。这种状况显然对塑造社区共性因素、进而强化居民联系是极为不利的。

（三）族群及阶层分化阻碍了社区的结构同化

通过国家政策调整及社会组织的平台建设，流动人口将会逐步稳定并适应社区生活。然而，这并不意味着流动人口完全融入当地社会，社

---

① 中国社会组织年鉴编委会：《中国社会组织年鉴2015》，中国社会出版社2015年版，第355—359页。

② 黄晓勇主编，潘晨光、蔡礼强副主编：《中国民间组织报告》，社会科学文献出版社2014年版，第3—6页。

区将仍未能形成真正的共同体。那么，是什么因素阻滞了社区居民的同化呢？如前所述，在促进社区居民沟通与融合方面，传统农村社区、老居民社区及单位社区有着显著优势。这主要有两个原因：一是上述传统社区是自然或在体制力量作用下形成的共同体，人们对社区具有很强的依赖性。其中，传统农村社区是基于亲缘或类亲缘关系而自然形成的族群共同体，人们有着共同的地缘等联系不断维系和强化居民的共性，促使居民加强联系和沟通，加深彼此的了解和信任；老居民社区和传统单位社区则是借助体制性力量，承担起包括社会功能在内的几乎全部功能，努力塑造社区认同。而在许多新型社区，居民自身的独立性较强，社区组织也缺乏社区整合所需要的足够资源。二是上述传统社区大致属于非流动性社区，其人口结构较为单一，居民的社会阶层、文化背景等基本一致。随着社会流动越来越频繁，传统社区单一的人口结构获得了重新调整，具有不同文化背景及社会阶层的居民居住在一起，其观念、生活方式等均存在不同程度的差别。在这种情况下，社区充其量只是人们居住所在地，而未能形成供居民交流、活动的空间。或许正是因为新兴社区缺乏共性，无论是流动人口还是原住居民，对社区均存在不同程度的疏离感。在一些原住居民看来，流动人口的生活和行为方式令人难以接受，其入住社区是对自己家园的一种"入侵"；而对流动人口而言，在一个陌生的社区环境遭到排斥，则自然对社区无法产生归属感。许多研究者在讨论这种社会隔离现象时，往往将之归咎于社会网络因素，认为多元化社区居民有着自身相互独立的社会网络，[①] 或者强烈的不安全感导致自愿性隔离[②]。

除此之外，阶层分化也是阻碍社区融合的重要因素。如前文所述，由于大多数流动人口均来自欠发达地区，这种阶层分化是由于城乡和区域经济结构的矛盾所决定的，城乡和区域经济发展差距是困扰中国经济进一步发展的两大"瓶颈"问题，其不仅制约了中国经济的顺利转型，

[①] 郭星华、杨杰丽：《城市民工群体的自愿性隔离》，《江苏行政学院学报》2005年第1期。

[②] 毛丹、王燕锋：《J市农民为什么不愿做市民——城郊农民的安全经济学》，《社会学研究》2006年第6期。

也进一步加剧了社会阶层的分化。相对于欠发达省份的农村地区，发达地区的居民收入、生活质量等方面具有明显优势。而作为来自欠发达地区农村的流动人口，在阶层性的社会网络中处于相对弱势地位。可见，除了社会网络或文化相互排斥以外，阶层结构性因素也是影响流动人口与原住居民的社区融合的重要因素。

第五章　信任与组织：社区融合的居民纽带

第一节　信任：社区融合的心理基础

一　关于信任的一般理论

20世纪70年代，西方学界开始对信任等问题予以关注并掀起信任研究的热潮，这些研究主要涉及心理学、社会学、经济学及政治学等多个领域。信任首先是一个心理学概念，社会心理学家多伊奇通过囚徒困境的实验，强调信任实际上是个体对外在情境的主观反应，个体将根据之采取一定的行为，并对行为的结果产生某种期待。多伊奇的这项实验研究，开创了心理学领域关于人际信任研究的先河。随后，心理学家罗特、赖兹曼等人也展开对信任问题的研究。罗特认为，信任是个体对另一个人的言词、承诺以及口头或书面的陈述之可靠性的一般性的期望，赖兹曼则认为信任是个体特有的对他人的诚意、善意及可信性的普遍可靠性的信念。① 此外，他们还在实验中注意到，一个人的生活经历和对人性的看法，会导致其形成对一般性他人的可信赖程度的概括化期望（generalized expectancy）或信念。② 在经济学领域，有关信任的研究多半沿着理性选择路径而展开，其中，颇具代表性的观点是经济学家阿罗对信任的解释。阿罗认为，信任就是经济交换的润滑剂，是控制契约的最有效机制，是含蓄的契约，是不容易买到的独特的商品。③ 总之，经济学家侧重

---

① 参见郑也夫《信任论》，中国广播电视出版社2006年版，第17页。
② 参见彭泗清《关系与信任：中国人人际信任的一项本土研究》，载郑也夫、彭泗清等《中国社会中的信任》，中国城市出版社2003年版，第2页。
③ 参见郑也夫《信任论》，中国广播电视出版社2001年版，第60页。

从计算成本和收益角度讨论信任问题,即计算性信任,认为信任有利于减少交易双方的成本。

相对于心理学和经济学过于强调个体心理或理性对信任的影响,社会学家则更为关注制度、结构等社会性因素对个体行动者的巨大影响。他们从社会关系维度出发,既研究个体之间的人际信任,也研究群体之间的社会信任,注重研究社会情境对信任所产生的影响。在西方古典社会学中,最早对信任问题做出专门论述的是德国社会学家格奥尔格·席美尔,他将信任看作是"社会中最重要的综合力量之一",他说,"如果没有人与人之间的普遍信任,社会自身也会变成一盘散沙,因为没有哪种关系能完全建立在对他人确切地认知上。如果人与人之间的信任的力量比不上理性证据或者个人经验的力量,那么,也很少会有什么关系能长久维持的。同样的道理,离开了信任,货币交易也将全然崩溃"[①]。可见,信任在社会联系中发挥了重要作用,构成了社会交往的润滑剂。除席美尔外,在早期社会学家中,韦伯、杜尔凯姆等人也曾关注过信任问题。韦伯就曾将信任分为特殊信任(particularistic trust)和普遍信任(universalistic trust),并指出前者是以血缘性社区为基础,建立在私人关系和家族或准家族关系上的信任,后者则是以信仰共同体为基础的信任。[②]由于韦伯在讨论信任问题时,将中国社会作为其考察和比较的对象之一,因而韦伯的信任研究在中国学界引起了较大反响。

20世纪70年代以后,信任问题才开始成为社会学家的热门研究课题。德国社会学家尼克拉斯·卢曼(N. Luhmann)从新功能主义视角对信任问题进行研究,指出"在任何情况下,信任都是一种社会关系……信任构成了复杂性简化的比较有效的形式"[③]。他将信任分为人际信任(personal trust)和系统信任(system trust),前者以人与人交往过程中建立的情感关联为基础,后者以社会的规范制度、法律法规的制约为基础,

---

[①] [德]格奥尔格·席美尔:《货币哲学》,朱桂琴译,光明日报出版社2009年版,第70页。

[②] [德]马克斯·韦伯:《儒家与道教》,王容芬译,商务印书馆2003年版,第283—301页。

[③] [德]尼克拉斯·卢曼:《信任》,瞿铁鹏、李强译,上海世纪出版集团2005年版,第6—10页。

并认为，随着社会结构的变化或社会复杂性的增加，信任也从最初的以情感联系为基础的人际信任转变为以制度认同为基础的系统信任。沿着尼克拉斯·卢曼的研究路径，安东尼·吉登斯在《现代性与自我认同》等著作中详细阐述了复杂性、不确定性和风险性等尼克拉斯·卢曼式主题。安东尼·吉登斯将信任定义为"对其他人的连续性的相信以及对客观世界的相信"，并认为基本信任产生于儿童的早期经验，母亲与婴儿的互动正是产生于基本信任之上的，它是人类行为的基础。这一基本信任被植于社区、亲缘纽带和友谊的个人化信任关系之中，信任关系在这样一个自我开放的过程中逐渐建构起来。① 作为理性选择理论的代表人物，詹姆斯·S. 科尔曼在《社会理论的基础》中将人际信任关系看成是信托关系。他认为，随着社会结构发生变化，在理性和情感这两个产生人际信任的重要维度之间，越来越多的社会关系倾向于选择将理性作为信任的基础，个体往往根据自身利益最大化来决定是否赋予他人信任。② 理性选择理论的另一代表人物罗素·哈丁也坚持理性选择理论，将信任定义为"暗含的利益"，即人们总是根据自身利益的取舍来决定是否信任他人或机构。由于大部分人对政府有归纳性预期，而非有"暗含的利益"，因此，对于大多数人而言，一个机构或在位者可能既不是信任也非不信任。③

为了检讨罗素·哈丁"信任我们认识的人"的观点，美国马里兰大学教授埃里克·尤斯拉纳在其著作《信任的道德基础》中将信任分为策略信任和道德主义信任。尤斯拉纳指出，大多数关于信任的讨论都集中在信任的工具性和策略性原因，而忽视了对陌生人信任的道德基础。他认为，策略性（或者说是基于知识的）信任预示着风险，而对陌生人的信任是一种价值，它不取决于个人经验，也不取决于人们在公民群体中与他人的交往和非正式的社会交往，而取决于乐观主义的世界观，可称

---

① [英]安东尼·吉登斯：《现代性与自我认同》，赵旭东等译，生活·读书·新知三联书店1998年版，第3、272页。
② [美]詹姆斯·S. 科尔曼：《社会理论的基础》，邓方译，社会科学文献出版社2008年版，第91—108页。
③ [美]罗素·哈丁：《我们要信任政府吗?》，载马克·E. 沃伦编《民主与信任》，吴辉译，华夏出版社2004年版，第20—38页。

为"道德主义信任"。"策略信任存在的基础不是消极的世界观，而是不确定性"，"它的建立是缓慢的，因为人们要了解他人的表现如何"；而"道德主义信任不是对具体人的信任，而是对'普遍他人'的信任"。①具有信任感的社会更加平等，政府也会有更高的效率。美国最近三十年的信任衰落，其根源可以追溯到乐观主义的衰落和经济不平等的加剧。

值得一提的是，有研究者从经济社会发展的角度阐释了信任的功能，认为一国的经济社会是否繁荣与社会信任程度的高低有着密切关系。马克斯·韦伯是较早关注这个问题并提到中国社会信任结构的社会学家，其在《儒家与道教》一书中指出，"中国人彼此间典型的不信任已为所有观察者所证实"，"在中国，一切信任，一切商业关系的基石明显地建立在亲戚关系或亲戚式的纯粹个人关系上面，这有十分重要的经济意义"②。弗朗西斯·福山在其著作《信任：社会美德与创造经济繁荣》中也提到中国社会的信任，并将之同意大利、法国等列为低信任度社会，而将日本、德国、美国等列为高信任度社会。他认为，社会信任程度的高低与经济规模及经济繁荣之间有着密切关系，"高度的信任作为经济关系的附加条件可以减少经济学家所说的事务性成本，从而提高了经济效益"，"……在中国文化中，情况却截然相反，对外人的不信任通常阻碍了公司的制度化……华人企业在制度化方面的步履艰难以及华人的遗产均分原则就是华人社会的企业规模相对较小而无法成大气候的原因"③。此外，阿兰·佩雷菲特（Alain Peyrefitte）在其著作《信任社会》中，也深刻剖析了导致西方经济社会发展差异的精神因素，尤其是信任品性。他在批判韦伯"清教教义是促进资本主义经济发展的精神因素"观点之后，指出，尽管清教派的纪律最终促使英国成为最有利于市场工业社会兴盛的国家，但其却无法解释荷兰的强盛。他认为，是竞争性信任品性而非其他"有利于卓有成效的改革应变、有利于智力、技术和社会活跃

---

① ［美］埃里克·尤斯拉纳：《信任的道德基础》，张敦敏译，中国社会科学出版社2006年版，第21—28页。

② ［德］马克斯·韦伯：《儒家与道教》，王容芬译，商务印书馆2003年版，第284、289页。

③ ［美］弗朗西斯·福山：《信任：社会美德与创造经济繁荣》，彭志华译，海南出版社2001年版，第79页。

的思想观念"。①

从上述研究现状来看,信任问题显然已成为西方学界关注的热点问题,成为许多学科领域所争相讨论的话题。在社会学领域,主要讨论了信任的功能及影响信任的因素等问题。从信任的功能角度看,最具代表性的有尼克拉斯·卢曼、安东尼·吉登斯等人,他们以现代性社会为背景,讨论了在更加复杂的现代社会,信任是如何降低各种不确定性和社会风险,促使社会复杂性得以简化;更多学者则纷纷讨论信任的影响因素,主要有情感、理性、利益、道德等。

而在有关中国社会的信任问题方面,韦伯的研究所产生的影响无疑是深远的。韦伯认为,中国人的信任"建立在亲戚关系或亲戚式的纯粹个人关系上面",是一种依托血缘共同体得以维系的特殊信任,而对于超出血缘共同体之外的他人则表现为普遍的不信任。"与此相对的是清教徒对教友的信任,特别是从经济上信任教友的无条件的、不可动摇的正当性"②。韦伯的观点引发了国内学界的广泛讨论。如张维迎认为,韦伯对中国社会信任的判断并不符合中国传统社会的文化特征。他指出,尽管当下中国社会出现了一定程度的信任危机,但这并不能归结于中国文化本身。在两千多年的历史中,主导中国社会的主流文化——儒家文化奉行的"仁爱""忠孝"等思想恰恰表明了中国人之间的相互信任。③ 在中国古代,"仁、义、礼、智、信"一直是维系社会的道德基础,说明传统社会是讲究"诚信"的,只是在西学东渐背景下社会变革使得整个"诚信"的道德系统遭到消解。正如有学者指出,社会变革所造成的传统断裂、存在的孤独以及制度性承诺的乏力,构成了现代化过程中信任危机的基本成因。④

不过,也有研究认为,中国人信任结构的构成有其本土和多元的特

---

① [法]阿兰·佩雷菲特:《信任社会》,邱海婴译,商务印书馆2005年版,第570—571页。
② [德]马克斯·韦伯:《儒教与道教》,林志远译,商务印书馆1995年版,第289—296页。
③ 张维迎:《信息、信任与法律》,生活·读书·新知三联书店2006年版,第1—15页。
④ 高兆明:《信任危机的现代性解释》,《学术研究》2002年第4期。

点，与日本、美国等西方社会有着较明显的区别①，因此，"不必以西方社会变迁作为自己社会变迁的蓝本"②。诚然，中国社会有着自身的特点，但不能因为过于强调个性而忽视了人类社会发展的共性，中国社会并非一定要完全重蹈西方社会变迁路径，但其变迁过程中的一些共性因素无疑是值得借鉴的。张康之认为，中西方信任文化确实存在差异，也承认中国大陆社会的普遍信任程度低的事实，但其不认同的是，中西两种文化之间存在无法逾越的"沟壑"。他根据社会发展的不同阶段，将信任分为习俗型、契约型和合作型信任，指出习俗型信任是指发生在传统农业社会和熟人社会中的信任，契约型信任是工业社会和陌生人社会得以存续的重要支持力量，而合作型信任则是与后工业社会相匹配的一种信任关系。③ 当前，中国社会正处于传统熟人社会向陌生人社会的转型时期，习俗型的信任结构也正伴随传统社会结构的瓦解而逐渐消解。但同时，遵守契约习惯的缺乏，也使得契约型信任在短时间内难以构建起来。这表明，转型时期的当下中国社会，其信任仍以特殊信任为主，人们普遍缺乏对陌生人的信任。显然，随着社会流动性趋于频繁，社区多元化现象更加突出，这种信任状况并不利于社区居民之间的交往和融合。

二 异质性、社区信任与融合

按照韦伯的理解，社会信任分为陌生人社会的普遍信任和熟人社会的特殊信任。那么，社区信任是否可以归属于其中一种信任类型呢？在传统农村社会，由于乡土的束缚，形成了以家族为中心的社会格局，其社区关系非常紧密。同时，"乡村与外界不发生关系。长久如此，乃形成农村的闭塞局面"④。"农民住在村子里，因为自给自足，无求于外。即使

---

① 王飞雪、[日]山岸俊男：《信任的中日美比较研究》，《社会学研究》1999年第2期。
② 杨中芳、彭泗清：《中国人人际信任的概念化：一个人际关系的观点》，《社会学研究》1999年第2期。
③ 张康之：《在历史的坐标中看信任——论信任的三种历史类型》，《社会科学研究》2005年第1期。
④ 刘创楚、杨庆堃：《中国社会：从不变到巨变》，香港中文大学出版社2001年版，第81—82页。

有所求，也极其有限。这就形成了老死不出乡门的现象，终生在十里半径之内活动。除了这几十条村的范围，不知外界有什么事情发生，不知有何新事物，有什么值得学习的，不能发生分工交换现象，即是不能发挥地方的特长，闭塞的局面就是这样形成的"①。传统农村社会的这种闭塞局面一定程度上是封建社会"重农抑商"的政策结果。这种闭塞局面，限制了城乡和区域之间流动，最终形成了熟人社会。

然而，随着社会分工和交换的复杂化，个体在城乡及区域之间持续流动，早已超出十里半径的范围，熟人社会开始向陌生人社会转换。在这种背景下，包括新型住宅小区社区、村居混杂社区等在内的各种新型社区陆续形成。在这些新型社区，维系社区居民联系的纽带不再是"建立在亲戚关系或亲戚式的纯粹个人关系"，传统社会网络开始逐步瓦解。但同时，由于社会分工和交换关系仍不牢固，未能及时形成新型的社会网络关系，削弱了社区居民的信任。可见，"中国非但没有建立一种新型的信任机制，反而动摇传统根基，这是中国信任危机的根源。"② 在这种情形下，"建立在亲戚关系或亲戚式的纯粹个人关系上面"的特殊信任已难以维系这些新型社区的融合，进而引发了社区的信任危机。当然，也要看到，作为微观的社会场域，这些新型社区既不同于传统农村社会，也并非完全如街市那样属于陌生人社会。在一些新型社区，尽管在居民之间缺乏传统农村社区那种血缘或亲缘关系，或者并不十分熟悉，但共同的社区生活会不断拉近居民之间的心理距离。因此，这些新型社区的信任，不能简单归属于特殊信任或普遍信任，而大体可理解为介于两者之间的"复合型信任"。

关于社区信任内涵的另一个问题是，它是否包含居民对社区正式组织（以社区党组织及居委会为代表）的信任，还是仅仅指居民之间的信任？笔者认为，由于社区正式组织带有一定的行政性，尤其是在一些"行政主导型"社区，更是被视为基层政府的延伸和触角，对社

---

① 刘创楚、杨庆堃：《中国社会：从不变到巨变》，香港中文大学出版社2001年版，第83页。

② 翟学伟：《信任与风险社会——西方理论与中国问题》，《社会科学研究》2008年第4期。

区正式组织的信任也一定程度上代表了对基层政府的信任，两者往往高度吻合。① 因此，本书在讨论社区信任时，主要是指社区居民之间的相互信任，一般不包括居民对社区正式组织的信任。前者是社会信任，而后者则属于政治信任范畴。当然，这并非否认社会（社区）信任与政治信任之间的联系。其实，学界在讨论政治信任和社会信任之间关联性时，通常有两种代表性观点。一种观点以纽顿为代表，否认了社会信任和政治信任的关联性，认为社会信任和政治信任虽有重叠之处，但它们毕竟是两个根本不同的事物。② 另一种观点以莱恩、阿尔蒙德和维巴等为代表，认为两者虽分属不同范畴，但它们之间的关联性却不容忽视。如莱恩认为，政治信任是一个人对他人信任的函数，"如果一个人在一般情况下不能信任他人，他当然不能信任由于权力的诱惑而担任公职的那些人"③。阿尔蒙德和维巴也认为，那些对别人有较高程度信任者往往表现出政治方面的信任。④ 本书认为，由于政治结构和文化的差异性，对社区正式组织的信任或许在西方社会可能被纳入社会信任的范畴，但在中国，其更符合政治信任的特征。同时需要指出的是，尽管居民对社区正式组织的信任（政治信任）与居民相互之间的信任（社会信任）之间是两个不同的概念，但两者之间存在一定的关联性。

由于社区信任是指微观社区层面的一种特殊社会信任，因此，学界有关社会信任和社会融合的关系研究对"社区信任"也具有相应的解释力。为了讨论社区信任与社区融合的关系问题，需要对学界有关研究做个简短梳理。如前所述，学界在有关社会信任问题上的研究著述颇丰，既有宏观层面的理论探讨，也有微观层面的实证分析，既有信任内涵和类型的思考，也有深刻的中国问题意识的研究。而社会融

---

① 笔者曾对农民政治信任状况进行调查，发现农民对乡（镇）政府的信任程度与其对村级组织的信任程度基本一致。

② Newton K., "Trust, Social Capital, Civic Society and Democracy", *International Political Science Review*, Vol. 22, No. 2, 2001.

③ Lane and Robert E., *Political Life*, Glencoe: Free Press, 1969, p. 164.

④ Almond Gabriel A. and Sidney Verba, *The Civic Culture*, Boston: Little, Brown & Company, 1963, p. 283.

合问题也自20世纪末逐渐成为学界研究热点。根据期刊网检索，截至2017年7月，以"社会融合"为篇名的文献共有2218篇，其中，文献篇数从2005年起逐年增加，至2008年大幅提升，由2007年75篇骤增为105篇，而2016年更是高达328篇。上述检索数据表明，随着城镇化的快速推进，社会融合问题越来越成为学界关注的热点。在众多有关社会融合的研究中，不少研究提到了社会距离的概念或者用之解释社会隔离现象。

关于"社会距离"的概念，最早源自加布里尔·塔德。塔德在《模仿的规律》（Law of Imitation）一书中首次提出了"社会距离"的概念，用以讨论和解释阶级差距问题。加布里尔·塔德认为，阶级之间普遍存在着社会距离，社会距离的大小反映的是阶级间的亲密程度，这种程度是可以量度的，他将阶级差别等同于阶级距离。这一概念后经席美尔进一步阐发，再由帕克等人运用于理解美国种族和族群关系上，展现群体或个体之间的亲密关系程度。国内学者则主要用它来反映流动农民工与城市居民社会差距的变化动态，作为理解社群融合和社会隔离的重要指标。国内学界的这些研究大都在"城乡一体化"框架下展开，重点探讨农民工及其子女、新生代农民工等群体的城市融入问题。如卢国显以大城市为背景，考察了农民工与市民的社会距离，认为双方的社会距离属于远距离等级，交往机会少，主观距离较大，进而指出文化、地位等差异及空间隔离是影响社会距离的重要因素，制度供给则是影响社会距离的深层因素。[①] 王春光则关注新生代农民工这一特殊群体的社会融入问题，认为新生代农民工的身份认同意识"可能导致新生代农民工出现社会认同的'内卷化'，即认同于自己这个特殊的社会群体，不认同城市社区和农村社区"[②]。郭星华、储卉娟进一步指出，新生代民工与城市居民的社会距离正在逐渐增大，并认为新生代民工的身份认同变化、城市居

[①] 卢国显：《我国大城市农民工与市民社会距离的实证研究》，《中国人民公安大学学报》（社会科学版）2006年第4期。

[②] 王春光：《新生代农村流动人口的社会认同与城乡融合的关系》，《社会学研究》2001年第3期。

民的刻板印象以及传统网络的存在是社会距离增大的重要原因。① 也有学者关注外来务工人员子女的社会融入问题，并指出，无论是外来务工人员子女，还是本地学生，在选择交往对象的过程中倾向于选择在性别、年级和户口上相似的人有更深入的交往。外来务工人员子女的核心交往网络中以外来务工人员子女为主，本地学生的核心交往网络中以本地学生为主。②

与上述从社会网络、制度建构或者身份认同等视角研究社会距离（社会融合）问题不同，有研究者注意到信任与社会距离之间的内在联系。胡荣等指出，"信任有助于减小社会距离，普遍信任因子和特殊信任因子都对因变量具有显著的负向影响，即个人对他人的信任度越高，尤其是对社会中不稳定关系的信任度越高，那么其感觉到与外地人的社会距离越近"③。德国社会学家格奥尔格席美尔曾提到信任在社会联系中的作用。他认为，"如果没有人与人之间的普遍信任，社会自身也会变成一盘散沙，因为没有哪种关系能完全建立在对他人确切地认知上。如果人与人之间的信任的力量比不上理性证据或者个人经验的力量，那么，也很少会有什么关系能长久维持的。"④ 因此，他将信任视为"社会中最重要的综合力量之一"。上述研究表明，社会信任与社会距离（社会融合）具有十分密切的关系，社会信任有助于缩短社会距离，进一步密切社会联系，促使社会更加融合。

然而，由于社区信任是一种特殊的社会信任，其既非熟人之间的特殊信任，也不是陌生人社会的普遍信任。因此，关于社会信任与社会距离或社会联系之间逻辑关系的判断能否同样适用于社区层面，尚需进一步检验。此外，由于社区居民成分的多元性，社区信任状况分化现象也将比社会信任更加复杂。学界在讨论社会信任时，通常将之分为陌生人

---

① 郭星华、储卉娟：《从乡村到都市：融入与隔离——关于民工与城市居民社会距离的实证研究》，《江海学刊》2004 年第 3 期。
② 钟涨宝、陶琴：《外来务工人员子女和本地学生的社会距离研究——基于双向度社会距离测量》，《南京社会科学》2010 年第 8 期。
③ 胡荣、王晓：《社会资本与城市居民对外来农民工的社会距离》，《社会科学研究》2012 年第 3 期。
④ ［德］格奥尔格·席美尔：《货币哲学》，朱桂琴译，光明日报出版社 2009 年版，第 70 页。

社会的普遍信任和熟人社会的特殊信任，但在社区这种半熟人社会层面，信任状况有着明显差异。在传统社区（如传统农村社区或老居民社区），居民相互之间知根知底、相互信任。但在一些新型社区或流动人口聚居社区等异质性社区，居民主体普遍表现出多元化，不仅有老居民、新居民，甚至还有来自各地的流动人口。这些居民主体背景各异，其利益、立场或许并不一致，甚至还有着截然不同的观念和生活方式。这无疑使得社会信任的复杂性在社区层面更加凸显。

异质性社区的出现，是社会人口流动的必然结果。在早期的移民问题研究上，一些学者将人口迁移归结为经济因素。如古典"推—拉"理论认为，迁入地与迁出地的经济收入差别是引发人口迁移的主要原因。然而，现代"推—拉"理论则认为，其他一些因素如工作和生活条件、教育机会以及社会环境等也对人口迁移产生影响。而在中国大陆，人口在城乡及区域之间的迁移与否，则除了受经济及其他相关因素的影响以外，还与政策因素有着密切关系。① 另一方面，人口在城乡和区域之间的自由流动，不仅导致宏观社会结构的变化，还将对社区层面产生不同程度的影响。尽管在城乡和区域之间的差异长期存在，但由于城乡和区域相互之间的隔离状态，使得这种差异主要表现在宏观的社会结构层面上，对社区层面上并未造成显著影响。然而，一旦人口在城乡和区域之间频繁流动，这种城乡和区域之间的差异性将会从社会结构层面上传导至社区层面，在社区场域进一步凸显、放大，并最终导致社区变得复杂而多元。

那么，异质性社区的居民融洽程度如何呢？为了更好地说明这个问题，笔者拟从两个层面进行分析：一是区域层面，即比较三个不同地区的居民融洽程度；二是从社区层面，即按照社区类型来考察居民的融洽程度。相处融洽程度为多分类变量（1＝关系紧张；2＝关系一般；3＝关系较好；4＝关系很好），对其进行赋值，分值越高，表示融洽程度越高。对变量进行多元回归分析后得出两个结论（参见表5—1）。

---

① 参见第一章"国家政策变迁与社区发展"的相关内容。

表 5—1 地区和居住社区对相处融洽程度的影响多元回归模型

变量	模型 1 相处融洽程度	模型 2 相处融洽程度	模型 3 相处融洽程度
性别	-0.0301 (0.0509)	-0.00809 (0.0528)	-0.0147 (0.0522)
年龄	0.000685 (0.00205)	0.00336* (0.00197)	0.000680 (0.00207)
文化程度	0.00953 (0.0269)	0.00905 (0.0273)	0.00702 (0.0269)
政治面貌	0.00584 (0.0396)	0.0203 (0.0405)	0.00811 (0.0401)
宗教信仰	0.00589 (0.0132)	0.0203 (0.0127)	0.000459 (0.0135)
地区	0.151*** (0.0386)		0.151*** (0.0387)
居住社区		0.00192 (0.00149)	0.00185 (0.00147)
Constant	2.596*** (0.177)	2.570*** (0.194)	2.528*** (0.191)
Observations	567	560	560
R-squared	0.043	0.019	0.045

注：*** $p<0.01$，** $p<0.05$，* $p<0.1$。

在区域层面上，流动性和经济发展程度不同的地区的居民与流动人口的相处融洽程度有巨大差异。从模型 1 可以看出，融洽程度与地区流动性之间呈正相关关系，P 值在 1% 水平上显著，系数为 0.15，随着地区分值的增加，本地原住居民与流动人口的相处融洽度越高。另外，通过对两个变量进行交叉分析，结果也进一步佐证了两者的关联性。根据数据统计，在回答"本地居民和流动人口相处是否融洽"问题时，三个样本地区表现出明显差异。其中，W 市受访者选择"关系紧张""关系一般"两个消极选项的比例为32.7%，选择"关系较好""关系很好"等积极选项的比例为56.7%，C市的相应比例为17%和75.2%，Y市的相应比例为4.6%和80%。这表明，在流动性最弱的Y市，本地原住居民和流动人口之间相处最为融洽，而在流动性最强的W市，本地原住居民与流动人口之间隔离程度最高。

在社区层面上，不同的社区类型对居民之间的融洽度造成的影响微弱。从模型2可以看到，虽然相处融洽度与不同类型社区之间存在正相关关系，但并不显著，且系数仅为0.0019。这表明，社区类型与不同居民群体之间的隔离程度并无显著关系。需要指出的是，除了传统农村社区、老居民社区和单位社区外，还有城中村社区、城郊接合部社区、新型住宅小区社区、村居混杂社区等各种新型社区。在上述各类型社区中，社区流动性显然是不同的。如果按照前文对地区流动性和居民融洽度的相关性分析结论，由于社区流动性的差异，不同类型（流动性程度）的社区的居民融洽度也是不同的，社区流动性与居民融洽程度应该呈正相关。然而，上述数据统计在社区层面上却显示了相反的结果，即"社区类型"变量与"居民融洽度"变量两者并无显著相关。这是否意味着，居民融洽程度与流动性这两个变量之间的相关性遭到质疑呢？笔者认为，居民融洽（隔离）与流动性之间存在相关性，而之所以出现宏观区域层面和微观社区层面的不同分析结果，是因为在不同地区，其社区人口结构（异质性程度）很不相同。

在前文第二章，笔者分析了导致社区不融合的两个主要因素，一个是族群意识，另一个就是阶层意识。尽管族群意识和阶层意识在不同社区也或多或少存在，如农民进城成为新市民后，与老市民之间形成的隔离在一定程度上受双方的族群意识和阶层意识影响。但是，在经济发达地区的社区，这种族群意识和阶层意识的综合作用将会表现得非常突出，使得社区"异质性"积累到一定程度，最终导致社区不融合。这是因为，一方面，相比同一地区的城乡差异而言，不同区域之间的文化差异更加显著，尤其是语言、风俗习惯等明显不同。如W市的流动人口主要来源于安徽、江西、四川、湖南等外地省份和欠发达地区，流动人口和本地居民的语言、思想观念和生活方式等方面具有明显差异。

邓金花（女，金浦村某鞋厂工人，45岁，江西人）：

自从1998年和丈夫一起来到金浦村打工以后，除了逢年过节回老家探亲，平时就一直待在金蒲村这个地方，算得上是厂里的老员工了。厂里的老板和老板娘都很看重我们，为了能留住我和丈夫在厂里打工，每年春节从老家回来后，都会给我们包个红包。虽然钱不太多，但重要的是情义，所以，我们也一直没有跳槽到其他地方。虽然，在这里待了这么多年，但主要在厂里干活，平时也不怎么和当地人接触。一方面，是因为工作忙，确实没有时间和本地人接触；另一方面，总觉得和当地人语言不通，话说不到一块去（注：没有共同话题），所以别看平时见面大家都客客气气，但无论如何也不可能做到像老乡之间那样亲切。

按说邓在金浦村也生活了近二十年，无论是对当地环境还是原住居民，都应该非常熟悉了，但由于语言文化上的差异，邓仍然未能完全融入当地社区。与之不同的是，在C市或是Y市，尽管也有不少流动人口，但其流动人口大多数来自本地或周边地区农村。虽然在生活方式甚至观念上有所差异，但流动人口和原住居民的语言文化甚为相近，两者之间自然产生一种天然的亲近感。

另一方面，由于区域之间的巨大经济差距，导致在一些发达地区，社区原住居民与流动人口之间的职业分化和收入差距更加凸显。W市属于东部沿海发达城市，其原住居民一般从事较为体面、经济收入较高的职业，而大多数来自欠发达地区的打工者则从事一些边缘性的、经济收入较低的职业，如保洁、保安等或工厂的一线工人。因此，在原住居民和流动人口之间形成了经济社会地位上的明显界限，并与族群意识一并发挥作用，使得发达地区社区居民结构的"异质性"程度要远超欠发达地区。在现代化和城镇化背景下，随着传统社区向现代社区转型，人口在地区及城乡之间持续流动，异质性社区将会不断呈现，从而导致社区信任的复杂性持续增加，社区流动性隔离也最终会成为一种普遍现象。

第二节 社区信任的分化、根源及影响

一 社区信任的分化及其表现

有关信任问题的研究,马克斯·韦伯和弗朗西斯·福山的研究可谓经典之作,对学界产生了深刻的影响。韦伯在《宗教伦理与资本主义精神》等书中认为,根据信任对象范围的不同,社会信任可以划分为特殊信任和普遍信任,其中,中国社会难以形成普遍信任,只有基于亲戚等关系的特殊信任。福山也根据信任程度的不同,将一些国家归于高信任度社会,而另一些国家则为低信任度社会。他指出,中国社会与日本、美国等明显不同,前者属于低信任度社会,后者属于高信任度社会。在这里,韦伯和福山分别从不同角度对有关国家的社会信任做了明确的区分,表明了社会信任在不同的制度或文化背景下显示出区域分化的特征。由于社会信任是宏观层面的信任,既指陌生人的信任,也包括熟人社会的信任。而在社区,其既非陌生人社会,也与传统熟人社会不同,是介于两者之间的一种状态。因此,就社区层面的信任而言,是否也具有区域分化特征呢?

(一)社区信任的区域分化

如果说,韦伯或福山关于中国社会与其他国家的信任分化的判断正确,那么,作为中国社会自身的各个区域,由于其人口结构或制度建设等方面并不尽然相同,因而社区信任也将存在相应的区域分化特征。为了验证这个假设,笔者将"地区"作为自变量,"对原住居民信任度"和"对流动人口信任度"作为因变量,考察在不同地区人们对原住居民和流动人口的信任程度,如表5—2所示。通过题目"一般来说,有些人可信,有些人不可信,对于下面几类人,您的信任度怎么样?"对本地区居民的信任度和对流动人口的信任度进行测量,分别对回答进行赋值(1=从不相信、2=多数时候不相信、3=有时候相信、4=多数时候相信、5=一贯相信)进行李克特记分,分值越高,信任度越高。通过相关性分析发现,地区和对原住居民的信任度之间存在显著相关性,相关系数为0.2403,显著性P值为0.0000,表明越是在传统的地区(流动性弱),人们对原住居民的信

任度越高。数据百分比统计也支持了上述分析。在 W 市,约有 33% 的受访者对原住居民表示"一贯相信"和"多数时候相信",在三个样本地区比例最低,而 Y 市受访者这个比例最高,达到 56.6%。三个样本地区的受访者对原住居民的信任度有着显著不同,异质性程度越低的地区,受访者对原住居民的信任度越高。可见,社区信任表现出明显的区域分化特征。

表 5—2　　地区与对本地居民和流动人口的信任度相关性分析

	地区	对本地居民的信任度	对流动人口的信任度
地区	1		
	681		
对本地居民的信任度	0.2403 *	1	
	0.0000		
	681	681	
对流动人口的信任度	−0.0156	0.5068 *	1
	0.6841	0.0000	
	681	681	681

注:*** $p<0.01$,** $p<0.05$,* $p<0.1$。

另一方面,地区和对流动人口的信任度之间并不存在显著相关性,即人们对流动人口的信任度在不同地区并无显著差异,三个样本地区的受访者对流动人口的信任程度普遍较低。综合上述分析,不难发现,与韦伯和福山等人对社会信任分化的判断不同,社区信任并不必然表现出区域分化,在对流动人口的信任方面具有趋同特征。

(二)社区信任的主体分化

社区信任的复杂性不仅体现在区域分化及趋同方面,还表现为信任主体的显著差异。在特定的异质性社区,居民成分通常较为复杂,不仅包括新居民、老居民,也有来自各地的流动人口。不同的居民主体,其社会网络、职业背景、生活方式乃至观念等均有显著的差异,将会在一定程度上影响其社区信任感。

为考察原住居民和流动人口的社区信任感,按是否流动人口设置为二分变量（1=是、0=否），对原住居民的信任度和对流动人口的信任度分别进行李克特记分（1=从不相信、2=多数时候不相信、3=有时候相信、4=多数时候相信、5=一贯相信），分值越高，信任程度越高。因变量作为多分类有序变量，将人口学变量性别、年龄、文化程度、政治面貌、宗教信仰作为控制变量，通过Ologit回归模型，分别考察是否流动人口对本地居民的信任度和对流动人口的信任度的影响，回归结果见表5—3。从表5—3可以看到，是否流动人口与对本地居民的信任度之间呈负相关关系，P值在1%水平上显著，OR值为0.370。这意味着，在控制其他变量的条件下，自变量"是否流动人口"的变化会对因变量"对原住居民的信任度"造成极大的影响，即当受访者是流动人口时（1=是），其对原住居民的信任度提高一个等级的可能性将增加－0.63倍（0.37－1）。这说明，流动人口与非流动人口对原住居民的信任度存在较大差异，非流动人口比流动人口更加信任原住居民。同时，模型还显示，虽然是否流动人口与对流动人口的信任度之间呈负相关关系，但并未通过显著性检验，这两者之间没有显著的相关关系。这意味着非流动人口与流动人口在对流动人口的信任度方面没有显著差异。

表5—3　　　　是否流动人口对信任度的影响Ologit回归模型

变量	模型1		模型2	
	对本地居民的信任度	OR	对流动人口的信任度	OR
性别	0.0955	1.100	0.0162	1.016
	(0.150)		(0.150)	
年龄	0.0132***	1.013	0.00600	1.006
	(0.00613)		(0.00616)	
文化程度	－0.122	0.885	0.168***	1.183
	(0.0825)		(0.0823)	
政治面貌	0.0395	1.040	0.100	1.105
	(0.117)		(0.118)	

续表

变量	模型1		模型2	
	对本地居民的信任度	OR	对流动人口的信任度	OR
宗教信仰	0.0316	1.032	0.0135	1.014
	(0.0367)		(0.0370)	
是否流动人口	-0.994***	0.370	-0.0275	0.973
	(0.169)		(0.167)	
/CUT1	-3.553***		-1.610***	
	(0.540)		(0.514)	
/CUT2	-1.470***		0.459	
	(0.500)		(0.501)	
/CUT3	0.439		2.363***	
	(0.496)		(0.510)	
/CUT4	2.167***		4.060***	
	(0.503)		(0.539)	
OBSERVATIONS	633		633	

注：*** $p<0.01$，** $p<0.05$，* $p<0.1$。

不仅如此，数据统计结果也进一步支撑了上述判断。根据表5—4显示，在回答"是否相信原住居民"问题时，有26.94%的受访流动人口选择了"一贯相信"和"多数时候相信"，而受访非流动人口的这一比例却高达50%左右。从表5—5则可以看到，在回答"是否相信流动人口时"，分别有20.41%的受访流动人口和21.56%的受访非流动人口选择了"一贯相信"和"多数时候相信"。这表明，流动人口与非流动人口对社区居民的信任程度出现显著分化，其中，流动人口无论是对原住居民或是其他流动人口均表现出较低的信任度，而非流动人口则在不同对象上显示出了区分：对原住居民的信任度明显超过其对流动人口的信任度。同时，这也表明，不论受访者为流动人口或非流动人口，其对流动人口的信任度趋于一致，两者均表现出对流动人口较低的信任度。

表 5—4 是否流动人口与对本地居民的信任度交叉表

是否流动人口	对本地居民的信任度					
	从不相信	多数时候不相信	有时候相信	多数时候相信	一贯相信	总计
否	6	51	162	149	68	436
	1.38	11.70	37.16	34.17	15.60	100.00
	28.57	44.74	61.60	74.50	81.93	64.02
是	15	63	101	51	15	245
	6.12	25.71	41.22	20.82	6.12	100.00
	71.43	55.26	38.40	25.50	18.07	35.98
总计	21	114	263	200	83	681
	3.08	16.74	38.62	29.37	12.19	100.00
	100.00	100.00	100.00	100.00	100.00	100.00

PEARSON CHI2 (4) = 51.6231 PR = 0.000

表 5—5 是否流动人口与对流动人口的信任度交叉表

是否流动人口	对流动人口的信任度					
	从不相信	多数时候不相信	有时候相信	多数时候相信	一贯相信	总计
否	29	121	192	73	21	436
	6.65	27.75	44.04	16.74	4.82	100.00
	63.04	59.31	66.90	65.18	65.62	64.02
是	17	83	95	39	11	245
	6.94	33.88	38.78	15.92	4.49	100.00
	36.96	40.69	33.10	34.82	34.38	35.98
总计	46	204	287	112	32	681
	6.75	29.96	42.14	16.45	4.70	100.00
	100.00	100.00	100.00	100.00	100.00	100.00

PEARSON CHI2 (4) = 3.1145 PR = 0.539

二 影响社区信任分化的不确定性因素

理性选择主义认为，信任的确与知识（经验）相关联，信任是"暗含的利益"，它是与知识相关联的范畴，即"信任我们认识的人"。[①] 然而，这一结论不仅遭到尤斯拉纳的质疑，而且也不为数据统计结果完全支持。本书将在社区居住时间的长短作为衡量"经验获得"的评价指标，根据罗素·哈丁的理论逻辑，在社区居住时间越长，其社区生活经验越丰富，居民的信任感越强。为了检验这一假设，本书将"居住时间"作为自变量，将"是否信任原住居民"及"是否信任流动人口"分别作为因变量，进行相关性分析。结果显示，"居住时间"与"是否信任原住居民"两个变量之间相关性显著，即个体在社区居住时间越长，其对原住居民信任度越高；而"居住时间"与"是否信任流动人口"两个变量之间则无显著相关性，无论个体在社区居住时间长短，对流动人口的信任感均较弱。这种情况表明，"信任我们所认识的人"的理论解释力具有其局限性，信任并不总是与知识（经验）相关联。

表5—6　　　　　　　　居住时间与居民信任度交叉表

	居住时间	对本地居民的信任度	对流动人口的信任度
居住时间	1		
	677		
对本地居民的信任度	0.2354 *	1	
	0.0000		
	677	681	
对流动人口的信任度	0.0588	0.5068 *	1
	0.1262	0.0000	
	677	681	681

注：*** $p<0.01$，** $p<0.05$，* $p<0.1$。

---

① ［美］罗素·哈丁：《我们要信任政府吗？》，载马克·E.沃伦编《民主与信任》，吴辉译，华夏出版社2004年版，第20—27页。

也有研究认为，社区结构的异化导致社区信任水平的下降，异质性较高的社区信任水平比较低。① 对于这个判断，本书的资料和分析是支持的。如前所述，阶层和族群因素影响社会信任和融合，在流动性最大的W市，其社区的异质性最强，居民的信任度和社区融合度也最低。除了异质性因素以外，实际上我们还注意到了"不确定性"因素对社区信任的影响。

关于"不确定性"的概念，在有关信任的研究中常见有讨论，甚至经常将信任与不确定性联系起来。这可以说是功能主义者和理性选择主义者的共性。20世纪70年代，新功能主义的代表人物尼克拉斯·卢曼即把信任与不断增长的复杂性、不确定性和风险等当代社会的特征联系起来，并指出"信任是简化社会复杂性机制之一"。1990年，詹姆斯·S.科尔曼则在理性选择理论的框架内，指出影响行动者是否下赌注或委托人是否给予信任的三个基本因素是获得成功的概率、可能的损失以及可能的收获。当然，作为行动者或委托人，为增加成功机会和减少可能的损失，他还必须尽可能地了解和掌握有关信息，"信息是影响人们对成功机会的估计"②。显然，正是因为社会中大量不确定性的存在，信任的价值才不断得以彰显，并通过发挥信任的功能，从而减少社会的不确定性。但另一方面，也应看到，确定性往往构成信任的基础。个体之所以将信任赋予他人，是因为其对他人行为能够产生稳定预期。但倘若个体对他人行为趋势无法做出确定性判断，是否还愿意承担由此带来的风险呢？答案是不言而喻的。一般地，人们只有在对他人行为形成确定性预期时，才愿意付出信任。只有在极少数的情形下，人们才不基于经验的一面，而给予陌生人"尤斯拉纳"式的道德主义信任。

在实践中，大量的事实表明，正是这种"不确定性"才导致社区居民对流动人口的信任程度普遍较低。这种"不确定性"主要表现在两个

---

① 邢春冰、罗楚亮：《社会信任和政治参与——城镇地区人大代表选举过程中的居民投票行为》，《公共治理研究报告》，天则经济研究所，未刊稿。

② [美]詹姆斯·S.科尔曼：《社会理论的基础》，邓方译，社会科学文献出版社2008年版，第93—96页。

方面：流动人口和社区规则。首先，流动人口的不确定性。笔者在调研中经常从原住居民那里听到类似的说法，"他们（流动人口）家又不在这里，谁知道他们明天去哪里"，"不要说我们，就是社区干部平时也找不到人，他们（流动人口）神龙见首不见尾"。下面是笔者和 W 市某社区干部的对话笔录：

问：你们社区流动人口有多少？占社区人口多大比例？
答：社区很难准确把握流动人口数量，只能估算，大概占社区人口的 15%。
问：为什么社区很难准确把握流动人口的数量？
答：流动人口找工作、租房子都不需要到社区登记，只有在办理小孩入学、开计生证明等手续时才会到社区来登记。所以社区掌握的流动人口数据是不全的。
问：在什么部门可以查询到准确数据呢？
答：流动人口要去公安部门办居住证，所以它们可能掌握有流动人口的准确数据。
问：公安部门关于你们社区流动人口的信息可以共享吗？
答：那是不可能的。
问：社区平时和流动人口接触多吗？
答：接触很少。平时，他们也不会来社区，我们白天上门又找不到人，有时很晚找到他们，他们也对社区干部不爱搭理。

实际上，对于不少社区干部和原住居民而言，同流动人口打交道是一件令人困扰的事情。一些流动人口流动性非常频繁，在社区居住时间很不确定，多则一两年，少则几个月甚至几个星期，他们若没有找到合适就业岗位便会离开社区。可见，准确掌握流动人口的数据信息十分困难。此外，由于统计口径不一，各部门的数据还经常发生冲突。以 G 省为例，截至 2011 年年底，省综治办掌握的流动人口数据为 2811 万人，计生委的数据为 3380 万人，社工委的数据为 3600 万人，公安厅的数据为 2871.4 万人，总工会的数据为 2600 万人，人力资源和社会保障厅的数据为 2675 万人。① 即便有的流动人口在社区居住许多年，但由于平时很少接触社区干部及居民，后者对流动人口的职业、受教育程度等信息都不甚了解。因此，社区干部和其他居民对流动人口的信任度难免较低。

其次是社区规则的不确定性。有研究者将信任分为习俗型信任、契约型信任和合作型信任，认为"习俗型信任"是指发生在传统农业社会和熟人社会中信任，"契约型信任"则是工业社会和陌生人社会得以存续的重要支持力量，"合作型信任"则是与后工业社会相匹配的一种信任关系。② 尽管上述三种信任赖以建立的社会基础不同，但有一点是具有共性的，那就是信任均建立在确定性规则基础之上。无疑，在现代契约社会，人们经过充分协商形成"公意"，这是契约的基础。在这种契约环境下，人们对自己及他人的行为能够形成明确的预期，进而形成普遍信任。而在传统农业社会，虽然无法形成超出熟人社会圈子的规则，但在熟人社会内部，却有一套非普遍性、习俗性的规则，其对熟人社会内部有着较强约束力。

随着社会流动的频繁，人们交往的界限开始突破熟人社会圈子，并向半熟人社会或陌生人社会转变，因而传统社区规则已难以满足人们实际交往中的安全需要。为了确保自身安全，不论是社区原住居民还是流动人口，均倾向于维护其自身原先的社会结构和规则。因而不难理解，即便原住居民和流动人口在同一个社区共同生活了许多年，但他们之间却难以形成共同规则及公共空间。尤其是在流动人口以个体形式嵌入具有强大社会网络的社区，这种情况尤其明显。在该类型社区，原住居民的社会结构非常稳定，其公共空间对外也异常封闭，流动人口与原住居民的日常交往变得十分困难。目前大多数发达地区的农村社区便是这种情形。可见，由于社会转型时期规则的不确定性，习俗型信任已难以继续维持，而人们契约精神的缺乏又使得契约型信任难以在短期内构建起来。在这种情况下，社区出现了信任缺失的"窗口期"。

三 信任分化与社区隔离

如前所述，社区信任表现出区域分化和主体分化特征，即一方面，

---

① 资料源于笔者 2012 年 2 月在 G 省一次座谈会上的调研记录。
② 张康之：《在历史的坐标中看信任——论信任的三种历史类型》，《社会科学研究》2005 年第 1 期。

异质性程度越低的地区，居民对原住居民的信任度普遍较高；另一方面，流动人口无论是对原住居民或是其他流动人口均表现出较低的信任度，而非流动人口对原住居民的信任度明显超过其对流动人口的信任度。这表明，社区的居民结构（即流动人口的聚居程度或异质性）在很大程度上影响社区信任，并最终导致不同程度的社区隔离状态。其实，流动人口与原住居民的信任分化，其根源恰恰在于阶层分化和族群差异，这种分化或差异越显著，信任分化和相互隔离则越严重。

（一）信任与隔离的阶层因素

在有关社会分层标准的研究文献中，最为经典的则是马克斯·韦伯所提出的"多元维度"理论。他从财富和收入（经济地位）、权力（政治地位）和声望（社会地位）等三个维度分析了影响社会分层的因素，并认为权力是最难衡量的，"大多数对权力的研究充其量不过对权力事实的一种推测……因为难以测量，又因为它与意识形态联系如此紧密，因此权力的问题在社会学中争论很大"。[①] 而另外两个因素则获得了广泛认同和讨论，如沃纳的"声望分层理论"和塔尔科特·帕森斯（Talcott Parsons）等人的"职业分层理论"均在一定程度上受了韦伯的多元分层理论的影响。一般地，经济及社会地位往往与其受教育程度呈正相关，即个体受教育水平越高，其收入和财富也越多，进而促使其社会地位相应提高。在类似 W 市的沿海发达地区，大多数流动人口都是来自欠发达地区的农民，其受教育水平低、技能不足，主要从事制造业、建筑施工等，或者在餐饮店、理发店等场所做服务员。而在清洁工、保姆这些职业中，流动人口占了绝大多数。这些工种大多又脏又累，且经济收入明显低于原住居民。原住居民和流动人口之间的经济社会地位的分化，是城乡差距和区域经济差距的叠加结果，城乡和区域的经济矛盾性在社区层面凸显。从这个角度讲，原住居民和流动人口之间的职业分化，本质上属于结构性矛盾。

由于历史和政策等因素，中国区域经济发展差距一直较为明显。在 1952—1978 年，各省市之间的收入差距主要体现在京津沪与其他地区之

---

① ［美］戴维·波普诺：《社会学》（第十版），李强译，中国人民大学出版社 1999 年版，第 241—242 页。

间，这是政府"重工业优先"与"城市偏向"的政策所导致的。改革开放以前，三大直辖市以及黑吉辽等工业重镇的收入水平位居全国排行榜前列。后来，为了平衡地区发展水平，中央政府在西部地区进行了巨额投资，但其在缩小地区收入差距方面的成效并不明显。20 世纪 80 年代以后，国家采取"鼓励先富"的政策，大大激发了沿海地区经济发展的热情，充分挖掘和发挥了沿海地区的比较优势，同时也进一步拉大了地区间的经济收入差距。[1] 及至 90 年代中后期，沿海与内地巨大的经济差距连同其他一些因素，推动了内地人口大规模向沿海发达地区转移。

根据人口迁移"推—拉"理论，个人效用的最大化是促使人口迁移的重要因素。个体在考虑是否迁移时，往往会权衡各种因素利弊，最后做出决定。只要在两个地区之间存在明显差距，就必然会引发人口迁移的浪潮，直至两个地区之间均衡发展。但从 20 世纪 80 年代直到今天，这种区域之间的差距并未得到有效控制，甚至一定程度上形成了结构性失衡。沿海发达地区及区域中心城市的"虹吸"效应，导致内地欠发达地区和偏远农村地区处于非常不利的经济地位。这种区域之间的经济社会失衡，从根本上讲是落后的农业地区与工业化甚至后工业化地区之间的结构性矛盾。只要这种矛盾得不到化解，人口迁移势必仍将持续，并持续加剧原住居民和流动人口的阶层分化。

为了考察阶层分化与信任、隔离等因素的关系，我们选择了接触频率、居住空间、地区、受歧视感等指标进行分析。其中，接触频率是反映隔离（或融合）程度的重要指标。梅西、登顿曾设计了衡量隔离的五大指标体系，其中，接触指标（Residential Exposure）是指在特定区域内群体成员之间潜在接触的程度或相互作用的可能性。[2] 另外，本书将流动人口的居住空间作为衡量其经济社会地位的一个重要指标，并将其居住空间分为三种类型，即租住房东家、居住在工厂集体宿舍、自购住房。

---

[1] 根据资料显示，从 1978—2004 年，东、中、西部地区 GDP 占全国 GDP 的比重持续分化，其中东部地区的比重由 1978 年的 51.4% 上升至 2004 年的 58.4%，中部地区由 1978 年的 36.6% 下降为 2004 年的 32.0%，而西部地区则由 12.0% 降至 9.6%。参见《新中国五十年统计资料汇编》，中国统计出版社 2005 年版。

[2] Douglas S. Massey and Nancy A. Denton, "The Dimensions of Residential Segregation", *Social Forces*, Volume 67, No. 2, December 1988, pp. 281–315.

三者的经济社会地位总体上是依次由低到高排序，即租住在房东家及住在工厂里的流动人口经济社会地位通常相对较低，而自购商品房的经济社会地位最高。

通过 Ologit 回归模型分析，我们发现，在控制人口学变量的基础上，流动人口与原住居民接触频率与其对原住居民信任度之间呈正相关关系，P 值在 1% 水平上显著，OR 值为 1.745，即流动人口与原住居民接触频率提高一个单位，其对原住居民的信任度提高一个单位的可能性将增加 0.745 倍（1.745-1）。换言之，流动人口与原住居民接触频率越高（隔离程度低），其对原住居民的信任度也越高。反之，流动人口对原住居民越信任，与原住居民接触频率越高，两者的隔离程度越小。此外，我们还发现，在控制人口学变量的基础上，受歧视感与对本地居民信任度之间呈负相关关系，P 值在 5% 水平上显著，OR 值为 0.555，即流动人口受歧视感每提高一个等级，其对原住居民的信任度提高一个单位的可能性将增加 -0.445 倍（0.555-1）。这表明，流动人口受歧视感越强，其对本地居民的信任度越低。（参见表 5—7）

表 5—7　　接触频率及受歧视感对本地居民信任度的影响 Ologit 回归模型

变量	模型 1		模型 2	
	对本地居民信任度	OR	对本地居民信任度	OR
性别	-0.199	0.819	-0.316	0.729
	(0.258)		(0.252)	
年龄	0.0240***	1.024	0.0262***	1.027
	(0.0109)		(0.0108)	
文化程度	0.118	1.125	0.0394	1.040
	(0.152)		(0.147)	
政治面貌	0.00819	1.008	0.102	1.108
	(0.228)		(0.214)	
宗教信仰	0.0317	1.032	0.0267	1.027
	(0.0666)		(0.0634)	

续表

变量	模型 1		模型 2	
	对本地居民信任度	OR	对本地居民信任度	OR
与本地居民接触频率	0.557 *** (0.198)	1.745		
/cut1	-0.386 (0.878)		-2.635 *** (0.993)	
/cut2	1.753 *** (0.858)		-0.445 (0.955)	
/cut3	3.661 *** (0.890)		1.477 (0.961)	
/cut4	5.514 *** (0.937)		3.210 *** (0.986)	
受歧视感			-0.589 *** (0.237)	0.555
Constant				
Observations	213		228	

注：*** $p<0.01$，** $p<0.05$，* $p<0.1$。

根据"空间同化理论"，居民的隔离至少部分原因是由经济社会地位差异引起的。为了检验该理论的适用性，我们按经济社会地位不同，在问卷设计时将流动人口的居住空间主要分为"租住在房东家""住在工厂公房"及"在本地购买了商品房"。在将"居住空间"和"是否受到歧视"进行相关性分析后，发现这两个变量之间具有显著相关性（参见表5—8）。根据数据统计，租住在房东家的流动人口受歧视感最强，有35.4%的受访者明确表示受歧视；其次为住在工厂里的流动人口，该比例为30%；而自购了商品房的流动人口受歧视感最弱，只有11.3%的受访者感到受歧视。这表明，不同居住空间的流动人口，受歧视感程度有着明显差异，经济社会地位越低，受歧视感越强烈。这表明，随着经济社会地位的提高，流动人口更少遭受来自原住居民的歧视，而最为底层的流动人口，则更多受到原住居民的排斥。

表5—8　　　　　　　　居住空间与相关变量的相关关系

	居住空间	受歧视感	本地居民维护谁
居住时间	1		
	243		
受歧视感	-0.2080*	1	
	0.0017		
	226	251	
本地居民维护谁	0.2683*	-0.2268*	1
	0.0001	0.0009	
	204	210	590

注：*** $p<0.01$，** $p<0.05$，* $p<0.1$。

此外，"居住空间"与流动人口的"群体封闭性"（或称为"群体意识"，也是衡量隔离的一个重要指标）之间也存在密切关系。在将"居住空间"和"原住居民维护谁"两个变量进行相关性分析后发现，上述两个变量之间具有显著相关性（参见表5—8）。进一步的频数分析也支持该结论。当被问道"如果流动人口和本地居民发生矛盾或冲突，其他原住居民一般维护谁？"高达50%的"租住在本地房东家"的受访流动人口认为，原住居民倾向于维护本地居民；住在工厂里和购买商品房的受访流动人口该比例分别为25%和20.8%。这表明，经济社会地位越低，群体封闭性（群体意识）越强、受歧视感也越强，即租住在房东家的流动人口群体意识最强，自购商品房的流动人口群体意识最弱。

不同居住空间的流动人口差异性也表现在其对原住居民的信任程度方面。其中，"租住在房东家"的受访者表示"一贯相信"占4.7，"一般不相信"或"从不相信"占21.1%；"住在工厂里"的受访者的对应比例分别为10%和11%；而"自购商品房"的受访者的对应比例分别为9.4%和3.8%。上述数据表明，"租住在房东家"的流动人口对原住居民信任度最低，而"自购商品房"的流动人口对原住居民信任度最高。

不仅如此，我们从前文表2—2中也发现，流动人口的受歧视感与地区之间也具有显著相关性。数据结果显示，地区与流动人口受歧视感显著相关，相关系数为-0.19。这说明，越是发达的地区，由于其流动人口众多，居民成分（异质性）复杂，流动人口的受歧视感越强烈。另外，根据数据统计，W 市 43.2% 的受访流动人口认为自己"经常"或"偶尔"遭到歧视，另有 11.5% 的受访者拒绝回答；C 市和 Y 市受访流动人口中认为自己遭到歧视比例分别为 10.3% 和 2%。流动人口受歧视感之所以表现出地区差异，主要是因为各地流动人口所从事职业的差异性或者其经济社会地位。在 W 市，流动人口主要从事工厂务工、家政保洁等边缘性职业，与大多数原住居民相比，其经济社会地位明显较低；而在 C 市和 Y 市，流动人口的职业分布较为广泛，不少流动人口从事商业贸易和个体经营等职业，职业层次较高。这种情况表明，流动人口受歧视感与其所从事的职业或经济社会地位有着密切关系，其职业越边缘化，相对经济社会地位越低，其受歧视感越强烈。

综合上述分析，可以得出以下结论：不论是依据居住空间、职业分层或地区等衡量指标，流动人口的经济社会地位与其社区隔离有着显著的相关性，流动人口的经济社会地位越低，其受歧视感越强烈，对原住居民信任度越低，同时其社区隔离程度最为严重。

（二）信任与隔离的族群因素

在本书第二章，根据村落的人口结构特征选取了三个典型案例：羊村（传统农村社区）、金浦村（流动人口聚居社区）、果园村（城郊农民市民化安置社区），用以解释不同社区的融合问题。尽管上述社区在人口结构、经济发展水平等方面有着显著差异，但由于受族群边界意识等因素的影响，它们无一例外均存在社区融合障碍。通过上述三个社区案例，不难发现，社区居民的族群边界意识正是社会网络、国家政策等多种因素的综合结果。

在羊村故事中提到的杨家村或黄村，均为典型的传统村落，宗族是居民联系的重要方式和纽带，它深刻影响着农民的日常生活（如祭祀、修谱等）及行为方式。在人民公社体制下，农村社会形成了"三级所有，队为基础"的组织结构，它与传统宗族边界有着根本区别：后者是以血缘和宗亲关系为基础构筑而成，是自然形成的社区边界，而前者则是政权运作的结果，是人为形成的社区边界。在当时"政治挂帅"的历史条件下，"三级所有，队为基础"的集体组织结构一方面强调农民行动的政治含义，同时却在持续淡化农民心中的族群（社区）边界。事实上，由于同属一个大队，杨家村和黄村在土地收益等许多方面是不分彼此的。在这段时期，由于经常在一起劳动和经营，两村村民的关系非常融洽，有些村民甚至还结成了姻亲关系。据统计，这段时间结成姻亲关系的有十余对，占全部姻亲关系的一半以上。在村民的内心中，原本属于"异我"的对方逐渐被纳入了"同我"范畴，社区边界已悄然发生变化：族群边界开始淡化，而行政边界逐渐获得村民认同。

不过，随着人民公社体制的解体，人为形成的行政边界在村民内心中逐渐淡化，而族群边界开始得以恢复和强化。伴随国家政策变迁及社区边界调整，杨、黄两村的信任关系也在持续发生变化。在实施集体化政策以前，双方关系同大多数其他邻村一样，社区边界十分清晰。一方面，它们在土改时期所颁发的土地证上均有明确的"四至"描述，行政边界明显，土地权属观念很强；另一方面，双方村民在内心中形成了显著的"同我"和"异我"的心理边界。在这一阶段，双方的信任关系只能是乡土社会半熟人之间的社会信任关系。不过，随着集体化政策的实施，共同的劳动和生活密切了双方的关系，不仅事实上的社区边界得到调整，其心理边界也悄然发生了变化：先前属于"异我"的对方逐渐被纳入了"同我"范畴，信任关系也由半熟人之间向熟人社会的信任关系转变。而在人民公社体制瓦解以后，根深蒂固的宗族观念再次发挥作用，导致了双方共同的行政边界（生产队）开始淡化，自然形成的族群边界又逐渐凸显。族群边界意识的凸显，随着双方土地权属争执的发生而进一步得到强化，并在很大程度上影响着个体行动者的基本立场和信任关系。

需要指出的是，农村社区族群边界的恢复和强化得益于两个因素：第一，国家力量从乡村社会收缩。为了促进社会治理模式转型及降低治理成本，国家逐步减少对农村社会的政治干预，并试图依靠村民委员会这一村民自治组织来实现对农村社会的有效治理。然而，治理模式的转型却在客观上淡化了此前靠政治动员形成的社区边界，并使自然形成的族群边界得以恢复和强化。第二，国家山林确权政策的推行。20世纪80年代初，为了进一步落实"分田到户"政策，国家开始对山林等农村土地资源进行确权。根据集体化以前的土改政策，争议地无疑处于杨家村社区边界范围内，但根据后集体化时期的"谁种谁有"的山林确权政策，由于黄村村民在争议地上种了蔬菜和树木，争议地自然就被划给了黄村。由此可见，国家政策的变迁，将不仅导致社区边界的调整，也在一定程度上影响居民的族群边界意识和信任关系。

当然，在不同社会网络和生存环境下，人们的族群边界意识有着不同的表现形式。在金浦村等流动人口聚居的社区，虽然也聚群而居，但其社会网络不再是传统的宗族网络或地缘网络，而是以同乡、朋友和亲戚为基础的社会网络。不过，需要指出的是，虽然金浦村的流动人口社会网络发生变化，但其所信任的对象并未随着社会网络变化而变化。在日常生活中，流动人口接触和交往的对象除了亲戚外，主要就是同乡、朋友和同事。但是，这种交往对象的变化并不能改变流动人口的信任结构，他们依然保持着对亲戚、家人的特殊信任，与同乡、朋友的交往增多对于普遍信任的增长而言并无裨益。相反，"实际的交往行动对城市新移民的社会信任的作用却以负功能为主"[1]。他们当中的大多数人并没有做好真正融入当地社会的准备，或者说融入意愿不强烈，因此，他们并不会用新的社会网络（与朋友、同乡及同事的实际交往）界定自己的心理边界。这些交往在很大程度上是策略性的，并不像与亲戚交往那样充满情感因素。因而这些交往"都未能显著地影响城市新移民的总体社会信任感，仅有与亲戚的交往（网络密度和实际支持）有显著的影响作用"[2]。

在金浦村这种流动人口聚居的村落，大多数流动人口有两道心理边界，一道是将自己与本地原住居民之间区隔开来，另一道是将自己与其他流动人口尤其是来自不同地区的流动人口区隔开来。这两道心理边界也表现在居住空间上，就是亲戚、同乡经常聚居在一起，形成一个相对封闭的社交圈。在金浦老村的村中心位置，有一个杂货铺名叫"江哥杂货"，店老板姓江，江西人。由于该江姓店主在金浦村居住时间长，当地社会关系比较熟，为人比较讲义气，空闲时间老乡们都愿意聚集在该店铺聊天、打牌，而来自其他地区的打工者则几乎不会光顾这里。可见，

---

[1] 雷开春、张文宏：《城市新移民的社会信任及其与社会交往的关系剖析》，《江苏行政学院学报》2012年第6期。

[2] 同上。

虽然打工者的社会网络与传统农村"差序格局"形式上明显不同，但其实质都是以"血缘、亲缘或者地缘"关系为基础的社会网络，反映了打工者的族群意识依然在发挥作用。因而不难理解，尽管来自不同地区的流动人口经济、社会地位接近，但由于各自社会网络所导致的心理边界，他们相互之间其实难以形成相互信任关系。事实上，即便偶有流动人口积极融入当地社会，而形成了新的社交圈，一定程度上属于策略性的，难以形成真正的归属感。大多数流动人口对原先的社会网络依然有着较强的路径依赖，社交网络的偶发性变化并不能彻底改变其心理边界，也不会重塑其基本的信任结构。

第三节 多元共治：社区信任与融合的路径

一 中国社会组织的发展及面临的挑战

如前所述，族群差异和阶层分化是导致流动人口社区隔离的两大重要因素，而这两个因素在很大程度上是结构性因素。流动人口的族群差异是广义上的族群差异，不仅彰显着宗族性边界，通常也指来自相同地域的个体或群体的对外排斥性。即一方面，流动人口的族群差异有着较强的宗族性特征，对外具有排斥性，个体之间的信任通常建立在亲缘关系基础上；另一方面，流动人口的跨区域流动赋予族群差异之区域性特征，来自不同地区的流动人口无论在心理认同或社交网络等方面，均有明显的边界。这种社会结构类似于舒绣文（Vivienne Shue）描述的人民公社时期农村社会的"蜂窝结构"，并且同样具有较强的封闭性特征。与之不同的是，阶层分化表现出其"梯状结构"的社会结构特征，在流动人口与原住居民之间、在农民与市民之间，经济社会地位有着明显差距。由于这种差距是由中国社会的城乡和区域分化叠加而成的，因而在一定程度上也属于结构性问题，阶层之间有着较强的对外排斥性。鉴于上述族群差异和阶层分化的结构性特征，若要淡化流动人口和原住居民之间的界限，促进两者之间的融合，则应设法打破原有结构的封闭性，通过相应的社会组织实现不同群体之间有效整合。

关于社会组织的概念界定，在不同场合表现不一。在国际上，有称为"非营利组织""公民社会组织""第三部门"等，在中国学界，颇具代表性的称呼是王名提到的"民间组织""非营利组织"等。而在国家民间组织管理局主办的网站上，则称为"社会组织"，这一提法反映了中国官方的认识和立场。综合来看，社会组织（非营利组织、非政府组织），是指不以营利为目的的、以服务社会公益为宗旨、非官方的合法性公民志愿组织，其主要特征表现在五个方面，即非政府性、非营利性、公益性、合法性、志愿性。① 从理论上讲，社会组织的存在具有其必然性，它是对政府和市场"失灵"后的有效弥补，是独立于政府和市场的"第三部门"。社会组织旨在为公民提供沟通、交流的平台，促进社会的良性互动，从而形成新的公共空间。正是因为其独立性和有效性，社会组织在美国等一些西方国家广受欢迎，从而获得快速发展。

早在19世纪，托克维尔在《论美国的民主》一书中就提到美国的社会组织并大加赞誉，"美国人不论年龄多大，不论出于什么地位，不论志趣是什么，无不时时在组织社团。在美国，不仅有人人都可以组织的工商团体，而且还有其他成千上万的团体。……为了举行庆典，创办神学院，开设旅店，建立教堂，销售图书，向边远地区派遣教士，美国人都要组织一个团体。他们也用这种办法设立医院、监狱和学校。在想传播某一真理或以示范的办法感化人的时候，他们也要组织一个团体。"② 1830 年前后，美国出现了以反对奴隶制为宗旨的废奴协会，该组织在1840 年发展为拥有 2000 多个地方组织、会员总数达 25 万人的大型非政府组织。③ 二战以后，随着科技进步以及对世界战争的反思和人文关怀意识的增长，科技组织、慈善组织、环保组织在西方国家大量出现。④

综合来看，这些西方社会组织主要具有以下几个特点：（1）独立性。社会组织成立的宗旨在于弥补市场失灵和政府失灵，其组织体制与制度特征显然与市场及政府应有所不同，不应受利益驱动的影响或行政意志

---

① 中国现代国际关系研究院课题组：《外国非政府组织概况》，时事出版社 2010 年版，第 2—3 页。
② ［法］托克维尔：《论美国的民主》（下卷），董果良译，商务印书馆 1988 年版，第 635 页。
③ 王名编著：《非营利组织管理概论》，中国人民大学出版社 2002 年版，第 20 页。
④ 贾西津：《从非营利组织历史看中国民间社会特征》，http：//www.aisixiang.com/data/15568.html。

的奴役，而应保持其自身独立性。社会组织的独立性，是建立在个体自由和人格平等的基础之上，有利于促进国家和社会之间的良性互动，进而形成有约束力的社会治理机制。（2）志愿性。与政府治理的强制性特征不同，社会组织是基于人们志愿意志而形成的。社会组织成员一般有着共同的志趣、信念和目标，并为了这些志趣、信念和目标，按照一定的组织规范，自觉自愿地开展活动。（3）公益性。公益性是社会组织区别于市场组织的重要特征。与市场组织不同，社会组织不以营利为目标，并为社会个体或群体提供免费的或优惠的专业性的社会服务，或者传播某种信念或真理，为个体或群体提供精神指引。

相比较而言，由于受长期封建专制体制的影响，中国社会组织的发展空间极为有限，民众自组织能力相对较弱。可即便如此，仍存在两类民间组织：一类是以经济互助和文化娱乐为主，一般具有非权利性和非对抗性，如合会、诗社、文社、茶社等；另一类是与王权构成制衡或对抗性的组织，包括官僚士大夫内部的结党和民间的秘密会社，均属于非公开的、被禁止和铲除的对象。新中国成立后，为了快速实现工业化的政策目标，国家对社会生活实行全面干预和渗透。有学者将改革开放前的这段时期（1949—1978）称为总体性社会。① 这种社会的基本特征是，国家与社会高度合一，资源和权力高度集中，国家对社会具有高度的动员能力，社会自组织能力明显削弱，社会组织的行政化倾向非常明显。

改革开放以后，利益结构的多元化客观上要求社会组织多样化、非行政化，原有一元化的社会组织框架遭到突破，社会组织的发展面临着机遇和风险并存的局面。下面以C市"亿群社会工作服务中心"（以下简称"亿群服务中心"）为例剖析社会组织的发展与困境。

亿群服务中心成立于2013年3月，共设有服务站点25个，专职社工45名，注册志愿者500余名。（1）服务对象主要有：老年人、青少年、优抚对象（退伍军人）、残疾人、妇女、婚姻家庭对象、流浪乞讨人员、社区矫正对象、失独老人等。此外，还承担了C区范

---

① 何海兵：《我国城市基层社会管理体制的变迁：从单位制、街居制到社区制》，《管理世界》2003年第6期。

围内刑满释放人员和社区服刑人员的社区矫正工作；（2）服务领域涉及：社区社会工作、学校社会工作、企业社会工作、司法社会工作、家庭社会工作等；（3）社区介入方式：现在亿群社会工作服务中心覆盖6个街道的18个社区，每个社区派2个社工入驻社区（非居委会成员），在每个社区安排一间社工办公室（社工室）。所有事项由社工承担，独立设置项目、开展服务，不受街道和社区管辖。

亿群服务中心成立的时机是非常合适的，既顺应了整个社会和时代的大背景，又契合了C市的迫切需求。中共十八大报告指出，"改进政府提供公共服务方式，加强基层社会管理和服务体系建设，增强城乡社区服务功能，强化企事业单位、人民团体在社会管理和服务中的职责，引导社会组织健康有序发展，充分发挥群众参与社会管理的基础作用"。这表明，多元化综合治理将会是未来社区治理的主要模式，它为社会组织的发展壮大提供了更为广阔的空间。另一方面，在C市，社会组织尤其是纯公益性的社会组织很是缺乏。按照国际标准，每万人应拥有7个社会组织。然而，截至2016年6月，C市的社会组织数量只有413个，而其常住人口却高达140多万，其中户籍人口120多万，平均每万人拥有社会组织数量不足4个。更重要的是，这些社会组织主要是民办学校、养老机构、行业协会、社会团体，并非真正意义上的公益慈善类社会组织。在C市，这种纯粹的公益慈善类社会组织数量非常少，总共不会超过10个。[①] 因此，无论是政策和时代背景的大环境，还是C市的社会需求的小环境，都为C市的社会组织发展提供了充足的空间。

必须指出的是，尽管改革开放以来中国社会组织发展非常迅速，但由于其发展时间短、社会规范性不强，故仍然存在诸多问题，影响其进一步发展。首先，中国社会组织受政治因素影响较大，后者甚至损害了社会组织应有的独立性。中国社会组织按性质可分为三类，分别是民办非企业单位、社会团体和基金会。其中，社会团体组成情况复杂，不仅涉及各行各业，与政府的关系差异也很大，有的几乎是政府的一部分，有的与政府有些对立情绪。不少社团参与表达政治见解，对社会思潮和

---

① 资料源于课题组对亿群服务中心负责人的访谈。

社会运动产生影响，有较强的政治参与度。[①] 而一些公益慈善类组织则由于主要依靠承接政府部门的服务项目，与相关政府部门密切接触，甚至接受后者的指导。在与处于强势地位的相关政府部门接触时，有时难免影响社会组织应有的独立性。与其他许多社会组织一样，亿群服务中心也必须考虑自身生存问题。除了民政部门以外，亿群服务中心平时接触较多的部门还有共青团、妇联、残联、卫计委、文明办。与上述部门有接触主要是围绕行政指导、购买服务、项目委托和活动开展等事项进行。比如，亿群服务中心承担的"失独项目"，便是由 C 市卫计委向亿群服务中心购买服务，其在为社区居民提供服务过程中，无疑要接受卫计委的指导。当然，在承接政府部门购买服务的过程中，类似亿群服务中心的社会组织应注意避免政府职能部门的"指导"变为"领导"，从而保持其相对独立性。这显得极为重要。因为，"虽然从总体利益上说，对于社会组织发展'社会需要'与'政府需要'的方向是一致的。但是，由于'社会需要'具有分散性、个体性、多向性等特点，在某些情况下，与站在宏观高度视角的'政府需要'会产生不一致。社会组织的'社会需要'与'政府需要'之间出现不一致有其合理性，但如果处理不妥，就会对社会组织发展产生一定的阻滞影响。"[②]从本质上讲，政府是民众的政府，其成立的宗旨是为人民利益服务的，但在实践中，政府"失灵"现象却是客观存在的。而弥补政府"失灵"的有效路径之一便是成立具有相对独立性的社会组织。

其次，社会组织缺乏相应的社会基础。前文所讨论的亿群服务中心，是否拥有相应的社会基础呢？在实际介入社区服务时，亿群服务中心提倡"三社联动"和"两工互动"。所谓"三社联动"，是指以社区为基础、以社会组织为依托、以社工人才为支撑，"两工互动"则是指社工和义工。社工是常驻社区的社会组织成员，通过社会组织领取薪水并为社区居民提供常态服务，是社会组织提供服务时的主要力量。然而，一旦

[①] 国务院发展研究中心社会发展研究部课题组：《社会组织建设：现实、挑战与前景》，中国发展出版社 2011 年版，第 7—9 页。

[②] 张良：《我国社会组织转型发展的地方经验：上海的实证研究》，中国人事出版社 2014 年版，第 27—28 页。

社区举行重大活动时，仅凭驻扎在社区的社工人手显然不足。为此，亿群服务中心注重吸纳志愿者加入。志愿者分为两种：一种是靠亿群服务中心平时发掘培养的，相对比较好管理；另一种是临时招募产生的，这种志愿者所能发挥的作用有限且不好管理。第一种志愿者群体主要是大学生及部分青年教师，一般依托学校进行培养，组织纪律性及服务意识较强，素质普遍较高。其不足之处是，四年大学生活转眼即逝，大学生志愿者群体循环较快，不能相对固定为社区提供志愿服务，无形中增加了社会组织的培养成本。另外，尽管大学生志愿者群体服务意识强，综合素质较高，但其毕竟不是社区成员，不易融入社区生活。这种状况使得社会组织长期漂浮在社区，难以植根于社区网络之中，缺乏相应的社会基础。

最后，社会组织无法深度介入社区工作。社会组织入驻社区如何与社区协调关系始终存在困惑，包括社区干部在内的不少人对社会组织的定位和性质并不理解，甚至将社会组织置于社区的管辖之下。当前，社会组织介入社区工作的主要方式是"嵌入式"的而非"让渡式"的，即社区党组织和居委会往往将入驻社区的社工视为社区工作人员，围绕社区中心工作做一些辅助性的拓展工作，而不是把社区服务事项全部让渡出来。同时，这种工作介入模式很大程度上影响了社会组织的自主性和独立性。而从政府部门角度来看，"从对立到合作是政府与社会组织关系演变的共同规律"[①]。政府通过社会组织向居民提供服务，已经逐渐成为中国构建服务型政府的基本路径。但长期的"政社不分"的基层治理体制影响了社区的自我定位，导致社区在角色转换中出现了偏差。在实践中，C市政府部门提供了许多服务性政策，而社会组织内部也储备了相关人才，可以为社区居民提供更好的服务。然而，不少服务性项目（如计生、卫生、低保等）却仍沿袭传统做法，由社区居委会包揽。在这种情况下，社会组织无法做到对社区的深度介入，一些工作难以在短期内获得社区居民的理解和认同，所能发挥的作用极为有限。同时，社区居民只是作为服务的被动接受者，而没能主动参与社区服务，成为社区服务

---

① 国务院发展研究中心社会发展研究部课题组：《社会组织建设：现实、挑战与前景》，中国发展出版社2011年版，第5页。

的提供者。

二 志趣组织：居民信任和融合的组织纽带

在现阶段，中国社会组织发展滞缓、公信力明显不足，"总体上看，中国社会组织还处于发展的初级阶段，离现代社会组织体制还有较大的差距，有些社会组织内部治理不完善，组织机构不健全，民主管理不落实，财务管理不透明，自律性和诚信度不高，社会公信力不足，有的甚至违背自身非营利性质，打着公益的幌子，通过乱评比、乱表彰、乱培训、乱拉赞助、强制服务等方式变相敛财。这些缺失诚信的行为，严重损害了现代社会组织的公信力和社会形象，影响了社会组织的健康发展。"[1] 比较典型的有河南省宋庆龄基金会以公益医保、投资换捐赠的模式进行筹款，以房地产开发为主业对基金进行投资。2010年捐赠收入超过10亿元，但公益支出却只有1.4亿元，远低于公募基金会每年公益事业支出不低于上一年总收入70%的规定，完全颠倒了民间组织主业和副业的关系。还有一些不法分子以社会组织名义从事诈骗、传销等活动。如2014年柳州市"中华慈善公益联合会"以及"北京集善家园文化发展中心"都号称致力于公益慈善事业，实际上都是传销团伙，以慈善为名发展下线会员谋利。[2] 不难想象，社会组织的公信力不足，不仅难以真正吸引居民广泛参与社会组织的公益活动，同时也不利于社会组织深度介入社区工作，进而为社区居民提供服务、促进社区融合。为此，亟须发挥政府的监管作用，规范社会组织诚信建设，严厉打击非诚信组织。同时，应建立由政府职能部门、居民代表及专业人士等组成的第三方评估机构，对社会组织所提供公共服务的质量进行评估，以促进社会组织的健康发展。

当前，社会组织的发展迎来了重要契机，不仅有着广泛的社会需求，也获得了政府的肯定和支持。2017年6月12日发布的《中共中央国务院关于城乡社区治理的意见》，更是充分肯定了社会组织在城乡社区治理中

---

[1] 《中国社会组织年鉴（2015）》，中国社会出版社2015年版，第369页。
[2] 黄晓勇、潘晨光、蔡礼强：《中国民间组织报告（2014）》，社会科学文献出版社2014年版，第34页。

的协调作用。事实上，一些社会组织在介入社区时，其推动力量也主要是政府相关职能部门。需要指出的是，社会组织要进一步发展壮大，更加广泛地介入社区工作，其宗旨和活动内容还应符合各居民主体的志趣，与社区居民形成普遍性的网络联系。在实践中，应大力发展各类居民自治性团体（如老年协会、篮球协会等），经常性地组织一些跨社区的友谊比赛等活动，增强社区的凝聚力和归属感。

在促进社区融合方面，志趣组织具有其他一些社会组织及社区组织不可比拟的优势。首先，志趣组织以居民的兴趣、爱好或志向为基础而形成的社会组织，能够吸引广大社区居民自觉、自愿和主动参与，从而为志趣组织的发展壮大奠定了牢固的社会基础。同时，在居民广泛参与志趣组织以后，志趣组织则可将组织理念和社区网络紧密结合起来，充分发挥其在社区的"嵌入"优势，进而有效地促进社区居民的信任和融合。其次，志趣组织区别于社区组织（如社区党支部和社区居委会）的一个重要特征是，后者具有较强的行政性，受条条框框限制较多，而前者回归和彰显了社会组织的"社会性"，具有相对灵活的工作机制。正是因为其工作机制的灵活性，志趣组织拥有一般的社区组织所不可比拟的包容性优势，可以接纳不同职业背景、社会阶层和文化传统的个体。只需有着共同的兴趣、爱好或志向，居民便可以通过志趣组织平台加强彼此之间的联系和沟通。最后，志趣组织还可以有效突破社区的边界，形成跨社区的联系。由于受行政边界的影响，社区与社区之间的日常联系较少，不利于形成跨社区的居民互动。然而，从整个社会融合的视角出发，社区层面的居民融合的目的最终是为了促进整体社会融合。因此，在社区融合的基础上，并打破社区之间的壁垒，是整体社会融合的基本路径。为此，要充分利用志趣组织的包容性优势，做大做强志趣组织，从而为跨社区的居民联系提供稳定而有效的机制。

三 协商共治：居民、社会组织与社区

构建跨社区的志趣组织，一方面是为社区居民提供更具包容性的交流平台，另一方面也是为了一定程度填补由于社区组织权威的弱化或异化而导致的社区权威的"真空"。在传统农村社会，主要依靠宗族组织网络得以维系社会秩序，乡绅在这一组织网络中发挥主导作用。然而，新

中国成立初期的土改运动引起了乡村社会成员在社会阶层上的重构和组合，包括一些乡绅在内的地主阶级作为一个阶级遭到消灭，其成员也被抛入不利社会地位；富农的经济地位出现扩张和限制双重并存状况；中农和贫雇农的社会经济地位则分别有不同程度的上升。① 这意味着，以宗族为标志的传统组织网络在土改后已经失去其经济和社会基础。其后不久，中共中央发布《关于在农村建立人民公社问题的决议》，决定在全国范围内撤乡建立人民公社，规定"人民公社应实行统一领导、分级管理的制度"，将土改后处于分散状态的农民个体重新组织起来并纳入国家治理体系。如此一来，集体成为农民唯一的依靠，因为它不再拥有也不能出租或租赁自己的耕地、农具、劳动或者产品。同时，国家通过制定户籍等制度，将农民限制在土地上，从而实现对农民和农村社会的控制。② 集体化的结果就是，一方面农村社会经济状况并未出现原先所设想的"盛况"，另一方面却破坏了传统宗族组织网络。而后者不仅是维持农民个体联系的传统纽带，也是具有社会救济、情感寄托等多种功能的社会稳压器。

改革开放后，人民公社体制下的政治权威秩序逐步瓦解，但却没有为传统宗族秩序的重构预留更多的空间，导致社区内缺乏有效的组织平台，民众公共责任意识变得淡薄。具体表现如下：一是基层党组织涣散无力，党员干部的先锋模范作用发挥不足；二是基层群众性组织——村（居）民委员会存在较为严重的行政化倾向，普遍缺乏社区凝聚力和号召力；三是社区居民基本处于非组织化状态，居民之间的合作与沟通主要通过一些非正式场所（如个体商店、街坊等）进行。为此，基层政府及社区干部不得不面对非组织化的社区居民，导致社区治理成本急剧增加。虽然，传统农村社区和单位社区可以凭借其原有的组织网络或习惯势力为居民提供服务或实现政策目的，但一些新型社区则由于缺乏相应的组织网络而无法为居民提供沟通平台。即便是传统农村社区，随着村社组

---

① 徐勇：《非均衡的中国政治：城市与乡村比较》，中国广播电视出版社 1992 年版，第 403 页。

② 参见马戎、刘世定、邱泽奇《中国乡镇组织变迁研究》，华夏出版社 2000 年版，第 325 页。

织的"弱化"或"异化",其组织动员能力不断弱化,社区治理效果也大受影响。

伴随现代化进程,一些传统农村社区纷纷衰落甚至终结,社区人口结构表现出了多样性和差异化,社区居民的职业背景、社会经历、经济和社会地位形成了新的分化、组合。尤其在流动人口庞杂的城郊社区或城中村社区,这种多样性和差异化均表现得更为显著。因此,在新型城镇化背景下,促进社区居民融合将面临复杂形势和严峻挑战,它迫切要求社区为居民之间沟通和交流构建良性平台。然而,由于一些社区组织存在"行政化"倾向,社区居民对之认同感和归属感较弱,从而导致社区组织的"异化""虚化"现象,难以发挥其应有的基础作用。

正是因为现有社区自治组织的普遍"弱化"或"异化",其组织的整合功能未能得到有效发挥,因而需要重塑社区自治组织,为发挥自治组织的"基础作用"奠定坚实基础。重塑社区自治组织,就是要将社区治理植根于社区的文化网络中,充分考虑社区居民的多样性需求,为社区居民积极打造各种组织平台。这些组织平台,可以是社区范围内的,也可以是跨社区、区域性甚至全国性的组织平台。通过加强与这些组织平台的经常性互动,社区自治组织能迅速获取与居民有关的各种信息,有效地增强社区自治组织的整合能力。同时,上述社会组织平台,是社区居民由"私我"走向"公共"的重要平台,进而形成了所谓的"公共领域"或"第三领域",一定程度上弥补了社区自治组织的"自治性"的不足。另外,根据《中共中央国务院关于城乡社区治理的意见》,加强社区治理,不仅要求充分发挥基层党组织的领导核心作用和基层政府的主导作用,还需要凸显社区自治组织的基础作用及社会组织的协调作用。通过这些社会组织,一方面促进社区居民相互沟通和合作,另一方面联系和协调基层党组织、基层政府与社区自治组织的关系,进而形成合作共治、催生信任的社区氛围。

在公众权利意识普遍增强的时下,社区治理规范和行为模式必定不能沿袭传统宗族或政治组织一统天下格局,而应体现社区范围内的多元主体的协商共治,由社区居民或其代表充分协商、聚合民意,形成一定的"公共意志"。其实,这种协商共治的模式有着其坚实的理论基础。20

世纪 70 年代起，西方社会长期占据主导地位、积极倡导"选举民主"的精英民主理论即遭到质疑。卡罗尔·帕特曼曾就精英民主理论进行了深刻的反思，并进而提出"参与民主"理论。他认为，精英民主理论过于受制于经验主义的分析而失去将理论用于指导政治生活的价值。[①] 此后，罗尔斯、吉登斯及哈贝马斯等人则大力推动有关"协商民主"的讨论，并注重糅合自由与民主之间的对立，即一方面避免"精英民主"的不足，同时力图防止"直接民主"可能引发的暴政。这表明，在愈加多元化的社会，"协商民主"模式具有广阔的市场前景。

然而，推动社区协商共治，将遭遇至少两个方面的现实挑战，一是"政社不分"的治理模式以及由此带来的思维和行为习惯将可能对社区协商自治构成干扰。长期以来，宗族或政治威权是主导乡村秩序的重要因素，即使在民主选举时期，政治威权对乡村社会依然具有深远影响。不难想象，这种政治权威的惯性使得体制性因素似乎有足够力量阻止或支持"协商治理"模式的顺利推进，甚至可以说，能否获得体制性力量的支持是该治理模式在乡村社会实施的基本条件。可见，协商治理模式能否具有成效，很大程度上取决于其是否成功地排除体制性力量的干扰。二是由于缺乏相对具有公信力的社会组织，故难以吸引主体广泛参与。"协商治理"模式在西方社会备受推崇，一个重要原因是其社会组织普遍具有较强的公信力，人们可以自由选择参与各类社会组织，并通过组织合作以实现社会治理的个体参与。否则，社区协商自治只能是良好的愿望，甚至于可能招来现实主义思潮的批判，认为这种治理模式"歧视那些历史上的弱势群体"。[②]

因此，在社区范围内推行社区居民、志趣组织和社区组织等多元主体的协商共治模式，需要积极创造以下几个方面条件。首先，要克服单纯的行政意志主导。根据中共中央、国务院《关于加强城乡社区治理的意见》的精神，需要积极调动各种有利因素共促社区治理，应当充分发

[①] 参见胡伟《民主与参与：走出貌合神离的困境——评卡罗尔·帕特曼的参与民主理论》，《政治学研究》2007 年第 1 期。

[②] ［南非］毛里西奥·帕瑟林·登特里维斯主编：《作为公共协商的民主：新的视角》，王英津等译，中央编译出版社 2006 年版，第 140—141 页，

挥基层党组织领导核心作用及有效发挥基层政府的主导作用，注重发挥基层群众性自治组织基础作用，统筹发挥社会力量协同作用。也就是说，要避免单纯的行政意志主导，鼓励社区居民及其他社会组织均广泛参与、共同协商，以推动社区的有效治理。其次，建立主体自由、平等的协商机制。多元主体之间的意志自由和地位平等是协商共治的前提条件，缺乏平等和自由则无法形成有效的协商机制。在许多现有社区治理模式下，虽然也存在一定的协商成分，但通常都是以居民或社会组织"献言献策"的方式来实现，并没有形成稳定的协商机制。究其根源，主要是因为社区范围内各主体之间的地位不平等，居民和社会组织的参与属于被动参与。最后，加强志趣组织的公信力建设，夯实志趣组织的社会基础。所谓"协商共治"，其本质上是一种主体力量之间博弈和平衡的结果。因此，要真正实现协商共治格局，就要从根本上做大做强志趣组织，着重加强志趣组织的公信力建设，吸引社区居民积极加入志趣组织，夯实志趣组织的社会基础，强化志趣组织的协商能力。

结论与展望

众所周知,由传统向现代的转型过程也正是农业从业人口向工业或服务业领域持续转移的过程。在社会转型过程中,中国现代化所需要的大量的产业工人,其主要来源于欠发达地区的农村社会。他们能否安定并积极融入当地社区,不仅关系到社区秩序的稳定,也最终影响中国城镇化和现代化的顺利实现。此外,城郊社区的农民在原有居住空间及经济系统发生变迁后,又能否顺利实现由农民向市民的转型呢?在多元化社区,无论是流动人口、本地居民、城郊农民还是城市市民,基本上都拥有共同的中华文化内核。这是社区融合的基本条件和重要基础。相比之下,美国社会的种族融合问题则要复杂得多,甚至很不相容的两种或多种文化相互纠葛,形成制约美国种族融合的负面因素。然而,这并不意味着中国社会的融合会很顺利,相反,应清醒地认识到,社区居民族群结构的路径依赖以及阶层分化的事实,构成了新型社区融合的两大结构性障碍。促进社区融合,不仅要弥合一般性的族群差异,促进居民之间的文化融合,更重要的是要通过采取更加公平、合理的政策措施,减少阻碍城乡和区域间的经济发展差距,使社区的阶层结构更加均衡。

一 包容性治理:社区融合的政策环境

包容性治理需要遵循"多元共治"和"利益共享"的基本原则,而就社区层面而言,则要求制定科学合理的政策举措,积极创造民众平等参与、自由融入和互助合作的社区氛围。具体而言:

首先,推行包容性治理,政府应旨在为社区居民提供主体平等的参与机制。由于社区阶层意识是影响社会信任和融合的重要因素,因而消除或淡化居民的社区阶层意识是促进居民信任和融合的基本路径。根据韦伯等人的社会分层理论，个体的社会地位的高低在很大程度上取决于其所从事的职业及经济收入，而后者又往往与其受教育程度密切相关。由于流动人口主要来自欠发达地区农村，他们的受教育程度普遍较低，所从事的职业通常也是边缘化的，因而其经济收入及社会地位较之原住居民普遍偏低。从根本上讲，在一些发达地区社区，流动人口和原住居民之间的地位差别是由城乡和区域之间的双重差距叠加而成的。这种状况表明，流动人口与原住居民两大居民主体之间的分歧，不仅仅体现在相互之间的利益冲突或语言文化的差异，更是彰显了两者之间存在深层的结构性矛盾。正是因为两大居民主体承载着城乡和区域之间的双重差距，最终导致这两大群体差异的结构化。为此，推行包容性治理，就是要着眼长远目标，致力于缩小城乡、区域之间的经济和社会发展差距，最终化解社会结构性矛盾。

而从现实层面看，构建居民主体平等参与机制，应遵循循序渐进的原则，有步骤地分领域地有序推进。一是要转变由政府片面主导的社区治理模式和机制，建立以社区为主体的协同治理模式。在前文第三章第一节"社区治理的体制与实践"中，本书分别介绍了 C 市、W 市及 Y 市的三种网格化治理模式。尽管三种模式有所不同，但政府主导的特征均非常突出，尤其是 W 市和 Y 市更是如此。从 W 市看，基层政府从社区管理体制上对社区进行了深度介入，并直接委派干部担任社区专职网格长和两名兼职网格长，而原社区主要干部则处于从属地位。而在 Y 市，尽管社区仍保留了原有管理体制，但社区组织却承担了大量原本属于政府职能部门的行政性事务，从而导致社区组织的角色和职能发生蜕变。因此，正确处理政府尤其是基层政府与社区组织之间的关系，促使社区组织回归自治性和服务性，是实行社区包容性治理的首要步骤。二是推行社区重大事项居民听证制度，进一步扩大居民参与主体范围。当前，体现社区民主治理的主要形式是居民代表大会，即由居民代表组成居民代表大会，对社区重大事项进行民主决策。从理论上讲，居民代表大会属于代表制机构，是民主政治的重要形式。但在实践中，由于种种原因，一些居民代表大会并没有发挥其应有的作用，在社区重大事项决策中不能较好地履行其监督和参与的职能，致使广大居民主体的利益得不到有效保障。因此，进一步扩大居民参与的主体范围，制定切实可行的重大事项居民听证制度，使社区常住居民（主要是原住居民）通过相应渠道实现其对社区事务的广泛参与。三是对于社区流动人口的社区参与要遵循分类推进的原则，有步骤地逐渐扩大流动人口的权利。在流动人口聚居社区，即便本地原住居民拥有选举权和被选举权，能够成为社区治理主体参与社区治理，但流动人口通常是无法享有相应权利的。这种不加区分地将流动人口排斥在外的治理模式，显然与社区包容性治理"多元参与"相悖，并最终影响社区原住居民和流动人口之间的相互信任和融合。可以理解，流动人口毕竟不同于原住居民，暂时无法享有与原住居民同等的权利。但作为社区居民，对于涉及自身利益的社区重大决策，流动人口应享有表达自己意志的权利，并在经济和社会权利方面拥有与原住居民同等的权利。

其次，推行包容性治理，政府应采取有效的政策举措，鼓励和支持流动人口自由融入社区。平等是融入的前提，融合则以融入为基础。如前所述，除了阶层分化的结构性因素外，不确定性和族群意识也是阻碍居民信任和融合的两大因素。因此，促进社区融合，政府应从降低不确定性和淡化族群意识两个维度着手，为流动人口自由融入社区出台相应的政策。一是通过市场来引导人口流动，切实维护流动人口的自由迁徙权。当前，一些经济发达地区为了维持辖区内人口的相对平衡，采取了诸如"积分制"等措施，鼓励和吸引优秀人才在辖区安家落户，为本地区经济发展提供人才储备。然而，由于一些地区的"积分制"政策条件非常严苛，大量的制造业工人被拒之门外，未能在当地顺利安家落户，从而成了所谓的"流动人口"。这就势必从政策上将大量的制造业工人贴上社会"标签"，使之区别于拥有当地户籍的原住居民。这种社会"标签"，实际上会给人们形成一种"自我孤立和分离"的心理暗示，进一步强化社区群体的族群意识，并造成事实上的社区分离。其实，从地区本身的利益而言，采取"积分制"以控制人口总量、吸引优秀人才，本无可厚非。但是，从全国发展大局而言，"积分制"政策却阻碍了人口的自由迁徙，造成了地区之间的割裂，不利于形成统一的、自由流动的人才市场。因此，不论是从区域均衡发展或是从社区融合的角度看，人口流动均应由就业市场来主导，将稳定就业与安家落户结合起来。

二是将人口信息登记与居民的日常需求联系起来，积极做好人口身份信息登记和动态管理工作。通过访谈笔者发现，不论是普通居民或是社区干部，之所以对流动人口缺乏信任感，固然有文化差异等方面的原因，但一个很重要的影响因素却是流动人口的身份信息不透明。在传统社会，人们在长期聚群而居过程中形成的行为规则是稳定的，并对熟人社会具有普遍约束力，因而个体对其他居民的行为能够形成确定性的预期，信任关系也相对容易建立起来。而在现代化或后现代化时期，个体在面对复杂多变的社会情势时，不能较好地掌控外界有关信息，无法对他人行为形成确定性预期，从而影响社区信任和融合。因此，在流动性社会，公共机关（如社区居委会或公安派出所）要能够对流动人口的身份信息做到精确掌握，增强社区居民的确定性预期，进而促进社区信任和融合。在美国社会，不论是否拥有美国国籍，只要居住在美国，个体的衣食住行都会或多或少与其身份信息相联系。这些信息会形成一个网络，使公共部门对个体的身份信息可以进行动态化管理。因此，在美国社区范围内，即便相互之间并不认识，但个体仍然能够对其他居民形成一种相对确定性的预期，其实质上是对公共部门的一种确定性和信任感。可见，在流动性的现代社会，要形成社区信任和融合的氛围，就需要有关公共部门加强人口身份信息管理，增强居民对公共安全的信心，进而消除流动人口自由融入社区的障碍。

最后，推行包容性治理，还应构建合理的合作共享机制，形成社区居民互助合作的良性局面，在合作共享中实现社区各居民主体的真正融合。社会融合是以社会信任为基础的，没有居民之间的相互信任则不会有真正的社区融合。在中国传统农业社会，由于受"差序格局"的影响，人们总是倾向于信任与自己关系亲密的人，而却不愿意信任陌生人。随着社会流动逐渐频繁，一些新型社区开始形成，个体不再以族群为单位聚居，邻里相互之间甚至并无交集。这种社区的居民结构显然不利于促进社区融合。为此，政府或社区组织应搭建相应平台，积极引导居民在日常生活和治理中合作。在C市政府积极倡导推行"网格化"管理模式，社区组织吸引热心居民担任社区"网格员""楼栋长"等，不仅有利于及时掌握社情民意，也进一步融洽了社区和居民的关系。然而遗憾的是，如同许多其他社区一样，在C市的大多数社区，日常管理的参与主要以社区原住居民为主，未能形成社区各居民主体之间的有效合作治理。

另一方面，政府和社区组织还应充分保障各居民群体的社会经济权利，建立利益共享机制。当前，除了极少数几个地区开始启动相关改革，全国绝大部分地区的现有户籍政策仍然限制着城乡和区域之间的自由流动。包括就业机会、社会保障、子女教育等在内的社会经济权利均在一定程度上与户籍挂钩，流动人口通常难以享有户籍人口同等待遇，从政策上将社区居民划分为若干等级。显然，这并不利于促进社区融合。因此，应积极消除政策"藩篱"，在流动人口承担课税等义务和责任的同时，也应赋予其在就业机会、工资待遇、子女教育及社会保障等方面的普遍国民待遇。当然，为了避免实施"利益共享"机制后一些地方可能面临的财政失衡，在注重保障流动人口社会经济权利的同时，也应朝着近期和长远两个政策目标方面进行政策配套改革。从近期来看，应从顶层设计入手，努力消除部门之间和地区之间的政策壁垒，实现人口管理全国"一盘棋"。具体而言，即一方面，实施人口信息和资金福利一体化管理，防止"政出多门"的现象；另一方面，对于由中央财政"按人头"负担的转移支付，要在人口动态信息管理的基础上做到"钱随人走"，从而在地区之间实现中央转移支付的相对平衡。从长远来看，则应以乡村振兴为契机，积极向农村和落后地区实行政策倾斜，引导社会闲散资金向上述地区聚拢，推动资源合理分流、高效配置，努力缩小城乡和区域差距，最终实现城乡和区域之间的均衡发展。

二　再造空间：社区融合的公共场域

社区融合是社区的一种生活状态，也是社区内个体或群体的互动过程，它强调主体"之间"的存在。只有在个体或群体间存在着关系纽带或空间场域，社区融合这一个体或群体之间的互动过程才能得以完成。正如阿伦特在《人的境况》中指出的那样，许多言说和行动都关涉到这个"之间"，这个因人群而异的"之间"，以至于言行除了言说者和行动者的彰显之外，还关系到客观的世界现实。这种个体或群体的"之间"便是所谓的"公共空间"。

在社区层面上，公共空间无疑是具有一定边界的，只是根据社区的性质及开放性，各类型社区边界的显性程度将会有所不同。在传统农村社区，社会结构相对稳定，亲缘或类亲缘因素使得社区居民之间通常存在着更加亲密的关系，进而在社区内部形成高度的一致和融合。有学者称为传统农村社会的"机械团结"[①]。然而，尽管在其社区内部表现出高度的"机械团结"，但社区居民与外部联系却十分贫乏，表现出较强的外部排斥性。而在单位社区，居民对国家和集体组织的依赖性很强，其社会联系与传统农村社区明显不同，是以居民对组织的依赖关系替代了传统农村社区居民之间的亲缘或类亲缘关系。尽管如此，两种类型社区仍然有着更多的共性：居民在经济社会地位、职业背景、文化传统等方面较为一致，社区同质性较强，对外同样具有排斥性。尤其是，两者公共空间均表现出整体性，一般不会出现一些异质性社区的"空间隔离"现象。

在城镇化背景下，一些新型社区的居民在职业背景、受教育水平及文化网络等方面有着显著差异，社区异质性普遍较强。同时，由于缺乏传统农村社区的亲缘关系或单位社区的组织联系，这些新型社区通常难以通过共同的社区纽带将居民凝聚起来，从而导致社区居民的"原子化"状态。在这种背景下，社区公共空间也在持续动态发展，主要表现在以下两个方面：一是乡村公共空间的萎缩和变迁；二是社区公共空间发生隔离与转换。

首先，乡村公共空间的萎缩和变迁。在传统农村社会，家族村落的公共空间主要是指宗族祠堂。受儒家伦理的影响，在宗族祠堂这一公共空间，人们并非能够自由、平等地参与宗族事务，宗族头人对宗族事务通常享有决定权。然而，这种受儒家伦理支配的农村社区空间秩序却在新中国成立之初的集体化运动中遭到颠覆，许多村落的宗族祠堂也在形式上为革命大礼堂所取代。不仅如此，宗族祠堂的原有社会功能也开始丧失，革命大礼堂不再是宗族祭祀或者商议宗族事务的重要场所，而变成了较为强烈的政治色彩的公共空间。相比之前的宗族祠堂，革命大礼堂更具包容性，将原先遭到排斥的妇女接纳进来。随着人民公社制度的失败，革命大礼堂这种带有政治性色彩的村落公共空间开始衰落。这一

---

① 项继权：《农村社区建设：社会融合和治理转型》，《社会主义研究》2008年第2期。

方面，是因为人民公社体制不能满足个人利益需求或其自身产权制度缺陷，另一方面却也存在深层的文化因素。传统村落公共空间之所以存续几千年，是因为维系居民联系的纽带是天然的亲缘或类亲缘关系，而革命大礼堂这一政治性色彩的公共空间则在很大程度上靠暂时的政治动员将村民聚拢起来。一旦这种政治动员所作出的承诺出现障碍，该公共空间便可能遭到居民的质疑和脱离。与此同时，各种非正式的公共空间开始兴起，人们可以自由地进出，并充分表达对村落公共事务的观点。在这种非正式的公共空间，不存在所谓的村落"宗族权威"或"政治权威"，人们可以享有平等的社会地位和发言权。

其次，社区公共空间发生隔离与转换。在传统社会向现代社会转型过程中，随着社会流动的加快，社会结构也在不断调整，社区公共空间开始出现新的变化。最典型的就是流动人口与原住居民之间出现公共空间的隔离现象。学界普遍将之归结于制度或文化因素，却忽略了个体的嵌入性因素。流动人口在流入地社区，其经济系统在一定程度上嵌入当地经济系统，但在社会系统、文化系统以及政治系统却普遍"脱离嵌入"。由于"经济的社会嵌入"是系统性的整合，是经济活动与社会、制度和文化的相互嵌入，一旦发生"脱离嵌入"，必然影响社区居民的融合。与此同时，城郊农民城市化后也面临社区融合的障碍。尽管其地理空间和社会关系在一定程度上仍旧保持着熟人社会的特征，但在经历城市化后，其社区公共空间已然发生转换。而随着其公共空间的转换，包括经济、社会、文化等在内的整个系统网络也将会陆续发生变革。然而，由于经济系统与社会、文化系统的非同步性，城郊农民市民化后也将会在一定范围内发生经济生活的"脱离嵌入"。

由此可见，随着社会的急剧变革，传统公共空间已然衰落和萎缩，同时，一些多元化社区的公共空间也开始分离或转换。然而，崭新的、一体化的公共空间却尚未在短期内形成，给社区居民的融合带来困难。其实，从公共空间的本义而言，它应该蕴含着平等性、自主性和公开性等几个特征，所有人都可以自由进入公共空间，并享有平等的话语权。社区公共空间的建设应该考虑到现代社会的多元化和复杂性，并为社区居民提供包容性的沟通平台。尤其是在当前科技变革的大背景下，社区居民的公共空间建设必然要与之相适应，顺应现代化的趋势。

需要指出的是，构建崭新的社区公共空间将面临诸多障碍和挑战。一方面，族群和阶层分化严重阻碍了社区融合。在传统农村社区或单位社区，人们的社会经济地位、职业背景、价值观念等方面较为一致，利益冲突不甚明显。不仅如此，传统农村社区的亲缘关系或单位社区的组织联系将许多分散的个体整合在一起，形成了稳定的一元化社区。而在现代化进程中，社区变得越来越多元化，不同经济社会地位和背景的人们聚居在一起，形成了各种各样的新型社区。随着社区多元性的凸显，原先亲缘关系或组织联系的纽带作用难以得到有效发挥，而新的社会纽带却尚未形成。另一方面，在政策制定和执行过程中，社区融合遭遇了政策阻碍。居民的平等而无差别地交往是社区融合的基本要求和重要表现。然而，当前的一些社区政策或具体措施却有违公平性和系统性，不利于流动人口在居住地安定下来。因此，在政策制定和执行中，要有全局意识和公平意识，既要考虑各地区的特殊性，更要从宏观层面上加强顶层设计，积极理顺中央和地方的关系，同时充分协调和平衡各地区之间的利益关系。

三　志趣社团：社区融合的组织路径

在传统中国社会，尽管没有现代社会组织，但在传统宗族组织框架下，乡村治理井然有序，国家权力对乡村社会的影响有限。即便是经历清末以来的国家政权"内卷化"，国家权力对乡村社会的渗透也并不彻底，包括民国在内的旧政府依然未能将各自为政的村落按照国家意志组织起来。新中国成立以后，国家凭借政权的力量，在农村采取了"三级所有、队为基础"的人民公社体制，将农民纳入组织框架。同时，在城市通过"单位制"或"街居制"，将市民组织起来。无论是在城市社会或是农村社会，原先自然形成的、受亲缘或地缘关系所限制的人口结构迅速为国家规划的、带有较强政治性的人口结构所取代。这种结构的变迁，打破了传统社会的相对封闭而割裂的社会格局，原先各自为政的自然村落开始被整合进入人民公社体制，而以地域分割为特征的城市市民也相应被纳入了单位体制内。由于在人民公社体制下，人民公社及其生产队本身就是一种单位，因而可将农村社会和城市社会均视为"单位社会"。[①]

虽然，传统社会结构为单位社会结构所取代，但并不意味着社会结构的封闭性彻底改变，而不过是以一种新的封闭性结构代替旧的封闭性结构。在单位体制下，单位集政治、经济及社会等多项功能于一体，几乎所有的人都被整合进入正式或非正式单位，并依附于单位而存在。从横向流动看，除非根据组织上的安排，在单位与单位之间一般没有人口的自由流动，有的个体甚至一辈子都不曾离开其所在单位，而跨地域的自由流动则几乎是不可能的事情。从纵向流动看，这一时期的城乡社会分化特征更加明显，农民被严格限制在居住地而不能实现城乡之间的自由流动。可见，在新中国成立到改革开放前的这段时期，无论城市还是农村社会均处于国家力量的严格控制下，并通过各种方式被整合进入国家体制。

然而，这种从国家视角出发对社会所作出的整合并不符合社会预期，并产生了一系列后遗症。首先，社会治理成本大为增加。在传统社会，广大乡村社会的治理主要依靠宗族力量，国家所投入的行政资源十分有限。然而，为了确保国家对农村社会的有效控制和资源汲取，人民公社体制聚集了大量行政资源，试图将农村社会完全整合进入国家力量主导下的组织框架。相对于传统乡绅治理而言，这种治理模式主要从国家当时的政治目标出发，并不符合农村社会结构特征和规律。同时，它需要消耗大量的行政资源，治理绩效却差强人意，治理成本无形中被推高。其次，社会活力严重不足，并对国家形成较强依赖。中国传统社会的层级结构限制了人们的创新能力，影响了社会创新活力，主要表现在两个方面：一是思想文化上重一元主导轻多样培育；二是社会治理上的重一元控制轻公民社会培育。[②] 新中国成立后的单位社会结构在思想和社会治理方面仍旧沿袭一元化，主张个体和集体服从国家意志，个体独立性和

[①] 项继权教授在比较城市和农村社会的结构特征时指出，"'单位制度'不仅存在于城市，也存在于农村，'单位社会'不仅是改革之前城市社会的特征，也是改革前农村社会的特征。人民公社及其生产队本身就是一种'生产单位'、'生活单位'和'管理单位'。"——参见项继权《农村社区建设：社会融合和治理转型》，《社会主义研究》2008年第2期。

[②] 韩庆祥、汪业周：《社会层级结构理论——关于"中国问题"的一种分析框架》，中国社会科学出版社2012年版，第111—112页。

自由空间明显不足。不仅如此，由于长期以来受到各种制度约束，社会不免缺乏创新性，并在社会保障、乡村建设等方面产生惰性，对国家产生较强的依赖性。最后，旧的社会秩序遭到破坏，但新的社会秩序却从未真正形成。在新中国成立以后，国家通过政治动员和行政强制等手段，试图打破传统宗族社会结构，并重构社会秩序。但事实上，尽管宗族尤其是大姓宗族遭到政策压制，但宗族因素并未因之而完全消除，并对个体行为产生潜移默化的影响。[①] 因此，一方面，在宗族政策及当前社会流动等因素推动下，宗族社会结构的瓦解似乎已是必然，人们的宗族观念逐渐淡薄；另一方面，新的社会秩序却并未按照国家意志而出现。这种状况表明，试图完全依靠国家力量重新构建社会秩序的想法并不可取。

20世纪80年代，国家力量开始有意识地从基层社会收缩，鼓励和支持社会力量的自主性建设。为此，国家先后制定了《村民委员会组织法》《居民委员会组织法》等相关法律法规，鼓励和支持社区居民自治。同时，各类社会组织也开始蓬勃发展。因此，在社区层面上，包括基层党组织、政府、社区和社会组织在内的各种力量竞相凸显和博弈。为了进一步整合社区层面上的各种力量，国家在有关意见中指出，要健全完善城乡社区治理体系，应当充分发挥基层党组织领导核心作用及有效发挥基层政府的主导作用，注重发挥基层群众性自治组织基础作用，统筹发挥社会力量协同作用。然而，应该清醒地认识到，在实践中存在着三种极端现象，即基层政府的"梗阻"现象、自治组织的"异化"现象和社区居民的"原子化"现象。不论是哪种现象，均将严重阻碍社区的有效治理及居民的社区融合。

其实，自治组织的"异化"与社区居民的"原子化"存在着一定的因果关系。清末以来的历史表明，当国家力量足够强大并向基层社会渗透时，此时的宗族头人往往会放弃其"保护人"的角色，而与国家力量一道并成为国家在乡村社会的"赢利人"。[②] 而在国家力量逐步撤出基层社会之际，一些社区自治组织逐步成为有着自身独特利益，并与社区居

[①] 邱国良：《宗族认同、政治信任与公共参与》，《国家行政学院学报》2011年第3期。

[②] [美]杜赞奇：《文化、权力与国家：1900—1942年的华北农村》，王福明译，江苏人民出版社2003年版。

民相异化的力量。正是由于社区自治组织的"异化",使得社区居民普遍缺乏对社区自治组织的基本信任,难以产生对社区自治组织的认同感和归属感,最终形成社区居民"原子化"现象。此外,社区居民的"原子化"也是社会发展的必然结果。随着改革开放后社会流动的频繁,社区居民开始出现族群及阶层分化现象。不同利益诉求、观念及生活方式的人们聚居在同一社区内,社区异质性显著增强。同时,社区的半熟人社会的特征更加突出,传统社区规则濒临瓦解,新的社区规则尚未形成。在这种情况下,社区生活充满着不确定性,人们无法像在传统社区那样对其他居民的行为形成预期,社区居民之间的隔阂逐渐变得强烈起来。尤其是在被城市化湮没的城郊混合社区,其社区的"多元化"和"异质性"更加凸显,不仅城郊农民难以适应城市生活,一些老市民也对其加以排斥。在城郊农民和老市民之间,缺乏一种核心的、共同的纽带,新的社区权威秩序难以构建起来,社区的融合遭遇困境。

需要指出的是,新近出台的中共中央、国务院《关于加强城乡社区治理的意见》(以下简称《意见》)中提到,应当充分发挥基层党组织领导核心作用及有效发挥基层政府的主导作用,注重发挥基层群众性自治组织基础作用,统筹发挥社会力量协同作用。从上述《意见》中我们发现,基层群众性自治组织在整个社区治理体系中的地位和作用十分重要,其他力量的发挥应当以社区居民自治为前提和基础。然而,一些社区自治组织的"异化"将会对这种社区治理体系的绩效产生破坏性影响。事实上,一旦社区自治组织未能得到社区居民的认同,基层党组织的核心作用及基层政府的主导作用将难以发挥。而只有"剔除"社区自治组织的"异化"因素,才能充分发挥整个社区治理体系的综合作用。

那么,如何"剔除"社区自治组织中的"异化"因素,进而充分发挥其基础性作用呢?笔者认为,一些社区自治组织之所以存在"异化"因素,一方面是因为其行政性力量和自治性力量失衡,社区自治空间遭到挤压;另一方面是因为社区居民选举失范,未能选出真正代表民意的社区自治组织。针对上述情况,不仅需要加强制度建设,切实规范社区自治程序,约束行政性力量的扩张,更重要的是要在发展社会组织过程中,努力提高社区居民的协商能力和民主意识。为此,在社区多元力量整合过程中，应当注重发挥社会组织的协同作用，将社会组织打造成为协调基层党组织、基层政府（国家）与社区居民自治组织（社会）之间关系的新纽带。

改革开放以后，中国社会组织发展较为迅速，并在社会生产和居民生活中发挥着重要作用。然而，由于中国社会组织的发展过程中存在不少问题，其社会公信力并不高，缺乏相应的社会基础。一些社会组织在介入社区过程中，主要是通过社工和志愿者为居民提供服务。虽然志愿者规模较大，可以有效补充社工人数不足的问题，但其多由大学生及青年教师构成，成员循环较快，难以为社区提供相对稳定的服务。同时，无论是社工还是志愿者群体，大部分均非社区居民，难以真正融入社区生活、植根于社区网络之中。

之所以难以调动社区居民参与社会组织的积极性，其根本原因是社会组织自身的定位和属性不能满足社区居民的需要。当前，无论是政府部门还是社区自治组织，观念中还存在将社会组织作为其机构的延伸，甚至意图将社会组织置于自己的管辖之下。因此，社会组织介入社区的方式更多的是嵌入式的而非让渡式的，即社区将驻扎在社区的社工视为其机构的一部分，帮助社区做一些辅助性的延伸和拓展，而不是把社区服务事项全部让渡出来。诚然，根据"政社分离"原则，由政府向社会组织购买服务是中国构建服务型政府的基本路径，但由于这种路径的"国家性视角"，社区居民似乎总是被动地接受社会组织所提供的服务，而未能积极参与到其中。为此，社会组织的发展应兼顾国家整体社会规划和居民志趣与需求两方面因素，在规范和拓展现有服务型社会组织的同时，应从居民精神和文化需求出发，大力发展志趣性社团。

发展志趣性社团，是消除社区居民"原子化"状态的有效路径。根据中共中央、国务院《中共中央国务院关于城乡社区治理的意见》规定，社会组织在城乡社区治理中的协调作用应得到充分发挥。然而，既有服务型社会组织一般充当政府和社区居民之间的中介，代替政府向居民提供相应的服务，其与居民的关系本质上属于经济联系而非社会及文化联系。实际上，服务型社会组织在社区治理过程中作用的发挥在很大程度上取决于其宗旨是否符合居民志趣。在许多新型社区，居民不再拥有传统农村社区的亲缘纽带或单位社区的业缘纽带,从经济、社会、文化等方面均处于分离或半分离状态。而志趣性社团,则充分注重从社会、文化等层面加强居民之间的联系,将有着共同志向或兴趣爱好的居民联系起来,形成一个有机统一的整体。

参考文献

一 译著

《马克思恩格斯全集》第18卷,人民出版社1972年版。

《马克思恩格斯选集》第1卷,人民出版社1972年版。

《马克思恩格斯选集》第2卷,人民出版社1972年版。

[法]阿兰·佩雷菲特:《信任社会》,邱海婴译,商务印书馆2005年版。

[法]阿隆:《阶级斗争——工业社会新讲》,周以光译,译林出版社2003年版。

[美]埃里克·尤斯拉纳:《信任的道德基础》,张敦敏译,中国社会科学出版社2006年版。

[美]艾尔东·D. 莫里斯:《政治意识和集体行动》,艾尔东·莫里斯、卡洛尔·麦克拉吉·缪勒:《社会运动理论的前沿领域》,刘能译,北京大学出版社2002年版。

[美]艾伦·沃尔夫:《合法性的限度》,商务印书馆2005年版。

[英]安东尼·吉登斯:《现代性与自我认同》,赵旭东等译,生活·读书·新知三联书店1998年版。

[英]安东尼·吉登斯:《现代性的后果》,田禾译,黄平校,凤凰出版传媒集团、译林出版社2011年版。

[美]彼得·布劳、马歇尔·梅耶:《现代社会中的科层制》,马戎、时宪民、邱泽奇译,学林出版社2001年版。

[美]詹姆斯·C. 斯科特《国家的视角》,王晓毅译,社会科学文献出版社2004年版。

[美]戴维·波普诺:《社会学》(第十版),李强译,中国人民大学出版社1999年版。

［美］迪南·滕尼斯：《社区与社会》，林荣远译，商务印书馆1999年版。

［美］杜赞奇：《文化、权力与国家：1900—1942年的华北农村》，王福明译，江苏人民出版社2003年版。

［美］杜赞奇：《刻划标志：中国战神关帝的神话》，韦斯谛：《中国大众宗教》，陈仲丹译，江苏人民出版社2006年版。

［美］弗朗西斯·福山：《信任：社会美德与创造经济繁荣》，彭志华译，海南出版社2001年版。

［德］格奥尔格·席美尔：《货币哲学》，朱桂琴译，光明日报出版社2009年版。

［德］哈贝马斯：《公共领域的结构转型》，曹卫东等译，学林出版社1990年版。

［美］汉娜·阿伦特：《人的境况》，王寅丽译，上海世纪出版集团2009年版。

［法］加布里埃尔·塔尔德：《模仿律》，埃尔希·克鲁斯·帕森斯英译，中国人民大学出版社2008年版。

［法］卢梭：《社会契约论》，何兆武译，商务印书馆2003年版。

［美］罗素·哈丁：《我们要信任政府吗?》，马克·E.沃伦：《民主与信任》，吴辉译，华夏出版社2004年版。

［德］马克斯·韦伯：《儒家与道教》，王容芬译，商务印书馆2003年版。

［德］马克斯·韦伯：《经济与社会》，林荣远译，商务印书馆1997年版。

［美］迈克尔·罗斯金等：《政治科学》，林震等译，华夏出版社2001年版。

［南非］毛里西奥·帕瑟林·登特里维斯主编：《作为公共协商的民主：新的视角》，王英津等译，中央编译出版社2006年版。

［德］尼克拉斯·卢曼：《信任》，瞿铁鹏、李强译，上海世纪出版集团2005年版。

［法］托克维尔：《论美国的民主》（下卷），董果良译，商务印书馆1988年版。

［美］托马斯·R.戴伊：《理解公共政策》，彭勃等译，华夏出版社2004年版。

［美］詹姆斯·S.科尔曼：《社会理论的基础》，邓方译，社会科学文献

出版社 2008 年版。

[美] 张鹂:《城市里的陌生人——中国流动人口的空间、权力与社会网络的重构》,袁长庚译,江苏人民出版社 2014 年版。

二　国内著作

费孝通:《乡土中国　生育制度》,北京大学出版社 1998 年版。

顾朝曦:《努力推进社会组织诚信建设》,《中国社会组织年鉴(2015)》,中国社会出版社 2015 年版。

国务院发展研究中心课题组:《农民工市民化:制度创新与顶层政策设计》,中国发展出版社 2011 年版。

国务院发展研究中心社会发展研究部课题组:《社会组织建设:现实、挑战与前景》,中国发展出版社 2011 年版。

韩庆祥、汪业周:《社会层级结构理论——关于"中国问题"的一种分析框架》,中国社会科学出版社 2012 年版。

黄晓勇、潘晨光、蔡礼强:《中国民间组织报告(2014)》,社会科学文献出版社 2014 年版。

康少邦、张宁:《城市社会学》,浙江省人民出版社 1987 年版。

李培林等:《社会冲突与阶级意识》,社会科学文献出版社 2005 年版。

李强:《农民工与中国社会分层》,社会科学文献出版社 2005 年版。

刘创楚、杨庆堃:《中国社会:从不变到巨变》,香港中文大学出版社 2001 年版。

路遇主编:《新中国人口五十年》,中国人口出版社 2004 年版。

马戎、刘世定、邱泽奇:《中国乡镇组织变迁研究》,华夏出版社 2000 年版。

邱国良:《信任的网络与逻辑——转型时期中国农民的政治信任》,中国社会科学出版社 2013 年版。

任远、谭静、陈春林等:《人口迁移流动与城镇化发展》,上海人民出版社 2014 年版。

王邦佐:《居委会与社区治理——城市社区居民委员会组织研究》,上海人民出版社 2003 年版。

王沪宁:《政治的逻辑——马克思主义政治学原理》,上海人民出版社

2004年版。

王名编著：《非营利组织管理概论》，中国人民大学出版社2002年版。

王玉茹：《中国经济史》，高等教育出版社2008年版。

韦庆远、柏桦：《中国政治制度史》，中国人民大学出版社2005年版。

徐勇：《非均衡的中国政治：城市与乡村比较》，中国广播电视出版社1992年版。

杨继绳：《中国当代社会阶层分析》，江西省高校出版社2011年版。

杨云彦：《中国人口迁移与发展的长期战略》，武汉出版社1994年版。

张乐天：《人民公社制度研究》，上海人民出版社2005年版。

张良：《我国社会组织转型发展的地方经验：上海的实证研究》，中国人事出版社2014年版。

郑也夫、彭泗清等：《中国社会中的信任》，中国城市出版社2003年版。

三 国内学术论文

曹海林：《乡村社会变迁中的村落公共空间》，《中国农村观察》2005年第6期。

陈文江、席娜：《单位制的消解与社区的整合及变迁》，《四川理工学院学报》（社会科学版）2011年第5期。

陈占江：《阶层意识与社会秩序——对建国以来历史和现实的考察》，《理论研究》2007年第6期。

程同顺：《村民自治中的乡村关系及其出路》，《调研世界》2001年第7期。

戴利朝：《茶馆观察：农村公共空间的复兴与基层社会整合》，《社会》2006年第5期。

党国英：《中国乡村权势阶层崛起》，《中国国情国力》1998年第5期。

杜洪梅：《城市化进程中城郊农民融入城市社会问题研究》，《社会科学》2004年第7期。

郭星华、储卉娟：《从乡村到都市：融入与隔离——关于民工与城市居民社会距离的实证研究》，《江海学刊》2004年第3期。

郭星华、杨杰丽：《城市民工群体的自愿性隔离》，《江苏行政学院学报》2005年第1期。

何包钢、王春光:《中国乡村协商民主:个案研究》,《社会学研究》2007年第3期。

何海兵:《我国城市基层社会管理体制的变迁:从单位制、街居制到社区制》,《管理世界》2003年第6期。

胡荣、王晓:《社会资本与城市居民对外来农民工的社会距离》,《社会科学研究》2012年第3期。

胡伟:《民主与参与:走出貌合神离的困境——评卡罗尔·帕特曼的参与民主理论》,《政治学研究》2007年第1期。

华伟:《单位制向社区制的回归:中国城市基层管理体制50年变迁》,《战略与管理》2000年第1期。

江立华、谷玉良:《"混合社区"与农民工的城市融合——基于湖北省两个混合社区的比较研究》,《学习与实践》2013年第11期。

江立华、谷玉良:《农民工市民化:向度与力度——基于对城市文化中心主义倾向的反思》,《中国特色社会主义研究》2013年第6期。

蓝宇蕴:《都市村社共同体:有关农民城市化组织方式与生活方式的个案研究》,《中国社会科学》2005年第2期。

蓝宇蕴:《我国"类贫民窟"的形成逻辑——关于城中村流动人口聚居区的研究》,《吉林大学社会科学学报》2007年第5期。

雷开春、张文宏:《城市新移民的社会信任及其与社会交往的关系剖析》,《江苏行政学院学报》2012年第6期。

李春成:《包容性治理:善治的一个重要向度》,《领导科学》2011年7月(上)。

李汉林、李路路:《资源与交换——中国单位组织中的依赖性结构》,《社会学研究》1999年第4期。

李汉林:《中国单位现象与城市社区的整合机制》,《社会学研究》1993年第5期。

李培林:《社会生活支持网络:从单位到社区的转变》,《江苏社会科学》2001年第1期。

李强:《政治分层与经济分层》,《社会学研究》1997年第4期。

李全生:《农村社会分层标准浅析》,《烟台大学学报》(哲社版)2003年第4期。

李树茁:《中国80年代的区域经济发展和人口迁移研究》,《人口与经济》1994年第4期。

刘述良:《中国"包容性治理"顶层政治制度设计》,《学海》2013年第1期。

刘望保、谢丽娟、张争胜:《城中村休闲空间建设与本、外地人口之间的社区融合》,《世界地理研究》2013年第3期。

卢国显:《我国大城市农民工与市民社会距离的实证研究》,《中国人民公安大学学报》(社会科学版)2006年第4期。

陆学艺:《我国社会结构的历史性变化》,《中国社会科学院院报》(社会版)2006年第003版。

陆益龙:《乡村居民的阶级意识和阶层认同:结构抑或建构》,《江苏社会科学》2010年第1期。

路风:《单位:一种特殊的社会组织形式》,《中国社会科学》1989年第1期。

毛丹、任强:《中国农村社会分层研究的几个问题》,《浙江省社会科学》2003年第5期。

毛丹、王燕锋:《J市农民为什么不愿做市民——城郊农民的安全经济学》,《社会学研究》2006年第6期。

毛丹:《赋权、互动与认同:角色视角中的城郊农民市民化问题》,《社会学研究》2009年第4期。

邱国良:《多元与权威:农村社区重建与居民信任》,《国家行政学院学报》2014年第6期。

邱国良:《宗族认同、政治信任与公共参与》,《国家行政学院学报》2011年第3期。

孙立平、王汉生、王思斌等:《改革以来中国社会结构的变迁》,《中国社会科学》1994年第2期。

田毅鹏、吕方:《单位社会的终结及其社会风险》,《吉林大学社会科学学报》2009年第6期。

田毅鹏:《单位制度变迁与集体认同的重构》,《江海学刊》2007年第1期。

王春光:《农村流动人口的"半城市化"问题研究》,《社会学研究》

2006 年第 5 期。

王春光：《我国城市化与社会结构变迁》，《中国社会科学院院报》2008 年第 006 版（理论月刊·专论）。

王春光：《新生代农村流动人口的社会认同与城乡融合的关系》，《社会学研究》2001 年第 3 期。

王飞雪、[日] 山岸俊男：《信任的中日美比较研究》，《社会学研究》1999 年第 2 期。

王汉生、刘世定、孙立平、项飙：《"浙江省村"：中国农民进入城市的一种独特方式》，《社会学研究》1997 年第 1 期。

文军：《"被市民化"及其问题———对城郊农民市民化的再反思》，《华东师范大学学报》（哲学社会科学版）2012 年第 4 期。

吴晓：《"边缘社区"探察——我国流动人口聚居区的现状特征透析》，《城市规划》2003 年第 7 期。

项继权：《论我国农村社区的边界和范围》，《中共福建省委党校学报》2009 年第 7 期。

项继权：《农村社区建设：社会融合和治理转型》，《社会主义研究》2008 年第 2 期。

肖唐镖：《中国农民抗争的策略与理据——"依法抗争"理论的两维分析》，《河海大学学报》（哲学社会科学版）2015 年第 4 期。

徐勇：《中国城市和乡村二元结构的历史特点和当代变化》，《社会主义研究》1990 年第 1 期。

杨中芳、彭泗清：《中国人人际信任的概念化：一个人际关系的观点》，《社会学研究》1999 年第 2 期。

尹利民、万立超：《"包容性治理"何以可能——对中国基层信访治理形态嬗变的分析》，《学习论坛》2017 年第 1 期。

翟学伟：《信任与风险社会——西方理论与中国问题》，《社会科学研究》2008 年第 4 期。

张鸿雁：《论当代中国城乡多梯度社会文化类型与社会结构变迁——依据"社会事实"对"二元结构"的重新认知》，《南京社会科学》2007 年第 11 期。

张康之：《在历史的坐标中看信任——论信任的三种历史类型》，《社会科学研究》2005 年第 1 期。

张文宏、阮丹青：《城乡居民的社会支持网》，《社会学研究》1999 年第 3 期。

张翼：《农民工"进城落户"意愿与中国近期城镇化道路的选择》，《中国人口科学》2011 年第 2 期。

赵耀辉、刘启明：《中国城乡迁移的历史研究：1949—1985》，《中国人口科学》1997 年第 2 期（总第 59 期）。

折晓叶、陈婴婴：《超级村庄的基本特征及"中间"形态》，《社会学研究》1997 年第 6 期。

钟涨宝、陶琴：《外来务工人员子女和本地学生的社会距离研究——基于双向度社会距离测量》，《南京社会科学》2010 年第 8 期。

邹农俭：《当代中国农村社会分层标准研究》，《南京师范大学学报》1999 年第 3 期。

四 英文文献

Alfred Sauvy, *General Theory of Population*, New York: Basic Books, Inc., 1966, pp. 460 – 461.

Almond Gabriel A. and Sidney Verba, *The Civic Culture*, Boston: Little, Brown & Company, 1963, p. 283.

Clark, William A. V, Residential Segregation in American Cities: A Review and interpretation. *Population Research and Policy Review*, Vol. 5, May 1986.

Douglas C. Glasgow, *The Black Underclass: Poverty, Unemployment, and Entrapment of Ghetto Youth*, New York: Vintage, 1981, p. 11.

Douglas S. Massey and Nancy A. Denton, *American Apartheid: Segregation and the Making of the Underclass*, Harvard University Press, 1993, p. 9, 236.

Douglas S. Massey & Nancy A. Denton, The Dimensions of Residential Segregation, *Social Forces*, Volume 67, No. 2, December 1988, pp. 281 – 315.

Fairbank and John K, *China: A New History*. Harvard University Press, 1992, pp. 353 – 354.

Granovetter, and Swedberg, *The sociology of economic life*, Boulder: Westview,

1992, pp. 36 -45.

John Iceland and Rima Wilkes, Does Socioeconomics Stataus Matter? Race, Class and Residential Segregation, *Social Problems*, Vol. 53, No. 2, May 2006, pp. 248 -273.

Johannisson and Pasillas, The institutional embeddedness of local inter-firm networks: A leverage for business creation, *Entrepreneurship & Regional Development*, Vol. 14, No. 4, 2002.

Lane and Robert E., *Political Life*, glencoe: Free Press, 1969, p. 164.

Miaoxi Zhao and Yiming Wang, *measuring segregation between rural migrants and local residents in urban China: An integrated spatio-social network analysis of Kecun in Guangzhou, Environment and Planning B*, Vol. 45, No. 3, 2018, pp. 417 -433.

Newton, K. "Trust, Social Capital, Civic Society and Democracy". *International Political Science Review*, Vol. 22, No. 2, 2001.

Thomas D. Boston, The Effect of Revitalization on Public Housing Residents. *Journal of the American Planning Association*, Vol. 71, 2005, pp. 393 -407.

William Julius Wilson, *The Truly Disadvantaged: The Inner City, the Underclass, and Public Policy*, Chicago: University of Chicago Press, 1987, pp. 1 -108.

五 报纸、网络论文及其他

广州市社情民意研究中心:《共享发展:"北上广"外来人员的生活与工作感受》,《民调报告》2012年第5期。

贾西津:《从非营利组织历史看中国民间社会特征》,http://www.aisixiang.com/data/15568.html。

邢春冰、罗楚亮:《社会信任和政治参与——城镇地区人大代表选举过程中的居民投票行为》,《公共治理研究报告》,天则经济研究所,未刊稿。

附录　调查问卷

问卷编号：_____

访问地点：_____省（市）_____市（县、区）_____乡（镇、街道）_____村（居）委会

城乡社区状况调查问卷

我叫_____，是_____大学的教师/学生。为完成国家社科基金项目《城乡社区融合与信任研究》（编号：14BSH054），我们要向您请教一些问题，您的意见对我们了解和分析城乡社区状况十分重要。

我们在访谈中会给您提供几个答案，供你选择。这些答案没有对错之分，您只要根据实际情况和自己的真实想法选择就行。访谈大约需要30分钟。问卷不记您的姓名，对于您的回答我们也将严格保密。谢谢您的合作！

（记录）访问开始时间：_____年_____月_____日_____时_____分（24小时制）

调查员以画圈或写字的方式做记录，直接记录在选项或题目预留位置上。

0. 受访者的地区是哪里?
①W 市　　　　　　　　②C 区　　　　　　　　③Y 市

1. 受访者的性别?
①男　　　　　　　　②女

2. 您出生于哪一年? _____ 年

3. 您的文化程度是:
①不识字　　　　　　　　②小学毕业及以下
③初中毕业及以下　　　　④高中、中专、技校
⑤全日制大专、本科毕业　⑥研究生及以上学历

4. 您的政治面貌是什么?
①群众　　　　　　　　②共青团员　　　　　　③共产党员
④民主党派　　　　　　⑤工商协会或其他协会
⑨【不读】不回答

5. 您信仰什么宗教?
①佛教　　　　　　　　②道教　　　　　　　　③基督教
④天主教　　　　　　　⑤伊斯兰教　　　　　　⑥不信任何宗教
⑦其他（请说明）_____
⑨【不读】不回答

6. （a）受访者是否流动人口?
①是　　　　　　　　②否

（b）如果回答"①是（流动人口）"，其来自省内还是省外?
①省内　　　　　　　　②省外

7. 您在本地居住了多久?
①从出生起一直住这里　②10 年以上　　　　　　③5—9 年
④1—5 年　　　　　　　⑤不足 1 年
⑧【不读】不适用　　　⑨【不读】不回答

8. 您所居住的社区属于以下哪一类?
①传统单位社区　　　　②老居民社区　　　　　③村居混杂社区
④城中村社区　　　　　⑤城郊接合部社区　　　⑥新型住宅小区
⑦传统农村社区　　　　⑧【不读】不适用
⑨【不读】不回答

9. 在下面这些工作中,哪些是您做过的和正在做的?

		a. 做过吗		b. 目前在做吗	
		1 做过	0 没做过	1 在做	0 不在做
1	务农种田地	1	0	1	0
2	在本地的乡镇企业做工	1	0	1	0
3	在外地打工	1	0	1	0
4	做生意、经商	1	0	1	0
5	跑运输	1	0	1	0
6	搞建筑	1	0	1	0
7	基层干部	1	0	1	0
8	管家务	1	0	1	0
9	教师	1	0	1	0
10	医生	1	0	1	0
11	集体企业负责人	1	0	1	0
12	私营企业主	1	0	1	0
13	参军	1	0	1	0
14	其他（　　　）	1	0	1	0

10. 和本地其他家庭相比,您觉得您家的经济状况属于哪一等?
①下等　　　　　　　②中下等　　　　　　③中等
④中上等　　　　　　⑤上等
⑧【不读】不适用　　⑨【不读】不回答

11. 和本地其他家庭相比,您觉得您在本地的社会地位属于哪一等?
①下等　　　　　　　②中下等　　　　　　③中等
④中上等　　　　　　⑤上等
⑧【不读】不适用　　⑨【不读】不回答

12. 如果以1代表非常不满意,10代表非常满意,请您对于自己的生活进行总体评价,您的满意度如何?

非常不满意					非常满意				
1	2	3	4	5	6	7	8	9	10

13. 一般来说，您觉得自己现在幸福吗？
①非常幸福　　　　②比较幸福　　　　③幸福
④不太幸福　　　　⑤很不幸福　　　　⑨【不读】不回答

14（a）您觉得，现在本社区治安状况要比五年前好吗？
①好很多　　　　　②好一些　　　　　③跟以前一样
④差一些　　　　　⑤差很多　　　　　⑧【不读】不适用
⑨【不读】不回答

（b）如果回答"④差一些"或"⑤差很多"，其主要原因是什么？（可多选）
①政府治安管理不到位　②流动人口太多，不好管理
③现在社会上人都变坏了④其他_____

15.（a）您觉得本社区居住环境怎么样？
①非常差　　　　　②一般　　　　　　③环境较好
④环境优美设施齐全　⑧【不读】不适用
⑨【不读】不回答

（b）如果回答"①非常差"或"②一般"，其主要原因是什么？（可多选）
①工业或其他污染　　②本地居民不关心环境
③流动人口经常破坏　④政府管理不好
⑤其他_____
⑧【不读】不适用　　⑨【不读】不回答

16. 您在平时接触最多的人群有哪些？（可多选）
①同乡　　　　　　②本地居民　　　　③同事
④朋友　　　　　　⑤其他_____
⑧【不读】不适用　　⑨【不读】不回答

17. 您在工作之余的空闲时间一般是怎么度过的？
①打牌娱乐　　　　②朋友聚会、聊天
③在家做家务　　　④兼职做零活
⑤其他_____
⑧【不读】不适用　　⑨【不读】不回答

18.（a）（适用流动人口）您居住的地方是哪里？

①租住在本地房东家　　　②住在工厂里
③在本地购买了商品房　　④其他_____
⑧【不读】不适用　　　　⑨【不读】不回答

(b) 如果回答"①租住在本地房东家"或"③在本地购买了商品房"，那么，您与本地居民接触多吗？

①接触很多　　　　　　②接触不多　　　　　　③基本没接触
⑧【不读】不适用　　　　⑨【不读】不回答

19.（a）（适用本地居民）您或邻居家租有流动人口（外来人口）吗？
①有　　　　　　　　　②没有
⑧【不读】不适用　　　　⑨【不读】不回答

(b) 如果回答"①有"，您平时与流动人口（外来人口）接触多吗？
①接触很多　　　　　　②接触较多　　　　　　③接触不多
④完全没接触　　　　　⑨【不读】不回答

20.（a）（适用流动人口）您是否觉得受到本地居民的歧视（不公正对待）？
①经常受到歧视　　　　②偶尔发生
③从未发生　　　　　　⑨【不读】不回答

(b) 如果回答"①经常受到歧视"或"②偶尔发生"，能否谈谈具体情况呢？

_____

_____

21. 您和本地人（或流动人口）是否发生过矛盾？
①经常发生　　　　　　②偶尔发生
③从未发生　　　　　　⑨【不读】不回答
如有，能否介绍一下具体情况呢（起因、经过）？

_____

_____

22. 本地居民与流动人口（外来人口）相处是否融洽？

①关系紧张，经常发生冲突　　②关系一般，偶尔出现冲突

③关系较好，一般不会产生冲突　④关系很好，从未出现冲突

⑦【不读】不知道　　⑨【不读】不回答

23. 您觉得流动人口应否享受本地居民同等待遇？

①不应该　　　　　　②应该但很难实现

③确实应该　　　　　⑦【不读】不知道

⑨【不读】不回答

为什么呢？

_____

_____

24. 您所居住的地方的本地居民参与社区公共活动的积极性怎么样？

①非常低　　　　②比较低　　　　③一般

④比较高　　　　⑤非常高

⑦【不读】不知道　　⑨【不读】不回答

25. 您所居住的地方的流动人口参与社区公共活动的积极性怎么样？

①非常低　　　　②比较低　　　　③一般

④比较高　　　　⑤非常高

⑦【不读】不知道　　⑨【不读】不回答

26.（a）您觉得社区干部对流动人口是否有歧视（或不公正对待）？

①经常发生　　　　②偶尔发生　　　　③很少发生

④从未发生　　　　⑦【不读】不知道

⑨【不读】不回答

（b）如果回答"①经常发生"或"②偶尔发生"，具体表现在哪些方面呢？

①子女教育　　　　　②社会保障

③工作机会和工资待遇

④其他_____

⑧【不读】不适用　　⑨【不读】不回答

27.（a）您觉得国家政策对流动人口是否有歧视（或不公正对待）？

①经常发生　　　　　②偶尔发生

③从未发生　　　　　④其他_____

⑦【不读】不知道　　⑨【不读】不回答

(b) 如果回答"①经常发生"或"②偶尔发生",具体表现在哪些方面呢?

①子女教育　　　　　②社会保障

③工作机会和工资待遇　④其他_____

⑧【不读】不适用　　⑨【不读】不回答

28. 如果流动人口和本地居民发生矛盾或冲突,您觉得社区干部会听谁的话?

①听本地居民的　　　②听流动人口的

③谁对就听谁的　　　⑦【不读】不知道

⑨【不读】不回答

29. 如果流动人口和本地居民发生矛盾或冲突,其他本地居民一般维护谁?

①本地居民　　　　　②流动人口

③谁对就维护谁　　　⑦【不读】不知道

⑨【不读】不回答

其他流动人口一般会维护谁呢?

①本地居民　　　　　②流动人口　　　　　③谁对就维护谁

⑦【不读】不知道　　⑨【不读】不回答

30. 您所居住的地方是否举行一些集体活动(如篮球赛、棋牌比赛、联谊会等)?

①从未举行过　　　　②会,但是很少举行

③经常举行　　　　　⑦【不读】不知道

⑨【不读】不回答

31 (a) 您是否积极参加社区的集体活动?

①从不参加　　　　　②很少参加　　　③经常积极参加

⑧【不读】不适用　　⑨【不读】不回答

(b) 如果回答"①从不参加"或"②很少参加",原因是什么呢?(可多选)

①工作忙　　　　　　②因家务忙

③因要和朋友娱乐（如打牌、喝酒等）

④对活动不感兴趣　　⑤其他_____

⑧【不读】不适用　　⑨【不读】不回答

32. 如果举办集体活动，一般下列哪些居民会积极参与呢？（可多选）

①教师、文化工作者等文化程度较高的人

②退伍军人等纪律性较强的人

③商人老板等比较富裕的人

④老年人和家庭妇女等空闲时间比较多的人

⑤城市白领　　　　　⑥农民或基层工人

⑥其他_____

33. 您认为流动人口给社区带来的影响怎么样？

①影响恶劣，常引起治安混乱、环境脏乱

②影响较坏，有时会破坏治安、环境

③影响还好，一般不会出现什么问题

④影响积极，流动人口素质很高，社区氛围很好

⑧【不读】不适用　　⑨【不读】不回答

34. 一般来说，有些人可信，有些人不可信。对于下面几类人，您的信任度怎么样？

		一贯相信	多数时候相信	有时相信	多数时候不相信	从不相信	根据情况而定	说不准
A	自己的家人	1	2	3	4	5	6	7
B	亲戚	1	2	3	4	5	6	7
C	朋友	1	2	3	4	5	6	7
D	本社区的本地人	1	2	3	4	5	6	7
E	本社区流动人口	1	2	3	4	5	6	7
F	本家族的人	1	2	3	4	5	6	7
G	社区干部	1	2	3	4	5	6	7
H	经常有生意往来的人	1	2	3	4	5	6	7
I	同学	1	2	3	4	5	6	7
J	经亲朋好友介绍的人	1	2	3	4	5	6	7

35. 如果您有困难需要当地政府帮助解决，您觉得自己会不会受到公平对待？

①不会受到公平对待　　②会受到公平对待

⑦【不读】不知道　　⑨【不读】不回答

36. 如果您有困难需要社区居委会帮助解决，您觉得自己会不会受到公平对待？

①不会受到公平对待　　②会受到公平对待

⑦【不读】不知道　　⑨【不读】不回答

37. 如果您遇到困难，一般会找谁帮忙解决？

①当地政府　　　　②社区干部　　　　③同乡

④亲戚　　　　　　⑤朋友　　　　　　⑥邻居

⑦房东　　　　　　⑨【不读】不回答

38. 您对下面这些机构的信任程度怎么样？

		一贯相信	多数时候相信	有时相信	多数时候不相信	从不相信	根据情况而定	说不准
1	检察院	1	2	3	4	5	6	7
2	公安派出所	1	2	3	4	5	6	7
3	法院	1	2	3	4	5	6	7
4	共产党	1	2	3	4	5	6	7
5	报纸和广播电视	1	2	3	4	5	6	7
6	一般政府官员	1	2	3	4	5	6	7
7	我们的国家	1	2	3	4	5	6	7
8	中央政府	1	2	3	4	5	6	7
9	省政府	1	2	3	4	5	6	7
10	县（市）政府	1	2	3	4	5	6	7
11	乡镇/街道政府	1	2	3	4	5	6	7
12	村委会/居委会	1	2	3	4	5	6	7

39. 您觉得社区在决定重大事情的时候，是否会重视群众的意见？

①十分重视　　　　②比较重视　　　　③不太重视

④完全不重视　　　⑦【不读】不知道

⑨【不读】不回答

40. 您觉得政府在制定政策时，是否会重视群众的意见？

①十分重视　　　　　②比较重视　　　　　③不太重视

④完全不重视　　　　⑦【不读】不知道

⑨【不读】不回答

41（a）本社区是否有独立的社团组织？

①有　　　　　　　　②没有

⑧【不读】不适用　　⑨【不读】不回答

(b)（如果有社团组织）你希望加入该社团组织吗？

①非常希望　　　　　②如果感兴趣，就参加

③无所谓　　　　　　④如果有时间，就会参加

⑤完全不想参加　　　⑧【不读】不适用

⑨【不读】不回答

42（a）您是否为本社区干部？

①是的　②不是　⑨【不读】不回答

(b)（如果您是社区干部）您担任的是什么职位_____

43. 感谢您的配合，正式问卷已经结束，再问您一个问题：为了促进流动人口更好地融入当地社区生活，您有什么好的建议？请谈谈你的看法。

_____

_____

_____

_____

现在的时间是_____点_____分（24小时制）

（以下由调查员离开调查对象后填写）

1. 答卷人配合得：

①很好　　　　　　　②好　　　　　　　　③一般

④不好　　　　　　　⑤很不好

2. 答卷人对政治和公共事业总的了解程度属于：

①很高　　　　　　　②比较高　　　　　　③一般

④比较低　　　　　⑤很低

3. 答卷人的语言表达能力属于：
①很强　　　　　②比较强　　　　　③一般
④较差　　　　　⑤很差

4. 答卷人在答卷中是否认真？
①自始至终很认真　　②一般都能认真
③不太认真

5. 采访时有无其他在场人员？
①没有　　　　　②有

6. 其他人在场是否影响了采访的质量？
①是　　　　　　②不是　　　　　　⑧不适用

7. 采访对象的智力水平：
①很高　　　　　②较高　　　　　　③一般
④较低　　　　　⑤很低

8. 采访开始以前，采访对象对这项研究的疑虑程度？
①没有　　　　　②有一些　　　　　③非常疑虑

9. 总的来看，采访对象的感兴趣程度：
①很高　　　　　②较高　　　　　　③一般
④较低　　　　　⑤很低

10. 采访对象回答问题的可信程度：
①完全可信　　　②一般说可信　　　③有时看起来不可信

11. 如果问卷没有答完，请解释为什么？
_____

12. 如果答卷人中途退出，原因是什么？
_____

调查员：_____

后　　记

　　历时两载余，拙著方完稿。然而，笔者并未有如释重负之感，却深感忐忑和忧虑。

　　社区融合问题不仅是中国迈向现代化所必然遭遇的重大挑战，也是诸如美国等多元化社会仍为之困扰的治理难题。研究和探讨这一问题，需要扎实调查、翔实论证和周全思虑，对于笔者的学术水准和学问态度无疑也是一次检阅和考验。令笔者心生忐忑，生怕遗一漏万、贻误读者，故几经反复修改、论证，方敢托付出版。而令笔者深为忧虑的是，中国城乡社区融合任重道远、困难重重，不仅有文化认同因素所导致的族群差异，也有因社会流动而凸显于社区层面的阶层分化。而无论是哪一个因素，都注定中国城乡社区融合并非一蹴而就。

　　值本书完稿之际，恰逢笔者在美国克利夫兰州立大学（CSU）访学，租住在一个名叫"索伦"（SOLON）的社区。索伦社区，是一个位于美国东北部的典型多种族混居社区，除了白人和黑人外，华人和印度人也相对集中。虽然说是社区，但其实索伦社区与许多国内城乡社区的概念并不相同，不仅辖区范围更大，而且结构和功能也很大不同。在社区结构上，国内所谓的社区组织，主要是指社区居委会和社区党支部，有时也包括以社工介入为形式的一些社会组织；而在索伦，社区组织众多，除了社区中心外，还有图书馆、学校、体育馆等，甚至警察局等也属于社区组织结构的一部分。相应地，其社区功能也存在明显差异。对于许多国内城乡社区而言，其主要被赋予行政职能，而缺乏社区应有的社会功能；而在索伦社区，除了拥有社区中心、图书馆、学校、体育场等公共设施以外，还会经常性地组织社区活动，搭建居民之间及居民与警察等公职人员之间的沟通平台，增进社区居民对社区的归属感。同时，在社区内也有衣食住行等商业，能满足社区居民的基本生活需求。

尽管美国社区生活也存在诸多不足，但其有几点做法或经验颇值得中国借鉴和汲取：一是社区工作人员的微笑服务。在社区图书馆、社区中心等社区居民较为集中的场所，社区工作人员总是贴心服务居民，直到他们满意为止。笔者每次去社区图书馆借阅时，工作人员总是微笑打招呼，即便笔者使用并不流利的口语与其交流时，他们也会耐心倾听和沟通。二是社区居民的规则意识。社区和谐离不开居民的规则意识，他们在等待和排队时通常是井然有序的。有件事情令笔者印象非常深刻。有一次，笔者去办理社会安全号（SSN），当时办证大厅人非常多，但是却安静地出奇，所有人都静静地坐在位置上等待叫号，并未表现出丝毫烦躁情绪。其实，他们的这种规则意识与其从小在学校接受的教育有着非常密切的联系。在美国学校，老师也许并不十分看重学生考试的成绩，但却非常重视学生的规则意识和创新意识的培养。三是社区的资源丰富和功能全面。在国内调研时，经常会听到社区干部抱怨说社区所掌控资源较少，却需要做大量事务性工作。但由于社区总体整合能力较弱，有时难以顺利完成这些事务。这种情况在农村社区表现得更为突出。而在索伦社区，社区掌控了大量的资源，其所掌握的经济资源则主要有两大块，一是税收，二是项目经营收入。索伦社区不同于国内的社区概念，而是集综合服务职能和行政权能于一体的组织体。因此，它一方面为社区居民提供基本的公共服务和部分有偿服务；另一方面，也具有相应的政府权能，从而真正实现了权责一致。正是由于社区掌控了大量的资源，能够为社区居民提供各种良好的公共服务，因而其对社区居民具有较强的社区整合能力。

社区是现代社会的最基本单位之一，社区生活其实很大程度上可以反映出社会生态。中国城乡社区的融合问题，是传统社会向现代社会转型过程中必然经历的阶段和问题，是来自不同阶层、区域的个体和群体在相互磨合过程中所表现出的碰撞、冲突和相异。这些个体或群体具有不同的文化和职业背景，又或许成长于不同时代，其人生经历大相径庭，甚至拥有完全不同的人生观和价值观。从这个意义上讲，城乡社区的融合问题不仅是当下社区发展的问题，更是带有强烈历史印记的时代割裂问题。因此，要重塑文化纽带、恢复信仰认同，将来自不同地区、具有不同背景以及成长于不同时代的个体或群体凝聚起来，将过去、现在和未来连接起来，努力改变社会断裂、历史割裂的局面。在这一基本前提下，才有可能形成共同规则及信任和谐的社区生活。

本书的写作和出版，离不开相关单位和个人的关心、帮助和支持，借此机会笔者还想表达一下自己的感激之情。首先非常感谢香港中文大学中国问题研究服务中心和高琦博士的邀请，中心丰富的馆藏资料为笔者撰写书稿提供了极大便利，使笔者能够在较短时间内顺利完成书稿主体部分的撰写。本书的写作和出版还要感谢笔者供职单位——江西农业大学政治学院，正是院领导的开明和宽容，为笔者的学术研究提供了一个相对安静、自由的空间以及出版资助，使笔者能够潜心钻研。感谢为本书出版而辛勤工作的赵丽女士，她对工作的热情和一丝不苟的精神令人钦佩！此外，本书稿从调查研究、资料收集到文稿校对，离不开我的研究生们的辛勤劳动，他们是魏慧芳、叶罕汉、肖亨达、赵芳、李瑾瑾、郑佩、胡胜。没有他们的辛勤付出，调查研究和书稿撰写不会这么顺利！

特别需要感谢的是南京大学政府管理学院的肖唐镖先生和美国克利夫兰州立大学政治系谭青山教授！青山教授是笔者在美国访学的合作导师，在美访学期间，他十分关心笔者的生活和研究工作，并对书稿提出了诸多宝贵意见。肖老师深厚的学术造诣和严谨的学术态度一直是笔者的学习楷模，他悉心教导和无私提携后辈的高尚品格不能不令人动容。非常感谢肖老师能拨冗为本书撰写序言，他的话语对笔者是鼓励更是鞭策，笔者将会一如既往地专心钻研学术，研究真问题、演绎好文章！

敬请各位专家和同人赐教！

邱国良
2018 年 8 月 10 日于美国俄亥俄州索伦